高等学校金融学专业主要课程精品系列教材

固定收益证券

陈蓉　郑振龙　主编

高等教育出版社·北京

内容简介

　　本书主要介绍固定收益证券定价、分析和风险管理技术，包括：固定收益证券的基本特征和市场机制，固息债和浮息债定价分析，利率远期、利率期货和利率互换的定价与运用，利率期权，信用违约互换与资产证券化等复杂固定收益证券的基础知识，利率期限结构理论与拟合技术，利率风险管理等。

　　本书侧重三个要点：第一，基于中国市场，无论是教材涵盖内容、产品介绍、市场机制，还是案例分析，均尽量围绕中国市场展开；第二，技术与理论并重，不仅介绍固定收益证券的定价、分析和风险管理技术，还讨论这些技术的前提假设与理论逻辑，有助于读者更好地在实际中运用；第三，力求通俗易懂，除了尽量深入浅出，本书采用大量案例帮助理解理论、模型与技术的具体运用，帮助读者获得对固定收益证券相关知识和问题的感性认识。

　　本书既可以用作高等院校金融学、投资学、金融工程等专业"固定收益证券"课程的教科书，也可以作为金融机构从业人员的培训教材及相关领域研究人员、监管人员的参考书。

图书在版编目(ＣＩＰ)数据

　　固定收益证券／陈蓉,郑振龙主编. --北京:高等教育出版社,2021.5(2022.12重印)
　　ISBN 978 - 7 - 04 - 055730 - 5

　　Ⅰ.①固… Ⅱ.①陈… ②郑… Ⅲ.①固定收益证券-高等学校-教材 Ⅳ.①F830.91

　　中国版本图书馆 CIP 数据核字(2021)第 036594 号

Guding Shouyi Zhengquan

策划编辑 赵 鹏	责任编辑 赵 鹏	封面设计 张 楠		版式设计 王艳红
插图绘制 黄云燕	责任校对 马鑫蕊	责任印制 朱 琦		

出版发行	高等教育出版社	咨询电话	400-810-0598
社　　址	北京市西城区德外大街 4 号	网　　址	http://www.hep.edu.cn
邮政编码	100120		http://www.hep.com.cn
印　　刷	北京市联华印刷厂	网上订购	http://www.hepmall.com.cn
			http://www.hepmall.com
			http://www.hepmall.cn
开　　本	787mm×1092mm　1/16	版　　次	2021 年 5 月第 1 版
印　　张	15.5	印　　次	2022 年 12 月第 2 次印刷
字　　数	380 千字	定　　价	36.00 元
购书热线	010-58581118		

本书如有缺页、倒页、脱页等质量问题，请到所购图书销售部门联系调换
版权所有　侵权必究
物 料 号　55730-00

前　　言

固定收益证券市场可能是最具"矛盾性"的一个金融市场：

- 规模庞大却隐身公众视野：无论国内国外，固定收益证券规模均为股票产品规模的数倍以上，但在谈及"金融市场"时，大多数人脑海中浮现的总是股票市场。

- 相对简单与高度复杂并存：如果仅看债券交易，Excel 的简单计算似乎已经足够，以至于很多债券交易员自称为"表哥"或"表姐"，但 20 世纪 80 年代美国华尔街的量化大发展以及大量数学和物理学博士的引入，最早却是源于固定收益证券领域的需求，历年的金融类国际顶级期刊最难懂的学术论文里，固定收益证券必然占有一席之地。

- 固定收益证券的核心是分析和管理"收益的不固定"：固定收益证券这一颇具迷惑性的名称下，包含的是那些以利率风险和信用风险为主要风险特征的金融产品，相关风险分析和管理是这一领域的核心问题。

上述这些特征使得写出一本好的《固定收益证券》教材颇具挑战。写得简单，一些内容可能在《金融市场学》等教材中已经有所覆盖；写得复杂，利率期限结构动态模型、利率期权定价、信用衍生品分析等所需的数学知识和资产定价理论需要的先修知识比 Black-Scholes 期权定价模型要复杂、深入得多。我们从 2004 年开始给本科生和研究生讲授"固定收益证券"，也曾经有过相关教材的编写经验，一直在思考如何最好地组织和表达相关知识体系，帮助相关专业的学生能够在尽量短的学习时间内构建起重要、有价值、可运用的相关知识和技术体系。

本教材是我们多年教学经验的一个阶段性成果。基于我们对固定收益证券以及相关学科的理解，本教材的写作逻辑框架包括以下几点：

第一，在内容广度的设计上，基于固定收益证券自身的学科特征，本教材设计涵盖 3 条主线：(1) 核心要素主线：固定收益证券的核心要素在于利率期限结构，第 2 章和第 8 章在开始学习具体固定收益产品之前和之后分别阐述了利率和利率期限结构的相关内容，逐渐深入。(2) 产品主线：第 3—7 章分别就固息债、浮息债、利率远期、利率期货、利率互换等相对基础的固定收益证券和利率期权、信用违约互换和资产证券化等相对复杂的固定收益证券展开阐述。(3) 风险管理主线：在前述各章基础上，第 9 章深入介绍了固定收益管理中的核心问题——利率风险管理。

第二，在难度和深度的设计上，本教材采用"因应中国需求"与"探索本质"的原则，做了如下 4 点设计：(1) 对于动态利率模型等难度较大、偏重学术研究、仍在动态发展的理论内容，仅在必要时略加介绍。(2) 对债券、利率远期和利率期货（特别是国债期货）、利率互换等在中国市场上较为普及的产品进行深度讲解，对于利率期权、信用衍生品等方兴未艾的产品，由于刚刚开始发展，现实与理论模型相去较远，本教材仅对其最基本的模型加以初步介绍，帮助读者略加了解。(3) 在降低整体难度的同时提升教材深度。在利率、利率期限结构、债券、国债期货、利率互换、利率风险管理等重要章节上，多年的教学科研经验表明，广泛存在误区和理解不透彻的情况，因此本教材一方面着力于澄清常见误区,另一方面则结合中国市场,探讨相关模型方法在应用中应注意的要点,力求为读者构建扎实的固定收益基础。(4)尽管侧重应用,但作为教材仍着重理论基础、模型、方法等客观"硬"能力,少介绍或不介绍详细规定和具体操作,也不涉及固定收益投资理念和分析框架等主观内容。

第三,扎根中国市场,教材中各种市场制度及产品介绍、案例讲解、图表分析,在尽可能的情况下都基于中国市场进行,使得读者可以结合现实,提升学习效果和运用能力。

第四,讲解力求深入浅出,大量运用案例和图表,希望通过基本原理、市场直觉、运作机制和案例运用相结合的方式,帮助读者激发学习兴趣,提高学习效率,培养对固定收益证券的感性认识。

在编写教材的同时,我们也同步建设在线开放课程,以课程视频为主,同步建设相应的配套教学资源,包括随堂小测、知识点注释、推荐阅读、计算软件、作业题库和考试题库等,希望有助于提升学习的质量和效率。

本教材适宜于作为固定收益证券初学者的基础入门读本,可作为本科生或研究生固定收益证券课程教材,也可供理论研究者和实际工作者作案头参考。在郑振龙教授的个人主页(http://efinance.org.cn)和陈蓉教授的个人主页(http://aronge.net)上可以下载每年更新的课件、习题和计算软件。习题答案的获取方式请见本书封底。

本教材由厦门大学陈蓉教授和郑振龙教授联合完成,本书刊印之际,我们要深深感谢众多专家学者、兄弟院校、高等教育出版社以及社会各界一直以来的支持和帮助,感谢闫慧博士、赵永杰博士、江政云博士、黄珊珊博士、秦明博士、杨玉晓博士生、方亮博士生、颜欢、竺添晟、陈柯伶等同学在本教材编写过程中在利率期限结构拟合、信用衍生品、资产证券化等相关内容以及数据收集、整理、校对过程中所做的基础性工作。衷心期待读者、老师和同学们的咨询、勘误和建议,下列邮箱期待您的帮助、批评和指正:zlzheng@xmu.edu.cn 或 aronge@xmu.edu.cn。

编　者

2020 年 10 月

目　录

目　录

第一章 固定收益证券概述

学习目标：

在学习完本章之后,你应该能够了解:

◇ 固定收益证券的定义、分类及其主要风险特征

◇ 债务工具的基本要素

◇ 主要债务工具的基本特征

◇ 远期利率协议、利率期货、利率互换和利率期权的基本特征

◇ 结构型产品的概念

◇ 资产证券化的一般流程和主要产品

◇ 固定收益证券市场的主要机制

◇ 全球固定收益证券市场概况

固定收益证券(fixed income securities)是一类规模巨大却不为公众所熟知的金融工具。我们在日常生活中经常听说的国债、公司债以及资产支持证券(asset-backed securities, ABS)等都属于固定收益证券的范畴。本章的目的是帮助你从整体上了解固定收益证券的内涵、种类、本质特征和市场运作机制。在第一节中,我们将对固定收益证券的本质特征、涵盖范围及其风险特征进行介绍;第二节至第四节进一步讨论三类固定收益证券的内涵和具体特征;第五节则对中国及其他主要国家固定收益证券市场的基本状况进行了描述。

第一节 固定收益证券的定义与特征

在本节中,我们将学习究竟什么是固定收益证券,并初步认识其风险特征。

一、固定收益证券的定义

固定收益证券是承诺未来还本付息的债务工具以及相关衍生产品的总称。早期的债务工具相对简单。以一张普通的 10 年期、本金 100 元、票面利率 3%、每半年付息一次的国债为例。在未来 10 年内,其投资者每半年都将收到 1.5 元的固定利息,并在 10 年后收到本金 100 元,其未来收益是确定的,"固定收益"一词即来源于此。然而,随着市场不断发展,很多债务工具的收益都不再是固定的。例如,一个低信用等级债券的未来现金流是有信用风险的;又如,如果在上述 10 年期国债合约中加入一个条款,发行者有权在第 5 年末按 105 元提前赎回,显然该债券从第 5

年开始的现金流就不再是固定的了。但"固定收益"的名称一直沿用下来,作为债务类工具的总称。事实上,由于债务工具面临利率和信用两大风险,"固定收益证券"涵盖了所有以利率风险和信用风险为主要风险特征的金融工具[①]。

图1.1给出了现代固定收益证券涵盖的范围及其基本分类。其中,第一列为基础性债务工具[②],按剩余期限是否超过一年,基础性债务工具又可分为资本市场工具和货币市场工具[③]。第二列为固定收益衍生产品,所有的利率衍生品与信用衍生品均属于固定收益证券的范畴。第三列比较特殊,是将基础性的债务工具及相关衍生产品进行结构拆分和重组后形成的结构型债务工具。这些结构化产品仍具有债务工具的特征和性质,因此仍可划入固定收益证券的范畴,但其风险和收益特征往往与基础性债务工具存在较大的不同。具体来看,根据结构设计的不同,结构型债务工具又可大致分为两类:嵌入衍生产品的债务工具和资产证券化产品。

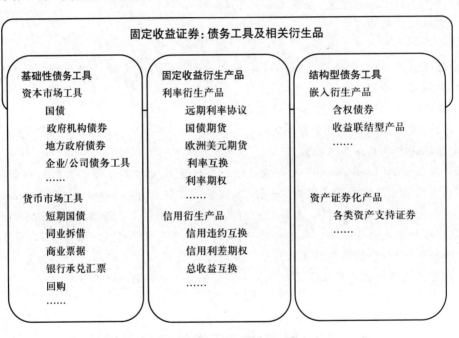

图 1.1 固定收益证券的分类

二、固定收益证券的风险特征

很多人认为固定收益证券能够提供相对稳定的现金流回报,往往将其视为无风险或低风险证券。但事实上,投资固定收益证券同样也面临一系列潜在风险,包括利率风险、再投资风险、信

[①] 金融市场中最重要的两大类资产就是固定收益资产与股票/权益类资产(equity),后者显然并不以利率风险或信用风险为主要风险特征。

[②] 值得一提的是,银行的存款和贷款也是债权债务工具,因此从本质上说与固定收益证券具有相似的性质,但因其二级市场并不发达,一般不将其归入固定收益证券的范畴。

[③] 中国银行间市场则采用债券市场和货币市场的划分方式,将剩余期限1年以下的债券也统一归入债券市场,以便于管理。

用风险、流动性风险、通货膨胀风险、赎回风险以及波动率风险等。

（一）利率风险

作为利率敏感性证券,利率风险(interest rate risk)是固定收益证券最重要的风险之一。例如,对于一只已经发行完成的票面利率固定为3%的国债,如果同样剩余期限的市场利率上升至4%,3%的固定票息会大大降低该债券的吸引力,导致其市场价格下跌;反之,若同期限市场利率下降至2%,这只债券由于能提供3%的固定票息,就会很受欢迎,带来其市场价格的上升。也就是说,利率的变动将给固定收益证券的价格带来不确定性,这就是利率风险。

（二）再投资风险

除了会对证券价格产生直接影响,市场利率的变动还可能为固定收益证券的投资者带来再投资风险。仍以本节第一个例子中的10年期国债为例,一个投资了100万张该债券的基金经理每半年都将有150万元的利息现金流入,需要将其进行再投资获取投资收益。如果市场利率下降,其再投资收益显然将趋于减少,反之则上升,这种不确定性就是再投资风险(reinvestment risk)。显然,债券剩余期限越长,每期现金流入越多,再投资风险越大。再投资风险本质上也属于利率风险的范畴。

（三）信用风险

除利率风险之外,信用风险(credit risk)是投资固定收益证券所可能面临的另一个重要风险。现代固定收益证券可能给投资者带来两类信用风险:一是债券发行者信用问题导致的风险,这一风险可能源于债务人不能如约履行按期还本付息义务,也可能源于债务人信用等级下降导致的债券市场价格下跌;二是固定收益衍生产品交易对手不履约带来的风险,由于衍生产品交易为零和游戏,一方的盈利对应着另一方的亏损,亏损的一方可能不愿或者无法履行事先约定的义务,从而给盈利方带来损失。但一般来说,人们在提及固定收益证券的信用风险时,多指前一种信用风险,而常常将后一种信用风险称为对手方风险(counterparty risk)。

市场上经常将具有信用风险的债券称为"信用债",而将没有信用风险的债券称为"无风险债券"或"利率债"。例如,对一国居民而言,本国国债一般不存在信用风险,就属于"无风险债券"①。而在购买含信用风险的固定收益证券时,投资者必然要求额外的收益以弥补信用风险可能造成的损失,这部分额外的收益率就是信用风险溢酬,通常称为信用价差(credit spread)。当债券发行人的偿债能力变弱,或者整体经济形势恶化时,信用价差往往会扩大。

市场参与者常常通过外部的信用评级来评估固定收益证券的信用风险状况。标准普尔(Standard & Poor's)、穆迪(Moody's)和惠誉(Fitch)是全球最有影响力的三家信用评级机构,负责实施并动态更新对债券的评级。以标准普尔的评级体系为例,AAA级为债券的最高评级,此类债券的偿债能力极强,基本不存在信用风险,例如国债;BBB级以上的债券被称为投资级债券(investment grade);BB级以下的债券被称为投机级债券(speculative grade),信用风险较高,投资

---

① 需要特别指出,"无风险债券"仅仅指不存在信用风险,并不意味着投资国债的回报一定是确定的或没有风险的。因为即使没有信用风险,投资国债仍可能受到利率风险、再投资风险和流动性风险等的影响。

者要求的信用差价较高,因而往往又被称为高收益债券或垃圾债券;D级为违约债券。为更精确地度量信用风险,对 AA 到 B 之间的 5 档评级,标准普尔还辅以"+""−"符号进一步说明同一等级内债券信用状况的细微差别。表 1.1 展示了标准普尔和穆迪的信用评级体系。

表 1.1　国际债券信用等级

类别	信用状况	标准普尔	穆迪*
投资级债券	债务人偿债能力极强,几乎无信用风险	AAA	Aaa
	债务人偿债能力很强,信用风险较 AAA 级略高	AA+、AA、AA−	Aa1、Aa2、Aa3
	债务人偿债能力强,但经济环境的变化有可能对偿债产生负面影响	A+、A、A−	A1、A2、A3
	债务人有足够的偿债能力,但经济环境对偿债的影响较 A 级高	BBB+、BBB、BBB−	Baa1、Baa2、Baa3
投机级债券	债务在短期内较安全,但在长期面临一定的不确定性,可能影响到债务的足额偿还	BB+、BB、BB−	Ba1、Ba2、Ba3
	信用风险较 BB 级高,但债务在短期内依然是安全的	B+、B、B−	B1、B2、B3
	债务的偿还当前存在不确定性	CCC	Caa
	债务的偿还当前存在高度不确定性	CC	Ca
	债务的偿还当前存在高度不确定性,极有可能出现无法偿债的情况	C	—
	债务人已出现违约	D	C

* 在穆迪评级中,数字越大代表信用等级越低。例如,A1 级的债券信用风险要小于 A3 级的债券。

中国的专业信用评级机构起步于 1988 年,到 2019 年为止,在中国银行间债券市场和交易所债券市场开展信用评级业务的有 9 家信用评级机构,分别为(按公司名称拼音排序)大公国际资信评估有限公司、东方金诚国际信用评估有限公司、联合信用评级有限公司、联合资信评估有限公司、上海新世纪资信评估投资服务有限公司、远东资信评估有限公司、中诚信国际信用评级有限责任公司、中诚信证券评估有限公司①、中证鹏元资信评估股份有限公司。中国与国外评级公司所采用的评级符号基本相同。

与市场风险相比,由于信用事件不会频繁有规律地发生,信用风险的可观察数据通常较少,不易获取,因此相对难以进行数量化测度与管理。

1-1 二维码链接

1.《信用评级业管理暂行办法》(中国人民银行　国家发展和改革委员会　财政部中国证券监督管理委员会令〔2019〕第 5 号)

2. 关于联合公布 2019 年信用评级机构业务市场化评价结果的公告

---

① 自 2020 年 2 月 26 日起,中诚信证券评估有限公司的证券市场资信评级业务并入中诚信国际信用评级有限责任公司。

（四）流动性风险

在微观金融市场中，流动性的概念包括市场流动性（market liquidity）与融资流动性（funding liquidity）两个层面。市场流动性指的是资产的变现能力。当固定收益证券的交易不活跃时，投资者变现不易，会产生市场流动性风险。一般而言，新发行的①、期限较短、高信用等级债券的市场流动性较好。当市场情况恶化，特别是出现经济或金融危机时，投资者将特别偏好流动性好的证券，导致流动性好的证券相对流动性差的证券出现溢价，产生追逐流动性效应（flight to liquidity）。融资流动性则指金融机构或投资者融通资金进行持续交易的能力。特别是在逐日盯市（marking-to-market）的制度下，暂时的盈亏也可能引起融资流动性风险。

（五）其他风险

利率风险、再投资风险、信用风险和流动性风险是投资固定收益证券时面临的 4 类主要风险。然而对某些工具或某些情形而言，投资固定收益证券还会面临若干其他风险，如通货膨胀风险、赎回风险和波动率风险等。

通货膨胀风险，又称购买力风险，是指通货膨胀率的变化影响固定收益证券的实际购买力，从而给投资者的实际财富水平带来的风险。例如：对于固定利率 3% 的债券来说，如果未来通货膨胀率上升，可能导致每年的票息收入还不足以抵减因币值下降引致的损失。对固定利率的固定收益证券来说，剩余期限越长，通货膨胀的影响越大。与固定利率的固定收益证券相比，通货膨胀联结债券（inflation-indexed bonds）由于按照通胀率调整本息，通货膨胀风险较小。

赎回风险是专门针对发行时有赎回条款的固定收益证券而言的。赎回条款（call provision）指的是固定收益证券的发行人有权在证券到期前以事先约定的价格购回全部或者部分的在外流通证券。当利率大幅走低时，债券的发行人可能会选择（以市场的低利率）借新债还旧债，赎回已发行的息票率较高的证券，转而发行息票率较低的证券，以降低利息支出。而对投资者来说，此时提前赎回得到的现金将不得不以较低的利率进行再投资，从而降低了整个投资期的平均回报。因证券可赎回给投资者带来的不确定性即被称为赎回风险。

波动率风险是针对利率期权和含有期权的固定收益证券而言的。预期（利率）波动率的变动会影响期权价值，进而影响固定收益证券的价值，相应产生的风险就是波动率风险。

除了以上风险，如果投资者购买外国的固定收益证券，还将面对到期汇率的不确定性，即汇率风险；如果投资者所享受的税收待遇发生变化，还会面临税收风险，等等。一些不具普遍性的风险，本书就不再一一赘述。

需要说明的是，投资固定收益证券时，投资者面临的最重要的两大风险是与利率有关的风险（包括利率风险和再投资风险）和信用风险。但由于信用风险的分析和管理内容丰富且相当复杂，本书侧重深入分析利率相关的风险，信用风险涉及相对较少。因此除了第六章的信用衍生品部分，在本书中如无特别说明，我们讨论的都是无信用风险、无流动性风险等其他风险的情形，也不考虑税收问题。

---

① 在很多债券市场上，都存在这样一个现象：即使剩余期限相同，新发行债券往往比更早发行债券的收益率低，一般认为这是因为前者流动性较好。人们通常将其分别称为新券（on the run）和旧券（off the run）。

第二节　基础性债务工具

从本节到第四节,你将会逐渐熟悉图 1.1 中列出的三类固定收益证券:基础性债务工具、固定收益衍生产品与结构型债务工具。在本节中,你将首先了解债务工具的基本要素,即常见的此类产品合约应包括哪些条款;之后,我们将分别介绍几类典型的基础性债务工具。在第三节学习完利率衍生产品的基础知识后,我们将在第四节谈谈较为复杂的结构型债务工具。

一、债务工具的基本要素

债务工具是债务人对未来还本付息的一种承诺。其基本要素包括:发行条款、到期条款、计息条款、还本条款与含权条款。

(一) 发行条款

发行条款载明了发行人的身份、处所、担保的种类、发行的市场、计价的货币单位等。一般而言,债务工具的发行人大体分为三类:中央政府及其下属部门、地方政府和公司。相应地,债券可以分为政府债券(如各国国债)、政府机构债券(如美国的联邦机构债和中国的政府支持机构债)、地方政府债券(如美国的市政债券和中国的地方政府债)、企业或公司发行的债务工具(如中国的金融债、公司债、企业债、中期票据、短期融资券等)。债务工具的发行人是信用评级的核心依据之一,因为债务的偿还与债务人的持续经营能力密切相关。在无担保的情况下,债务工具的评级完全取决于发行人的信用水平,而在有担保或抵押的情况下,担保人的信用水平以及抵押物的价值都会影响到债务工具的评级。

1-2 二维码链接
中国地方政府债券信息公开平台

外国居民发行的以本国货币计价的债券被称为外国债券(foreign bonds)。例如,国际金融机构在中国发行的人民币债券("熊猫债券")就属于外国债券。与之类似的还有日本的"武士债券"、美国的"扬基债券"、英国的"猛犬债券"和西班牙的"斗牛士债券"等。与此对应的一个概念是欧洲债券(Eurobonds),指的是与债券发行地计价货币不一致的国际债券,例如在新加坡发行的以美元计价的债券。欧洲债券起因于 20 世纪 60 年代美国的金融管制。一方面,大量的外国投资者难以在美国发行债券,但却迫切需要美元贷款;另一方面,一些机构(例如石油输出国和欧洲国家)拥有大量美元需要投入资本市场,于是在欧洲市场上出现了在美国境外以美元计价的债券,这就是欧洲债券的起源。时至今日,"欧洲"并不指狭隘的地理概念,欧洲债券泛指以在一国发行但以外币计价的国际债券。

(二) 到期条款

到期条款约定了债务工具的到期日,也就是债务人履行完还本付息义务的时刻。与之联系密切的一个概念是剩余期限（time to maturity）①，指的是当前时刻至到期日的时间长度。剩余期限是债券和货币市场工具定价中最关键的参数之一，即使其他所有条件不变，债务工具的价值也会随着剩余期限的缩短出现确定性的变化，最终回归面值（face value），即债务的本金。债务工具的剩余期限还能影响其当前价格的波动性。在第三章和第九章中我们将会看到，给定其他因素不变，债券的剩余期限越长，收益率的变化对债券价格的影响越大，从而微小的收益率变动就可以造成债券价格较大幅度的波动。

（三）计息条款

计息条款载明了债务工具计息的相关事宜。计息条款包括：息票率（又称票面利率）、计息频率、计息日惯例以及一系列与利息计算相关的日期。

根据计息方式不同，债务工具主要可分为零息式和附息式。采取零息式发行时，投资者持有债券期间没有利息收入，但债券的发行价格往往低于债券的面值（例如 100 元面值，剩余期限 1 年的债券以 98 元的价格发行），这种零息发行的债券也被称为贴现式债券。货币市场工具常以贴现式发行，例如美国国库券和中国短期国债。附息式债券（简称附息债）发行时则附有息票，息票载明了每期支付的利息占本金的比率，即息票率（coupon rate），中长期债券多为附息债。

附息债又可分为固定利率债券和浮动利率债券。例如，面值为 100 元，息票率为 3% 的债券每年利息收入固定为 3 元，这种固定息票率的债券被称为固定利率债券（fixed-rate bonds，简称固息债）。浮动利率债券（floating-rate bonds，简称浮息债）的息票率则依据事先约定的某一个变动的参照基准进行定期调整。最常见的情形是选择某一市场利率为参照基准。例如美元债券经常以伦敦银行间同业拆借利率（London InterBank Offer Rate，LIBOR）和美国联邦基金利率（Federal Funds Rate）为浮动基准，中国人民币债券常用的浮动基准则有上海银行间同业拆放利率（Shanghai interbank offer rate，SHIBOR）、贷款市场报价利率（Loan Prime Rate，LPR）和 1 年期定期存贷款利率等。例 1.1 给出了一个浮息国开债的真实案例。

1-3 二维码链接
SHIBOR 和 LPR 简介

例 1.1　利率基准为 1 年期 LPR 的"19 国开 16"浮息债

2019 年 11 月 28 日，国家开发银行成功发行一笔本金 30 亿元的 2 年期附息式浮息利率债，利率为"1 年期 LPR-1.35%"，每年付息 4 次。起息日为 2019 年 12 月 2 日，到期日为 2021 年 12 月 2 日。债券简称"19 国开 16"，债券代码"190216"。由于都没有遇到节假日，该债券的付息日都在每隔 3 个月的 2 日。

在浮息债市场上，通常将确定利率的日期称为"利率调整日"，支付利息的日期称为结息日。浮息债的市场惯例是"前端定息，后端支付"。具体而言，该债券的第一个付息周期是

---

① 有时也称为存续期。

2019 年 12 月 2 日到 2020 年 3 月 2 日,投资者将在 2020 年 3 月 2 日(后端)收到该付息周期的票息现金流,利率水平由 2019 年 12 月 2 日(前端)的 1 年期 LPR 减去 1.35% 得到。由于我国 LPR 在每个月 20 日确定,因此该债券第一个付息周期的利率基准为 2019 年 11 月 20 日确定的 1 年期 LPR 水平 4.15%,相应地,第一个付息周期的票面利率为 4.15% – 1.35% = 2.8%(3 个月计一次复利)。接下来,2020 年 6 月 2 日投资者收到的利息则是由 2020 年 3 月 2 日的 1 年期 LPR 确定,后续以此类推。图 1.2 给出了该债券利息支付的示意图。

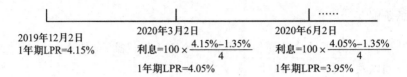

图 1.2 浮息债的利率调整和利息支付

事实上,利率的浮动规则可以有多种变化。一般的利率浮动规则可以写作

$$债券票面利率 = b \times 利率浮动基准 + a \tag{1.1}$$

图 1.2 所示的情形显然是式(1.1)在 $b = 1$ 且 $a = -1.35\%$ 时的特例。实际上,式(1.1)中的 a、b 两个参数既可以大于 0,也可以小于 0。特别地,b 小于 0 的浮息债被称为反向浮动利率债券(inverse floater)。

与息票率一起共同决定每期利息金额的参数还有付息频率 m,即一年付息 m 次,或每 $1/m$ 年付息一次。美国的中长期国债每年付息 2 次,欧洲大部分国家的国债每年付息 1 次。在中国,1 年以上、10 年期以下的国债每年付息 1 次,10 年和 10 年期以上的国债每年付息 2 次。

计息日惯例(day count convention)指的是将债务工具存续期内的任意一段时间间隔换算为标准时间单位(年)的计算方法。常用的计息日惯例有:实际/实际、实际/365、实际/360 以及 30/360 等。专栏 1.1 可以帮助理解不同计息日惯例之间的差异。注意,在计算实际计息天数时,均采用"算头不算尾,头尾只算一天"的惯例。

专栏 1.1 10 天 = ? 年

假设今天是 2020 年 2 月 24 日,债券的下一个付息日是 2020 年 3 月 5 日,用日历日(calendar dates)计算,还有 10 天到下一次付息。那么在不同惯例下,这 10 天应换算为多少年呢?

最容易理解的计算惯例无疑是"实际/实际",即每个月的天数和当年的总天数均按照实际的日历日计算。从 2020 年 2 月 24 日至 2020 年 3 月 5 日,实际的日历日为 10 天,2019 年 3 月 5 日至 2020 年 3 月 5 日的实际日历日为 366 天,因此,若按"实际/实际"惯例计算,我们得到的答案为 10/366 ≈ 0.027 32 年。

现在我们换一种计算惯例:30/360 法。按照这一算法,每个月不论实际天数为多少均按照 30 天处理,每年不论实际天数为多少,均按照 360 天处理。在这一计算法下,从 2020 年 2 月 24 日至 2020 年 3 月 5 日共有 10 天,按这一惯例计算的答案约为 0.027 78 年。以此类推,按照"实际/365"算法,答案约为 0.027 40 年,按照"实际/360"算法,答案约为 0.027 78 年。

10 天等于多少年? 在债券计算中,不同的算法将给出不同的答案。为了使得不同计息日规则下报出的利率可比,就需要进行转换。尽管看起来差异很小,由于债券市场交易金额通常很大,一点很小的差异也可能导致实际金额的较大差异。因此在债券报价时,计息日惯例也是一个要考虑的参数。我们将在第二章中更详细地讨论这一问题。

此外,还有一系列与债务工具交易和计息相关的日期概念:公告日(the announcement date)指债券公告发行的日期,结算日(the settlement date)指交易债务工具后实际交割的日期,起息日(the interest accrual date)指开始累计利息的日期,首次支付利息日(the first coupon date)则指债务工具首次支付利息的日期。

(四) 还本条款

不同市场设定的单位债券面值(即本金)是不同的,例如一张美国债券面值通常为 1 000 美元,而一张中国债券面值通常为 100 元人民币。

根据还本方式的不同,债务工具可分为到期一次偿付和债券存续期内分期偿付。大部分债务工具的还本方式为到期一次还本。分期偿付的偿还方式在银行贷款以及相应的资产证券化证券中更为常见。我们将在本章第四节和第七章更深入地讨论资产证券化。

(五) 含权条款

发行条款、到期条款、计息条款和还本条款是债务工具必不可少的四大要素,含权条款则并非每一只债券都有。含权条款赋予了债券的发行人或投资者某些额外的权利,例如:赎回条款(call provision)、回售条款(put provision)、转换条款(convert provision)和交换条款(exchange provision)等。具体内容我们将在本章第四节加以介绍。

在了解债务工具的基本要素之后,我们将主要以中国和美国的债券市场为例,介绍主流的基础性资本市场工具与货币市场工具。

二、资本市场工具

剩余期限长于 1 年的基础性债务工具通常都被归入资本市场工具。本小节主要根据发行者的不同,分别介绍政府债券、政府机构债券、地方政府债券与公司债等中长期资本市场债务工具。

(一) 政府债券

政府债券也称国债,是由一国财政部发行的以国家政府信用作担保的债券。人们通常认为国债几乎不存在信用风险,由国债价格计算出的利率经常被用作市场的基准无风险利率。但从 2009 年开始的欧洲债券危机表明:国债依然可能存在信用风险,其风险大小与政府的财政偿付能力密切挂钩。

美国拥有世界上最大、流动性最好的国债市场。美国国债分为国库券(treasury bills)、中期国债(treasury notes)和长期国债(treasury bonds)三种,对应期限分别为1年以内①、2、3、5、7、10年和30年。美国的中长期国债均为固定利率的附息债,每半年付息一次,部分中期国债与长期国债还带有可赎回条款。从1997年开始,美国财政部推出了通货膨胀保护国债(treasury inflation protection securities, TIPS)。该债券的本息按照消费者物价指数进行调整,为投资者提供了管理通货膨胀风险的金融工具。此外,从1985年开始,美国财政部还推出了国债的本息分离交易方式(separate trading of registered interest and principal of securities, STRIPS),允许将一份国债拆成由若干个息票和一个本金构成的零息票债券组合。

从1981年恢复发行国债以来,中国国债市场的发展日臻成熟。按照流通方式划分,中国目前的国债主要包括记账式国债和储蓄国债。记账式国债不需印制券面及凭证,而是利用账户通过计算机系统完成国债发行、交易及兑付的全过程。记账式国债可以记名、挂失,可以在银行间市场、证券交易所和银行柜台进行交易,是我国目前最主要的国债形式。储蓄国债是面向个人投资者发行的国债,其特点在于可记名、可挂失,但不能上市流通,是财政部为满足个人长期储蓄性投资需求、偏重储蓄功能而设计发行的。储蓄国债又可分为传统凭证式和电子凭证式②,前者以填具"国债收款凭证"(凭证上记载购买人姓名、发行利率、购买金额等内容)的形式记录债权,而后者则以电子方式记录债权。此外,中国很长一段时间曾发行过无记名国债,即实物国债,以实物券面的形式记录债权。该类债券目前已基本退出流通环节,仅有极少量的投资者持有未兑付的无记名国债。

按计息方式分,1年期以下的中国短期国债目前均为贴现式零息债券,其余期限的国债均为附息债。除2000年、2001年财政部发行过少量浮息国债外,目前市场上可交易的附息国债都是固息债。除凭证式国债采用到期一次还本付息方式之外,其余固息国债均为定期付息。

1-4 二维码链接
2020年中国财政部国债发行计划表

(二) 政府机构债券

政府机构债券指由一国中央政府部门(除财政部外)或其所属机构发行的债券。在美国,这部分债券一般被称为联邦机构债券(federal agency securities)。例如,提供居民住房抵押贷款的联邦国家抵押贷款协会(Federal National Mortgage Association, Fannie Mae)与联邦住房贷款抵押公司(Federal Home Loan Mortgage Corporation, Freddie Mac),提供小额农业信贷服务的农场信贷系统(Farm Credit System)等,都发行联邦机构债。联邦机构债券的偿付以机构自身的盈利做保证,其信用并不一定得到美国政府的担保。因此,这些债券并不能完全算作无风险债券,但往往具有较高的信用等级。

在中国,中央汇金投资有限责任公司发行的金融债、2013年以来中国国家铁路集团有限公司发行的债券和原铁道部发行的所有债券被明确定义为"政府支持机构债"。此外,三大政策性银行(国家开发银行③、中国农业发展银行和中国进出口银行)所发行的政策性金融债也被认为

---

① 因此国库券属于货币市场工具,我们将主要在后文货币市场的部分加以介绍。
② 通常,市场习惯将传统凭证式储蓄国债称为"凭证式国债",而将2006年6月底首发的电子凭证式储蓄国债称为"储蓄国债"。
③ 2008年12月之前国家开发银行为政策性银行,之后已转型为商业银行。

10

具有相似的信用等级。

（三）地方政府债券

地方政府债券又称市政债券（municipal securities）。地方政府债券代表地方政府的信用。按照偿债资金来源，地方政府债一般可分为两类：一般债券（general obligation debt）和专项债券（revenue bond）。前者是由地方政府信用提供完全支持的，以地方政府的全部税收收入为担保发行的债券；后者则是以地方政府特定投资项目的回报为保证发行的债券。

地方政府发行债券，一方面可用于弥补暂时性政府支出与收入的不平衡，另一方面则用于长期性的资本投资如修建学校和道路基础设施，或是弥补政府赤字。传统观点认为，地方政府债券的信用风险仅次于国债和中央政府机构债券，属于低风险投资品种，但美国历史上也曾经出现过地方政府破产的"橘县事件"。为了吸引投资者购买地方政府债，发行者往往采用税收优惠的政策。例如在美国，大部分市政债券的利息收入不必缴纳联邦所得税，有的甚至还可以免除州政府和地方政府的税收。

1993 年以前，中国曾经存在过一定数量的地方债券。1993 年，国务院禁止了地方政府的发债行为。1995 年起实施的《中华人民共和国预算法》明确规定地方政府不得发行地方政府债券。在其后的十几年中，地方政府不能直接通过债券市场融通资金，但偶尔也通过信托等方式为大型项目筹措资金。2009 年，中国放开对地方政府发行债券的限制，由财政部代发、地方政府偿付的 2 000 亿元地方政府债券相继发行并上市交易。2011 年，上海、浙江、广东、深圳等地试点地方政府自行发债、财政部代办还本付息的地方政府债模式。从 2014 年开始，地方政府债券采用自发自还的方式，并引入市场信用评级。2015 年，财政部发文确认置换 1 万亿元地方债，置换债券由地方政府自发自还，所置换的债券主要是由之前地方政府通过地方融资平台所发行的债券。这一系列举措意味着中国的地方政府债朝着市场化迈出了实质性步伐。截至 2020 年 3 月 21 日，中国地方政府债余额约为 22.45 万亿元，约占整个中国债券市场总余额的 22.4%。

（四）企业债务工具

企业债务工具是各类企业为筹措资金而发行的。在投资企业债务工具时，人们最关注的是其信用风险。按照偿债的优先等级不同，企业债务工具可分为优先债（senior debt）、一般债务、次级债（subordinate debt）。进入清算阶段时，企业首先偿付优先债，之后偿付一般债务，随后偿付次级债，最后分配给股东。因此，对同一家企业来说，优先债的信用风险最低，而次级债的信用风险较高。

在企业债务工具中，值得一提的是中期票据（medium term note，MTN）。早期的中期票据是从期限上来定义的，主要功能是弥补短期商业票据和长期公司债券的空档。1982 年，美国证券交易委员会公布 415 规则即货架注册规则（shelf registration）之后，中期票据市场出现了革命性的变化。根据该规则，发行人对未来一定期限内拟发行的中期票据向美国证监会申请一次性注册后，在规定的时间和金额内就可以自由选择每一次的发行时间、规模、条款和发行方式。目前中期票据不断创新，其条款设计灵活多变。例如，目前市场上很多中期票据中都嵌有各种衍生品，相应形成了结构型票据（structured note）这一种类，是本章第四节中介绍的结构型产品中的重要组成部分。

由于特有的市场发展进程,中国的企业债务工具比较特殊,种类繁多。2015 年之后,中国市场上的企业债务工具基本上可分为金融债券和企业信用债券。

按照发行人不同,金融债券可以进一步分为政策性银行发行的政策性金融债,商业银行发行的商业银行债(包括普通债、次级债和混合资本债等),以及非银行金融机构债(包括证券公司债、保险公司债、财务公司债和金融租赁公司债等),主要由中国人民银行监管,相应的自律组织为中国银行间市场交易商协会(简称银行间交易商协会)。

企业信用债券则可以进一步分为企业债、公司债和非金融企业债务融资工具。这三类的主要差异在于主管机关不同。企业债由国家发改委主管,根据发行人数不同,可以分为一般企业债和集合企业债①。公司债由中国证监会主管,根据发行方式不同,可以分为面向公众投资者公开发行的"大公募"、面向合格投资者公开发行的"小公募"以及非公开发行的私募公司债。非金融企业债务融资工具由中国人民银行监管,在中国银行间交易商协会备案,包括短期融资券(commercial papers,CP)、超短期融资券(SCP)、中期票据(medium-term notes,MTN)、非公开定向债务融资工具(private placement notes,PPN)、中小企业集合票据(SMECN)、项目收益票据(PRN)、绿色债务融资工具(GN)等多个品种②。

三、货币市场工具

货币市场上交易的是剩余期限小于等于 1 年的债务工具。除了为投资者提供短期的资金融通场所,货币市场还具有非常重要的政策意义:一国的中央银行可以通过在货币市场上买卖政府债券,调节货币供应量,影响市场利率。这就是所谓的央行公开市场业务(open market operations,OMO)。

在这个部分,我们仍然以美国与中国为例,对主要的货币市场工具进行介绍。表 1.2 给出了中美两国主要货币市场工具的对比情况。其中,前四类是纯信用工具,后两类是有担保工具。可以看到,经过多年的发展,中国市场的货币市场工具已经从无到有,体系完整。

(一) 短期国债和中央银行票据

短期国债是一国财政部发行的、到期期限小于等于一年的短期债务凭证。短期国债为政府提供了短期资金来源;更重要的是,它是一国中央银行进行公开市场业务的交易工具。

---

① 集合企业债是指由一个机构作为牵头人,几家企业一起申请发行的债券。根据发行者、发行目的等特征,发改委主管的企业债可以细分为城投企业债、普通产业债、中小企业集合债、小微企业增信集合债、专项债和项目收益债等。

② 短期融资券和超短期融资券的期限分别在 1 年以内和 270 天以内,因此属于货币市场工具。中期票据的期限在 1 年以上,其中的永续中期票据无固定期限,内嵌发行人赎回权。非公开定向债务融资工具面向银行间债务市场特定机构投资人非公开发行,并且只在特定机构投资人范围内流通转让。中小企业集合票据的发行主体为 2~10 个具有法人资格的中小非金融企业,以统一产品设计、统一券种冠名、统一信用增进、统一发行注册方式共同发行。项目收益票据所募集资金用于项目建设且以项目产生的经营性现金流为主要偿债来源。绿色债务融资工具的募集资金专项用于节能环保、污染防治、资源节约与循环利用等绿色项目。

表 1.2 中美两国主要货币市场工具对比

美国市场	中国市场
国库券	短期国债、中央银行票据
联邦基金、欧洲美元同业拆借	同业拆借
大额可转让定期存单	大额可转让定期存单、同业存单
商业票据	短期融资券、超短期融资券
回购	回购
汇票	汇票

在美国,短期国债被称为国库券,其主要到期期限有 4 周、13 周、26 周和 52 周几种。美国国库券是贴现发行的,其价格是以贴现率(yield on a discount basis)报出的。国库券的报价贴现率以面值为基础计算,而真实年收益率则以实际价格为基础计算。例如,若一只 3 个月期的美国国库券价格为 98 元,则其报出的贴现率为

$$\frac{100-98}{100} \times 4 = 8\%$$

但事实上,一个该债券持有者在这 3 个月内的真实年收益率是

$$\frac{100-98}{98} \times 4 \approx 8.16\%$$

中国的短期国债也是贴现式国债,到期期限主要有 3 个月、半年和 1 年。中国的短期国债以真实价格或真实收益率(以实际价格为基础计算)报价。

中央银行票据(简称央票)是中国人民银行在银行间市场发行的短期债券,期限从 3 个月到 3 年,作为公开市场业务的交易工具,根据货币政策的需要发行。我国央票最早出现于 20 世纪 90 年代,2013 年 12 月到 2019 年年初之间未发行央票。从 2019 年 2 月 20 日开始,中国人民银行连续开展中央银行票据互换(central bank bills swap,CBS)操作,发行央票,换入国内银行发行的永续债,以提升银行永续债的市场流动性,支持银行发行永续债补充资本。2019 年,中国人民银行逐步建立起在香港常态化发行人民币央行票据的机制,全年在香港成功发行 12 期共计 1 500 亿元人民币央行票据,以丰富离岸市场高信用等级人民币资产,促进了离岸人民币货币市场的发展。

(二)同业拆借

同业拆借市场最早源于存款准备金政策的实施和票据清算的需要,早期参与者多为商业银行。一方面,不少国家的中央银行对商业银行有最低存款准备金的要求,但各银行由于清算业务和日常收支数额的变化,总会出现某些银行存款准备金多余,而另一些银行准备金不足的现象,因此银行和银行间就存在同业的短期资金调节需求;另一方面,在票据结算过程中,各银行在轧平票据交换差额时,也容易出现部分银行头寸不足的现象,因而有必要向头寸多余的银行借入短期资金。这两方面的需求都催生了银行间同业拆借市场。

时至今日,很多国家同业拆借市场的参与者都已拓展到各类合规金融机构①。金融同业之间通过短期同业拆借来灵活调节短期资金头寸,互济余缺。由于参与者众,交易量大,借期短,这个市场对资金供求关系的变化极其敏感,既是金融机构调节自身资金余缺的重要场所,更是揭示一国银根松紧最为敏感的指示器之一。下面我们分别介绍伦敦银行间同业拆借市场、美国和中国的同业拆借市场。

1. 伦敦银行间同业拆借市场

世界上最著名的同业拆借市场是伦敦银行间同业拆借市场,这是一个欧洲货币的同业拆借市场②,由英国银行家协会(British Bankers' Association,BBA)组织。BBA 的独立机构选定若干家国际性金融机构,对全世界的 10 个币种、15 种期限(从隔夜到 12 个月)报出借入(bid)和拆出(offer)利率。报价银行有义务按照他们自己的报价成交,向市场提供资金。BBA 对这些报价进行调整并取平均,最后得到每日的伦敦银行间同业拆借市场借入利率(London interbank bid rate,LIBID)和伦敦银行间同业拆借利率(LIBOR)。

LIBOR,特别是欧洲美元 LIBOR,一度是全球最重要的货币市场基准利率,在金融资产定价中起到关键作用。但是 2007 年次贷危机之后,LIBOR 失真的情形严重,LIBOR 的影响力逐渐削弱:一方面,LIBOR 所代表的伦敦银行间无担保拆借市场规模不断萎缩,部分期限品种每年交易笔数甚至不足 20 笔,美联储 2018 年的报告表明,从 2016 到 2017 年,3 个月 LIBOR 每日拆借量的中位数仅有 10 亿美元;另一方面,LIBOR 的形成基于报价而非实际成交,定价机制存在人为操纵的风险,2012 年爆出的 LIBOR 操纵丑闻使其公信力严重受损,为解决报价操纵问题,英国金融行为监管局(Financial Conduct Authority,FCA)引入了严苛的 LIBOR 报价管理机制,但改革之后报价流程复杂烦琐,报价行积极性和数目下降,导致 LIBOR 代表性较差,即使如此,LIBOR 仍然受到被操纵的质疑。2014 年,BBA 把 LIBOR 的监管移交给了洲际交易所(Intercontinental Exchange,ICE),目前的 ICE LIBOR 只有 5 种货币,7 个到期日,共 35 个利率。2017 年 7 月英国金融行为监管局宣布 2021 年起不再强制要求 LIBOR 报价行进行报价,意味着 LIBOR 指标可能将逐渐淡出市场。

除此之外,在次贷危机之前,市场参与者常常将 LIBOR 视为无风险利率的近似,因此,从 LIBOR 及其衍生品(期货和互换)构建得到的 LIBOR 曲线成为重要的无风险基准曲线。但事实上,LIBOR 是大型金融机构信用等级的有风险利率,次贷危机中雷曼兄弟等金融机构的倒闭和 LIBOR 利率的飙升使人们意识到这一点,各国监管机构积极培育新的无风险利率基准,形成对 LIBOR 的替代。2017 年 8 月,美国替代参考利率委员会(Alternative Reference Rates Committee,ARRC)初步选定"有担保隔夜融资利率(Secured Overnight Financing Rate,SOFR)"替代 LIBOR 作为无风险基准利率。SOFR 是基于回购交易的有担保利率,我们将在后文讨论回购时进一步介绍。欧洲央行则选定欧元短期利率(Euro Short-Term Rate,ESTR)作为基准参考利率,另外,欧元隔夜平均指数(Euro Overnight Index Average,EONIA)也是欧元区关键的参考利率之一。

1-5 二维码链接
全球利率基准改革

---

① 由于商业银行资金量大,其仍然是同业拆借市场最重要的参与者。
② 即在货币发行国之外的同业拆借市场,其中最重要的是欧洲美元市场。

2. 美国同业拆借市场

在美国国内市场上，美国联邦储备系统（联储）各会员银行相互拆借的同业短期资金被称为"联邦基金"（federal funds），形成的同业拆借利率相应被称为"联邦基金利率"。其中，"有效联邦基金利率（effective federal funds rate，EFFR）"是美国市场上最重要的同业拆借利率，是隔夜联邦基金交易利率按交易量加权的中位数。

由于在联邦基金市场之外的其他美元同业拆借也十分活跃，为了更全面地反映批发性、无担保的隔夜美元同业融资成本，美联储从 2016 年 3 月开始公布"隔夜银行融资利率"（overnight bank funding rate，OBFR），这一指标综合了联邦基金隔夜拆借、一部分欧洲美元隔夜拆借以及满足一定条件的隔夜美元存款的信息，用交易量加权的中位数计算得到。EFFR 和 OBFR 都于美国东部时间每个工作日上午 9:00 左右在纽约联储官方网站公布。

1-6 二维码链接
关于 OBFR 与 EFFR 的拓展阅读

3. 中国同业拆借市场

中国的同业拆借市场起步于 1984 年，1996 年建立起统一的全国银行间同业拆借市场，在中国外汇交易中心暨全国银行间同业拆借中心平台上进行交易，参与者包括各类银行（政策性银行、商业银行、外资银行、民营银行）、农村信用联社、保险公司、证券公司、资产管理公司、财务公司、金融租赁公司、境外人民币清算行等各类金融机构。中国银行间交易的同业拆借利率主要有三个指标：银行间同业拆借加权平均利率（interbank offered rate，IBO）、银行间同业拆借加权平均利率（DIBO）和上海银行间同业拆放利率（Shanghai interbank offered rate，SHIBOR）。其中 IBO 是全银行间市场的同业拆借利率，是包括非银行金融机构在内的所有以成交量为权重的加权平均利率，DIBO 则是存款类机构的同业拆借利率，都包括隔夜、1 周、2 周、3 周、1 个月、2 个月、3 个月、4 个月、6 个月、9 个月和 1 年共 11 个期限。SHIBOR 以全国银行间同业拆借中心为技术平台计算、发布并命名，是由信用等级较高的银行组成报价团自主报出的人民币同业拆出利率计算确定的算术平均利率，是单利、无担保、批发性利率。目前，对社会公布的 SHIBOR 品种包括隔夜、1 周、2 周、1 个月、3 个月、6 个月、9 个月及 1 年共 8 个期限。

1-7 二维码链接
SHIBOR 报价

（三）大额可转让定期存单

与传统的定期存单相比，出现于 20 世纪 60 年代的大额可转让定期存单（negotiable certificates of deposit，NCD）的不同点在于存单不记名，并可在二级市场上流动转让。一旦定期存单可流通转让，存款人提前变现时就无须损失已存期限内的定期利息，而是可以合理价格在市场上出售，提高了流动性，大大增加了定期存款的吸引力。当然，由于本质上是商业银行的信用，NCD 的投资者需要承担商业银行违约的信用风险。

中国初次尝试大额可转让定期存单是在 1986 年。1989 年中国人民银行首次颁布了《关于大额可转让定期存单转让问题的通知》，1996 年发布《大额可转让定期存单管理办法》。但由于流动性、交易制度、技术条件等方面的欠缺，我国早期的大额可转让定期存单在安全性、流动性和合理定价等方面都出现一些问题,1997 年 4 月中国人民银行决定暂停大额可转让定期存单的发行。

2013 年 12 月,中国人民银行公布并实施《同业存单管理暂行办法》,启动存款类金融机构之间的同业存单业务,其发行和交易都在全国银行间市场上进行。由于有利于银行降低负债成本和进行主动负债管理,同业存单市场发展非常迅速,截至 2020 年 3 月底,同业存单余额超过10 万亿元,交易量也迅速增长。早期的同业存单最长期限可以达到 3 年,从 2017 年 9 月 1 日起,央行要求同业存单期限不能超过 1 年,成为典型的货币市场工具。

2015 年 6 月,中国人民银行公布《大额存单管理暂行办法》,再次面向非金融机构投资人推出大额可转让定期存单,并于 2016 年 6 月进一步将个人投资人认购起点金额从 30 万元降低至20 万元。

(四)商业票据与短期融资券

商业票据(commercial paper,CP)属于本票[①],是由高信用等级的企业和金融机构发行的无担保短期债务凭证。由于没有担保,商业票据的偿付完全凭借发行者的信用,因而只有信用度很高的企业才有可能发行。在国际市场上,商业票据到期日从 1 天到 270 天不等,多采取贴现式发行。由于发行者信用很高,期限很短,因此尽管没有担保,一般情况下商业票据的融资利率仍低于银行利率,从而为高信用公司低成本筹措短期资金提供了灵活的手段。商业票据募集到的资金一般被用于满足流动资金、收购和到期债务还款的需求。在 2008 年的次贷危机和 2020 年的新冠疫情市场危机中,商业银行票据融资工具(commercial paper funding facility,CPFF)都是美联储防止金融市场流动性危机冲击实体经济的重要救市举措。

20 世纪 80 年代,CP 市场的迅速发展导致了银行短期贷款客户的不断流失,巴塞尔协议下的资本金约束又导致银行无法一味扩大贷款规模来与 CP 市场竞争。作为一个解决方案,银行业开发出了资产支持商业票据(asset-backed commercial paper,ABCP)。ABCP 与传统商业票据的共同之处在于它也是短期本票,其到期期限一般在 90 天到 180 天之间;ABCP 的特殊之处在于它不是无担保的,而是以一定金融资产的未来现金流为担保发行的,属于资产证券化产品,我们将在第七章对 ABCP 进行更为详细的讨论。

在中国市场上,没有商业票据的叫法,我国的《票据法》把票据分为汇票、本票和支票,而本票只指银行本票,而且我国银行发行本票的量很少。但从 2005 年开始,在中国市场上流通的短期融资券(1 年以内)、超短期融资券(270 天以内)与商业票据在本质上是一样的,都是由信用度较高的企业发行的无担保短期债务凭证。如前文所述,中国市场上的短期融资券和超短期融资券属于"非金融企业债务融资工具",由中国人民银行监管,在中国银行间市场交易商协会(简称银行间交易商协会)备案,在银行间市场发行和交易。

(五)回购

顾名思义,回购(repurchase agreement,Repo)就是在按约定价格卖出某一证券的同时,约定在未来特定时刻再按特定价格将该证券买回。以交易者甲和乙之间签订的一笔 7 天期的回购协议为例,假设双方以面值 1 亿元、市值 1.05 亿元的国债为标的债券,其具体操作过程可以用图 1.3 表示。

---

① 本票是出票人签发的,承诺自己在见票时无条件支付确定的金额给收款人或者持票人的票据。

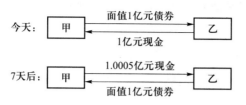

图 1.3　机构甲与乙的 1 个月期回购协议

从交易形式上看,甲乙双方今天一次性签订了两笔交易:今天甲向乙卖出债券,7 天后按约定价格购回债券,"回购"的名称即由此而来,其中甲称为"正回购方",而乙则称为"逆回购方"。换个角度看,整个回购协议是由一笔今天发生的债券即期交易和 7 天后发生的债券远期交易构成的。

在中国市场上,同样是如图 1.3 的交易过程,根据逆回购方对债券是否有处置权,回购又可分为质押式回购和买断式回购。

我们先来看看质押式回购。假设机构甲急需 7 天的短期资金,手中持有面值 1 亿元、市值 1.05 亿元的国债,但又不希望卖出该国债。那么,如何利用这笔国债获得短期资金?当然,甲可以选择到银行用该笔债券进行质押贷款。但另一个更灵活的选择是进入回购市场,找到交易对手乙签订上述 7 天期的回购协议。表面上看交易双方是进行了债券的出售和购回,但从本质上看,整个交易过程相当于甲以债券为担保品,从乙处获得了 1 个亿的短期贷款。由于交易的真正目的是融资而非债券交易,因此在这 7 天期间,债券是作为融资担保品被冻结在第三方托管机构,乙对其买到的债券并不具有处置权,因而此种回购被称为"质押式回购"。也正是由于质押式回购的目的是融资,因此回购协议中最重要的不是买卖债券的绝对价格,而是甲在这 7 天中支付的融资成本 $\dfrac{(1.0005-1)}{1}\times 52=2.6\%$,这一利率被称为 7 天回购利率。

尽管质押式回购与银行的质押贷款很类似,但它是以市场化交易的形式出现的,随时都可能有不同需求的交易者进入市场询价报价并成交,从而形成了包括隔夜、7 天、1 个月等不同到期期限的回购品种。由于市场化程度高、交易灵活,各种期限的回购利率对市场资金状况非常敏感,成为反映市场资金状况松紧的重要指标。目前,质押式回购是我国货币市场上交易量最大的品种,由于对市场状况反映充分且信用风险低,回购利率经常被视为市场化的短期无风险利率。中国市场上的回购利率指标包括:R、FR、DR 和 FDR。其中 R 是指银行间(质押式)回购利率,反映全银行间市场回购利率的动态变化;FR 则是银行间(质押式)回购定盘利率,是以银行间市场每天上午 9:00—11:30 的以隔夜回购(R001)、七天回购(R007)、14 天回购(R014)交易利率为基础,取各自中位数得到的,形成 FR001、FR007 和 FR014。DR 则是银行间回购利率,仅反映存款类机构之间的回购利率,FDR001、FDR007 和 FDR014 是以银行间市场每天上午 9:00—11:30 存款类机构以利率债为质押的回购交易为样本,取各自中位数得到的。由于信用风险更低,从理论上说 FDR 利率在四个指标中应是相对最低的。

买断式回购(也称为开放式回购)的整个操作过程同样可用图 1.3 描述,但其与质押式回购的不同之处在于,买断式回购的逆回购方拥有标的债券在回购期中的处置权。也就是说,他(她)通过逆回购获得债券后,可以在市场上卖出,然后在回购到期前买回。但该债券在回购期间内产生的利息收益仍归正回购方。由于处置权具有价值,因此从理论上说,买断式回购的利率应该相对较低[①]。

1-8 二维码链接
关于中国市场回购利率的拓展阅读

在美国市场上,回购同样也是交易量最大的货币市场工具。按回购交易是否指定特定质押证券并能获得短期的处置权,美国市场上的回购可以分为普通回购(general collateral repos)和 DVP 回购(delivery-versus-payment repos),如果 DVP 逆回购方的目的就是获得特定证券的短期处置权,回购利率会特别低,常常被称为特殊(special)回购,类似于中国的质押式回购和买断式回购之分。按是否由中央清算,美国市场上的回购又可分为中央清算和非中央清算。

2018 年 4 月 3 日,纽约联储(the Federal Reserve Bank of New York)与美国财政部的金融研究办公室(the U.S. Office of Financial Research)开始于美国东部时间每个工作日上午 8 点左右,在其官方网站发布 3 种隔夜回购利率:三方普通质押式回购利率(Tri-Party General Collateral Rate,TGCR)、广义普通质押式回购利率(Broad General Collateral Rate,BGCR)和有担保的隔夜融资利率(Secured Overnight Financing Rate,SOFR)。这 3 个回购利率都是以美国国债作为担保品的交易级隔夜回购利率,都是用交易量加权计算中位数而得。其区别在于涵盖范围逐级递进:TGCR 是由纽约梅隆银行在非中央清算的三方回购市场上收集的隔夜回购利率数据;BGCR 在 TGCR 基础上,加上了由美国固定收益清算公司(Fixed Income Clearing Corporation,FICC)作为中央清算方的 GCF Repo® 隔夜回购交易数据[②];SOFR 则在 BGCR 基础上,进一步加上了以 FICC 提供清算服务的双边 DVP 隔夜回购利率数据(剔除了最低的 25% 利率数据,以尽可能剔除特殊回购带来的影响)。

如前文所述,2017 年 8 月,美联储确定使用 SOFR 代替 LIBOR 无风险基准利率,并积极推动基于 SOFR 的期货、利率互换、浮息债等多种衍生品发展,打造全新的基准利率曲线。

1-9 二维码链接
关于 SOFR 的拓展阅读

(六)汇票

汇票是由出票人签发、委托付款人在见票时或者在指定日期无条件支付确定的金额给收款人或者持票人的票据。在付款日之前,持票人可以将其在市场上转让,从而形成相应的流通市场。在货币市场上流通的多为经过承兑的短期汇票。承兑是指汇票承兑人承诺在汇票到期日支付汇票金额的票据行为。一旦经过承兑,承兑人和出票人对汇票承担连带责任,因而有助于提高汇票的信用等级,促进流通。根据承兑人的不同,汇票又可分为商业承兑汇票(commercial acceptance bill)和银行承兑汇票(bank's acceptance bill)。

---

① 但从中国市场现实看,由于存在摩擦成本等多种因素,买断式回购利率并不总是低于质押式回购利率。

② GCF Repo®(General Collateral Financing Repo)是 FICC 公司注册的一种中央清算服务,是以政府债券等高等级债券作为质押品进行的中央清算的普通质押式三方回购交易。

第三节 固定收益衍生品

在本节中,你将对固定收益证券中的衍生品有初步了解。我们将依次介绍以下 5 类固定收益衍生品:利率远期、利率期货、利率互换、利率期权和信用衍生产品,阐述各类产品的基本特征和基本结构,为后续各章深入探讨固定收益证券衍生品的定价和风险管理奠定基础。

一、利率远期与利率期货

(一) 远期与期货概述[①]

从本质上说,远期(forward)与期货(futures)都是双方约定在未来某一时刻按约定的价格(称为"交割价格")买卖一定数量某种资产的合约,其基本性质是相同的。在合约中,未来买入标的资产的一方称为多方(long position),而将在未来卖出标的资产的一方则称为空方(short position)。显然,到期时如果标的价格上升,则多方获利、空方亏损;标的价格下跌则空方获利、多方亏损。到期价格比约定价格涨跌多少,交易双方即盈亏多少。因此远期和期货看起来像一个赌约(bet),交易双方"赌"的是未来价格会高于还是低于今天合约中事先约定的价格,看多者买,看空者卖[②]。图 1.4 列示了远期(期货)头寸到期时的盈亏图,其中 K 为协议的交割价格,而 P_T 为到期时刻(T 时刻)的标的价格。

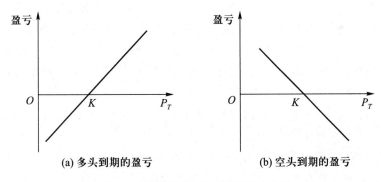

图 1.4 远期(期货)头寸到期时的盈亏

---

① 由于本书并非专门介绍衍生产品的教材,仅对必需的衍生产品一般知识做简要介绍。如希望了解更多相关内容,可参阅郑振龙和陈蓉(2020)。

② 事实上,由于衍生产品都是今天签订未来的合同,事先对价格进行约定,在形式上与赌博非常相似,都是零和博弈,最后的盈亏都取决于谁猜对了结果。但衍生产品与纯粹赌博在本质上是不同的:衍生产品以具有实际经济意义的资产或变量为标的,与已经客观存在的风险挂钩,如利率风险、汇率风险、股市风险、信用风险和商品价格风险等,从而具有风险管理的重要功能。而纯粹的赌博则不具备风险管理功能,只能给赌博双方和社会带来额外的风险。因此各国政府均对赌博持禁止或限制的态度,却鼓励衍生产品的合理发展。

远期与期货的区别在于其交易地点和交易机制不同。远期合约采用的是场外交易(over the counter,OTC)和非标准化合约,合约规模、交割价格、交割时间、交割地点等条款都由交易双方协商决定。这一安排的优势在于交易的灵活性,双方可以根据自己的需求量体裁衣,这一特点非常适合固定收益证券大宗交易的性质。此外 OTC 交易往往较易规避监管。但 OTC 交易的不足之处在于:合约转让不易,流动性较差,同时对手方违约风险较高。

期货则是在交易所进行的标准化交易。标准化的合约条款载明了合约规模、到期时间、最小价格变动值、交易中止规则和交割条款等要件,保证了合约的流动性;由交易所组织的集中交易与中央清算减少了交易的对手风险。期货交易最引人瞩目的特征在于其保证金和逐日盯市制度。在期货交易开始前,期货的买卖双方都必须在保证金账户内存入足额的初始保证金,在每天期货交易结束后,交易所和清算所都会按照每天的清算价格进行盯市结算,将投资者每日的账面盈亏转化为真实盈亏,并相应调整保证金账户。如果保证金账户的余额低于维持保证金的水平,则投资者必须及时追加保证金,否则将被强行平仓。保证金制度和逐日盯市制度在很大程度上降低了交易的对手风险。

(二)利率远期与利率期货概述

以债券和利率作为标的的远期和期货就是利率远期和利率期货。

1. 利率远期

主要的利率远期产品有远期利率协议和债券远期。

远期利率协议(forward rate agreement,FRA)是买卖双方同意从未来的某一时刻开始的一定时期内按照协议利率借贷一笔数额确定、以具体货币表示的名义本金的协议。例如一个打算在3个月后贷款1年的借款人,由于担心到时利率上升,今天可以和银行签订一个3个月后1年期的贷款合同,事先约定贷款利率为6%,这就是远期利率协议。可以想象,如果3个月后真实的市场贷款利率为 6.5%,该借款人就节省了 0.5% 的利息;但若3个月后真实的市场贷款利率为5.9%,银行就可多得 0.1% 的利息。可见,通过事先约定利率,订立远期利率协议的双方未来既有可能盈利,也有可能亏损。但双方今天就已经将未来贷款的价格锁定为协议利率,借款人可以借此规避利率上升的风险,贷款人则可以规避利率下跌的风险。因此 FRA 是重要的利率风险管理工具。

债券远期则是约定在未来某一日期以约定价格和数量买卖标的债券的协议。通过债券远期,可以直接锁定未来债券的买卖价格,规避利率和债券价格的风险。

1-10 二维码链接
中国银行间市场上的标准债券远期

2. 利率期货

利率期货(interest rate futures)是指以债务工具或利率作为标的资产的期货合约。例如国债期货就是约定在到期日按事先约定的交割价格买卖标的国债的期货合约。如果到期标的价格高于交割价格,多头获利;反之则空头获利。根据期货合约到期时标的证券的剩余期限长短,利率期货可分为短期期货、中期期货和长期期货。

1975 年 10 月,世界上第一张利率期货合约——政府国民抵押协会(Government National Mortgage Association)抵押凭证期货合约在芝加哥期货交易所(Chicago Board of Trade,CBOT)诞生。尽管由于交割对象比较单一,流动性不强,其发展受到一定限制,但在当时已经是一种重大的创新,开创了利率期货的先河。在这之后,为了满足投资者规避短期利率风险的需要,芝加哥商品交易所(Chicago Mercantile Exchange,CME)先后于 1976 年 1 月和 1981 年 12 月推出了 13 周美国短期国库券期货合约(13-week T-bills futures)以及 3 个月期欧洲美元定期存款期货合约(Euro-dollar futures),当时都获得了巨大的成功。此外,在利率期货发展历程上另外一件具有里程碑意义的重要事件是,1977 年 8 月 22 日,美国长期国债期货合约(30 year U.S. treasury bonds futures)在 CBOT 上市,满足了对中长期利率风险进行保值的广大交易者的需要,也受到了普遍的欢迎。

美国利率期货的成功开发与运用,引起了其他国家的极大兴趣。1982 年,伦敦国际金融期货交易所(The London International Financial Futures and Options Exchange,LIFFE)首次引入利率期货,1985 年东京证券交易所也开始利率期货的交易,随后,法国、澳大利亚、新加坡等国家也相继开办了不同形式的利率期货合约。中国香港则于 1990 年 2 月 7 日在香港期货交易所正式推出了香港银行同业 3 个月拆放利率期货合约。1992 年 12 月,国债期货首次登陆中国上海证券交易所,但由于整个市场环境和合约设计等还不够成熟,引发"327 事件"等市场状况,中国证监会于 1995 年 5 月决定暂停国债期货交易。2013 年 9 月 6 日,新版 5 年期国债期货在中国金融期货交易所(以下简称"中金所")挂牌交易,随后中金所又分别于 2015 年 3 月 20 日和 2018 年 8 月 17 日分别推出 10 年期和 2 年期国债期货。到目前为止,利率期货已经成为全球金融市场上成交量最大、地位最重要和产品种类最丰富的期货品种。

可见,利率远期和利率期货的本质,都是在 OTC 市场或交易所市场上,事先约定未来的利率或债券价格,并根据自己的预期进入相应的头寸方向。预期正确就盈利,预期错误则亏损。在第四章中,我们将对相关产品作更为深入的讨论。

二、利率互换

利率互换(interest rate swap,IRS)是这样一种衍生品:其交易双方约定在未来的一定期限内,根据同种货币的一定名义本金交换利息现金流。在最传统的利率互换中,互换的一方现金流按照约定的固定利率(称为"互换利率")计算,而另一方则按照浮动利率计算。例 1.2 可以帮助读者理解利率互换及其运用。我们将在第五章中专门讨论利率互换的有关问题。

例 1.2 运用利率互换管理企业的利率风险

2016 年 9 月 1 日,某企业借入一笔浮动利率贷款,本金 1 000 万元,贷款期限为 1 年,参考利率为 3 个月期 SHIBOR+1%,利率 3 个月浮动一次。为规避利率上升的风险,该企业与银行签订了一笔 1 年期的利率互换协议,每 3 个月交换一次现金流。在利率互换中,企业支付固定利率 2.88%,收到浮动利率 3 个月期 SHIBOR;银行则相反。表 1.3 给出了该企业在这笔互换交易中的现金流。由于在利率互换中收到的浮动利息可以对冲贷款利息中的浮动部分,加上互换交易后,该企业每一期的利息支出实质上已转变为固定的 3.88%,在利率上升期锁定了较低的固定利率,对冲了利率风险。

表 1.3　利率互换中的现金流

时间	3个月期 SHIBOR	收到按浮动利率计算的金额（万元）	支付按固定利率计算的金额（万元）	净现金流（万元）
2016 年 9 月 1 日	2.79%	—	—	—
2016 年 12 月 1 日	3.06%	1 000×2.79%/4 = 6.975	1 000×2.88%/4 = 7.2	−0.225
2017 年 3 月 1 日	4.29%	1 000×3.06%/4 = 7.650	1 000×2.88%/4 = 7.2	0.450
2017 年 6 月 1 日	4.58%	1 000×4.29%/4 = 10.725	1 000×2.88%/4 = 7.2	3.525
2017 年 9 月 1 日	—	1 000×4.58%/4 = 11.450	1 000×2.88%/4 = 7.2	4.250

三、利率期权

(一) 期权概述

期权合约(option)赋予其购买者在规定期限内按约定价格(称为"行权价"或"执行价格",striking price)购买或出售一定数量某种资产的权利。买入期权者称为期权多头,卖出期权者称为期权空头。也许你已经注意到,无论最终是盈是亏,远期和期货合约到期时,其交易双方都必须履约结算,双方的权利义务是对等的。与之相比,期权合约最大的特点在于其权利与义务的不对称性:支付期权费(premium)之后,期权多头可以选择行权或弃权。市场状况有利时就行权;市场状况对其不利时就弃权,至多亏损期权费。反过来,期权空头收取期权费之后,就出售了相关的权利而只剩下义务,无论期权多头是否决定行权,期权空头都必须无条件配合。

按照赋予权利的不同,期权可分为看涨期权与看跌期权。看涨期权(call option)赋予期权多头按行权价买资产的权利。反过来,看跌期权(put option)则赋予期权多头按行权价卖资产的权利。按照期权多头行权的时限划分,期权又可分为欧式期权(European option)和美式期权(American option)。欧式期权的多头只有在期权到期日才能行权,而美式期权允许其多头在期权到期前的任何时间行权。另外还有一些期权的执行时限是到期日前的某一段时间,属于比较特殊的期权。

例 1.3 和例 1.4 分别给出了看涨期权和看跌期权的一个例子,可以帮助读者理解期权。

以一个行权价为 105 元、期权费为 4 元的债券看涨期权为例,期权到期时多头的回报(不考虑期权费)和盈亏(考虑期权费)分布如图 1.5(a)所示。在图 1.5 中,实线代表期权的盈亏,点画线代表期权的回报,P_T 代表期权到期时标的资产的价格。

期权到期时,标的债券价格若高于行权价 105 元,多头行使期权,有权按 105 元买入债券,债券价格比 105 元高多少,多头就获得多少回报;若债券价格低于 105 元,多头可以选择弃权,回报为零。在不考虑期权费的情况下,看涨期权多头的回报如图中的"期权回报"线所示,105 元以下为零,105 元以上则以 45 度角向右上方延伸。

在计算盈亏时,我们就要考虑付出的期权费成本(为分析方便,我们不考虑利息成本,下同)。因此看涨期权多头的盈亏线就要比回报线向下平移,平移量正是多头所支付的期权费 4 元。值得注意的是,105 元仍然是看涨期权多头是否行权的转折点,但只有当债券价格涨到图中 109 元(我们称之为"盈亏平衡点",等于行权价加期权价格)以上之后,期权多头才开始盈利。

由于期权合约是零和游戏(zero-sum game),期权多头和空头的回报和盈亏正好相反,据此我们可以画出看涨期权空头的回报和盈亏分布如图 1.5(b)所示。

可以看出,看涨期权多头的亏损风险是有限的,其最大亏损限度是期权费,而其盈利可能是无限的。相反,看涨期权空头的亏损可能是无限的,而其最大盈利限度是期权费。期权多头以较低的期权费为代价换取较大盈利的可能性,如同买了一个保险,这也是期权费在英文中为何与保险费为同一个词的主要原因。

在了解期权到期盈亏之后,初学者往往会产生一个困惑:期权多头以较小的期权价格为代价换来了较大盈利的可能性,而期权空头则为了赚取期权费而冒着大量亏损的风险,这两者之间是否不公平?谁愿意充当期权的空头呢?事实上,图 1.5 仅给出了到期盈亏的分布,却并没有刻画对应的概率。注意在看涨期权中,多空双方的盈亏平衡点是从行权价往右移动达到的,移动幅度显然决定了双方最终的盈亏金额和盈亏概率。而这移动幅度正是多空双方基于自身对未来价格概率分布的判断博弈形成的期权费。只要市场交易是公平透明的,盈亏平衡点对应的盈亏概率和分布都将会是大体公平的。从历史平均而言,期权空头"大概率赚小钱(期权费)、小概率亏大钱";而期权多头则在大多数时候净付出期权费,少部分时候获得大幅盈利,长期而言期权买卖双方之间并不存在明显的不公平。

以一个行权价为 95 元、期权费为 3 元的债券看跌期权为例,期权到期时多头的回报和盈亏分布如图 1.5(c)所示。

期权到期时,标的债券价格若低于行权价 95 元,多头行使期权,有权利按 95 元卖出债券,债券价格比 95 元低多少,多头就获得多少回报;若标的债券价格高于 95 元,多头将弃权,回报为零。由于不考虑期权费,其回报如图中的"期权回报"线所示,95 元以上为零,95 元以下则以 45 度角向左上方延伸。

在计算盈亏时,由于考虑了期权费成本,看跌多头的盈亏线也要比回报线向下平移 3 元。与看涨期权类似,95 元仍然是期权多头是否行权的转折点,但只有当债券价格跌到 92 元盈亏平衡点以下之后,期权多头才开始盈利。

看跌期权也是零和游戏,多空的回报和盈亏也正好相反,因此看跌期权空头的回报和盈亏分布如图 1.5(d)所示。

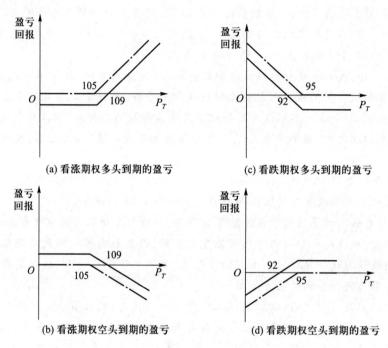

(a) 看涨期权多头到期的盈亏

(c) 看跌期权多头到期的盈亏

(b) 看涨期权空头到期的盈亏

(d) 看跌期权空头到期的盈亏

图 1.5　期权合约到期时的盈亏

除了回报与盈亏分布图,还可以用公式来描述期权到期的回报与盈亏状况。表 1.4 给出了欧式期权到期回报与盈亏的计算公式。

表 1.4　欧式期权到期回报与盈亏[*]

头寸	到期回报公式		到期盈亏公式
	公式	分析	
看涨期权多头	$\max(P_T-K,0)$	若到期价格 P_T 高于 K,多头行权获得差价;否则弃权回报为零	$\max(P_T-K,0)-c$
看涨期权空头	$-\max(P_T-K,0)$ 或 $\min(K-P_T,0)$	若到期价格 P_T 高于 K,多头行权,空头损失差价;否则多头弃权,空头回报为零	$-\max(P_T-K,0)+c$ 或 $\min(K-P_T,0)+c$

24

头寸	到期回报公式		到期盈亏公式
	公式	分析	
看跌期权多头	$\max(K-P_T,0)$	若到期价格 P_T 低于 K,多头行权获得差价;否则弃权回报为零	$\max(K-P_T,0)-p$
看跌期权空头	$-\max(K-P_T,0)$ 或 $\min(P_T-K,0)$	若到期价格 P_T 低于 K,多头行权,空头损失差价;否则多头弃权,空头回报为零	$-\max(K-P_T,0)+p$ 或 $\min(P_T-K,0)+p$

* 表格中 K 为行权价,P_T 为到期资产价格。c 和 p 分别为欧式看涨期权费和看跌期权费。

图 1.5 和表 1.4 都描述了期权的本质特征。事实上,只要一个金融产品的回报和盈亏可以用图 1.5 或表 1.4 加以表达,它就是一种期权,都可以运用期权分析方法和相应的风险管理手段。

(二)主要利率期权

以利率或债券为标的资产的期权都属于利率期权。根据交易场所不同,利率期权可以分为 OTC 利率期权和场内交易的利率期权。

最常见的 OTC 利率期权有利率上限期权、利率下限期权、利率双限期权和利率互换期权。

利率上限又称利率顶(cap),本质上是一系列利率看涨期权(caplet)的组合,它的标的多为市场上的某种浮动利率,例如一定期限的 LPR。具体来看,在支付期权费后,在第 i 个期权到期时,如果标的利率指标(如 1 年期 LPR)超过约定的行权利率水平,利率高多少,期权多头就盈利多少(实际盈亏还要扣去期权费)。利率下限又称利率底(floor),标的也是市场上的某种浮动利率,其刚好与利率顶相反,它是一系列利率看跌期权(floorlet)的组合,期权到期时标的利率比行权利率低多少,期权多头就盈利多少。利率双限(collar)是利率顶多头和利率底空头的组合。利率互换期权(swaption)赋予了期权多方以约定的利率和名义本金,在约定的期限内进行利率互换的权利。例 1.5 和例 1.6 分别给出了一个利率上限和利率双限的例子。

例 1.5 运用利率上限管理利率风险

2017 年 9 月 1 日,某企业借入一笔浮动利率贷款,本金 1 000 万美元,贷款期限为 3 年,假设参考利率为 6 个月期 LIBOR 加上 1%,每 6 个月利率浮动一次。为规避浮动利率上升可能给企业带来的额外利息支出,该企业买入一份利率上限,其名义本金为 1 000 万美元,参考利率为 6 个月期的 LIBOR 加上 1%,行权利率为 3%,期权期限也为 3 年。表 1.5 列出了该企业的利息成本状况。(为集中说明利率上限的本质特征,这里暂不考虑期权费,也仅计算年化的利率和成本)

表 1.5　企业贷款与利率上限利息成本(每 1 美元)

时间	6m LIBOR	贷款利率成本(年) 6m LIBOR+1%	利率上限回报(年) $\max(R_i-R_K,0)$	真实利息成本(年) (不考虑期权费)
2017 年 9 月 1 日	1.45%	—	—	—
2018 年 3 月 1 日	2.22%	-2.45%	0	-2.45%
2018 年 9 月 1 日	2.54%	-3.22%	0.22%	-3%
2019 年 3 月 1 日	2.68%	-3.54%	0.54%	-3%
2019 年 9 月 1 日	—	-3.68%	0.68%	-3%

可以看出,由于购买了利率上限,当市场 6 个月期 LIBOR 上升导致浮动利率贷款的利息成本超过 3% 时,利率上限的获利刚好与利息成本的上升相抵,从而使得企业的融资成本始终不会超过利率上限的行权利率,这就是"上限"和"顶"的含义。

显然,与 FRA 相比,利率上限同样可以管理融资时的利率风险。但区别在于,当市场利率低于行权利率时,期权多头可以放弃行权,享受到低利率的好处。

2020 年 3 月 23 日,以 1 年期和 5 年期 LPR 利率为标的的利率上/下限期权和利率互换期权开始在中国银行间同业拆借中心启动试运行,开启了中国的利率期权年代。

例 1.6　从利率上限到利率双限

假设例 1.5 中的企业在借入上述浮动利率贷款的同时,不仅仅购买了上述利率上限,还出售了一份期限、频率与名义本金都与之相同的利率下限,参考利率也是 6 个月期的 LIBOR 加上 1%,行权利率为 2.5%。那么该企业的利息成本状况将如表 1.6 所示。(这里也暂不考虑期权费,也仅计算年化的利率和成本)

表 1.6　企业贷款与利率上限利息成本(每 1 美元)

时间	6m LIBOR	贷款利率成本(年) 6m LIBOR+1%	利率上限回报(年) $\max(R_i-R_K,0)$	利率下限回报(年) $-\max(R_K-R_i,0)$	真实利息成本(年) (不考虑期权费)
2017 年 9 月 1 日	1.45%	—	—	—	—
2018 年 3 月 1 日	2.22%	-2.45%	0	-0.05%	-2.5%
2018 年 9 月 1 日	2.54%	-3.22%	0.22%	0	-3%
2019 年 3 月 1 日	2.68%	-3.54%	0.54%	0	-3%
2019 年 9 月 1 日	—	-3.68%	0.68%	0	-3%

可以看出,由于又出售了利率下限,当市场6个月期LIBOR较低导致浮动利率贷款的利息成本低于2.5%时,在利率下限上的亏损将导致企业的融资成本始终不会低于利率下限的行权利率,这就是"下限"和"底"的含义。这样,同时购买利率顶和出售利率底,实际上将使得企业的融资成本始终处于利率上限和利率下限之间,从而形成了"利率双限"。

需要说明的是,为了说明问题,本例有意将利率底设定为2.5%。现实市场上,投资者有时会精心选择利率双限的"顶"和"底"水平,从而使得购买利率上限支出的期权费刚好与出售利率下限收入的期权费相互抵消,构造出一个零成本(zero-cost)组合。出售利率下限构造利率双限的目的是收入期权费,降低融资成本。

最后,如果上限与下限水平相同,利率双限就退化成了一系列简单的远期利率协议。

交易所交易的利率期权主要包括债券期权、利率期权和利率期货期权等。在全球各大交易所如美国的CME集团、泛欧-伦敦交易所、东京证券交易所、法国期货交易所、新加坡国际金融交易所等,都有利率期权在交易。从到期期限看,场内利率期权涵盖了从90天至30年不等的期限;从标的资产来看,只要有利率期权交易的国家,其交易所基本都拥有以该国基准利率为标的的利率期权。很多交易所交易的利率期权多为相应的利率期货的期权。

我们将在第六章更为深入地学习利率期权的相关知识。

1-11 二维码链接
中国银行间市场上的利率期权

四、信用衍生产品

信用衍生产品是回报取决于第三方信用风险的金融合约,其将信用风险从贷款、债券等金融工具中分离出来进行组合和交易,专门用以转移和管理信用风险。

信用违约互换(credit default swaps,CDS)是最具代表性的信用衍生产品。CDS买方定期向CDS卖方支付一定费用,一旦出现事先约定的信用事件,CDS买方将有权从卖方手中获得补偿,合约终止。信用事件可以是特定贷款或债券主体还款违约、破产、资不抵债、拖欠,也可以是企业重组或信用评级下调。该补偿可以用现金支付(面值减去公平回收价值),也可以是实物交割(以面值交换基础资产)。如果信用事件并未发生,则互换到期自动失效。整个过程如图1.6所示,可以看到CDS的买方支付保费后,将基础资产的信用风险转移给CDS的卖方,相当于购入了一份信用保险。但与信用保险不同,CDS是价格会随市场涨跌的标准化金融合约。

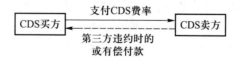

图1.6　信用违约互换示意图

随着市场的发展,从CDS衍生出了其他信用衍生品,如篮子CDS(Basket CDS)、信用违约互换期权(Credit Default Swaption)、信用联结票据(Credit-Linked Notes,CLN)和合成型CDO(Synthetic collateralized debt obligations,Synthetic CDO)等。篮子 CDS 就是以一篮子多个参考实体为标的的 CDS,任何一家参考实体违约时均提供违约赔偿。信用违约互换期权是以预先约定的行权价购买或出售 CDS 的权利。信用联结票据首先是一种债务融资工具,但区别在于 CLN 持有人承担的风险不是发行人的风险,而是 CLN 所挂钩标的的信用风险。CLN 的发行人是 CDS 买方,投资人则是 CDS 卖方,因而可以视为债券和 CDS 的结合。CDS 与第四节将介绍的资产证券化设计相结合,就产生了合成型 CDO,由于比较复杂,我们将在第七章加以介绍。此外,基于 CDS 还诞生了 CDS 指数,是一种跟踪多个基础 CDS 的平均 CDS 利差、按一定标准编制的指数。

除了从 CDS 拓展而来的信用产品,其他信用衍生品还有信用利差期权和总收益互换等。信用利差期权是以某债权的信用利差为标的的期权合约。总收益互换(Total Return Swaps,TRS)是在未来约定期限内将一种或一篮子资产的总收益(包括现金流与资本利得或损失)与等值浮息债的利息(加或减利差)进行交换的产品,其现金流如图 1.7 所示。TRS 的一个重要特征是合约双方并不转让资产的实际所有权,只转让收益权。当总收益互换的资产是某种信用资产时,总收益互换就属于信用衍生产品,因为它在不交易该资产的情况下,实现了信用风险和市场风险的同时转移。

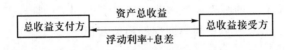

图 1.7　总收益互换现金流示意图

世界上最早的信用衍生产品诞生于 1990 年代的美国,1995 年到 2007 年是信用衍生品快速发展的阶段,诸多危机和破产事件的发生以及花旗和摩根大通等借助 CDS 成功避免巨大损失的案例成为信用衍生产品推广的最佳宣传范本。在这一阶段,CDS 市场规模从 2000 年的 893 亿美元扩大到 2007 年的 62.17 万亿美元,尤其是在后四年内,其市场规模几乎保持着 100% 的年度复合增长率。随着市场参与者不断丰富与信用衍生品种类的不断创新,越来越多的金融机构不再满足于信用风险的管理,开始进行投机活动,信用衍生品的市场规模不断扩大,其合约面值总额远远超过其参考实体债券的总量,为危机的发生埋下了伏笔。2008 年次贷危机爆发,信用风险成为蔓延的系统性风险,很多 CDS 卖方无力履约,CDS 市场规模大幅缩水,美国国际集团(AIG)等 CDS 的大卖方在美国联邦政府的资金援助下才勉强免于破产,这些案例在成为典型反面教材的同时,也为信用衍生产品的过度投机画上了一个句号。

次贷危机之后,人们开始关注信用衍生产品市场的潜在风险,反思信用衍生产品市场的不透明性与过度发展。一般认为,信用衍生品仍然是重要的不可替代的信用风险管理工具。对于银行等债权人来说,信用衍生品的出现,缓解了专业化与分散化的矛盾。例如,原先为了防止信用风险过于集中,银行只能采取多样化贷款来分散风险;且在面对可能的风险损失时,银行也只能采用信用等级分类、内部审查、追加保证金等被动的方式来预防和避免风险损失。信用衍生产品出现之后,银行可以集中贷款给少量的核心客户,再通过购买这些企业的信用衍生产品来分散和管理信用风险,同时卖出其他企业的信用衍生产品来承担新的信用风险,主动实现信用风险的多样化。这样可以在分散信用风险、释放授信额度的同时集中精力管理少数贷款,节约贷款成本,又可以体现专业化的好处。对于债务人来说,大量的实证研究表明,信用衍生品的出现,能约束债务人的道德风险和不合理行为。

然而,若运用不当,信用衍生产品本身可能成为风险的来源。对于信用保护买方而言,CDS等合约只需支付少量资金,便可能获得巨额补偿,容易导致投机过度放大市场风险。而CDS合约参考实体的违约概率和违约相关系数并不稳定,尤其是在金融危机来临时,违约概率和相关系数都会迅速跳升,使CDS卖方难以通过组合的方式来降低系统性风险。再者,由于信用衍生品市场透明度相对较低,买方倾向挑选信用等级高的交易对手,导致卖方过度集中在少数几家大型金融机构,从而使得系统性风险高度集中,一旦这些金融机构出现违约,将带来灾难性的后果。此外,作为场外衍生品,CDS市场的信息不对称程度较高,增加了合约的定价难度和监管难度,容易在信息不透明情况下引起大的波动,影响交易效率并放大系统性风险。

针对上述的高杠杆特性、违约风险的高度不稳定、卖方的高度集中以及信息不对称等特征,次贷危机之后,欧美国家监管当局开始针对CDS合约交易和清算机制进行改革,加强对金融机构的监管,具体包括改革交易报价方式,推动报价标准化;完善标准协议文本,提高信用衍生品合约之间的互换性和替代性;推动中央对手方清算机制;将影子银行系统纳入监管;等等。同时,信用衍生品市场结构开始调整,简单而透明的标准型CDS开始回归,复杂的信用衍生品交易规模开始下滑,甚至完全退出市场。总之,就是回归到风险管理的基本功能,产品结构从非标准化向标准化过渡。

中国最早的信用衍生产品诞生于2010年。2010年10月29日,中国银行间市场交易商协会启动中国市场上的信用风险缓释工具(credit risk mitigation,CRM),包括信用风险缓释合约(credit risk mitigation agreement,CRMA)和信用风险缓释凭证(credit risk mitigation warrant,CRMW)。与国际上较为流行的CDS和CLN不同,我国的CRMA和CRMW都是挂钩特定的单一债务(包括债券、贷款等),而不像CDS和CLN那样挂钩特定的发债实体;此外,尽管都是可交易的凭证类产品,CRMW的最初发行方是信用保护卖方,而CLN的买方是信用保护的卖方。2016年9月23日,中国银行间市场交易商协会新增了与国际市场工具更为一致的CDS和CLN,为市场提供了更多的信用风险管理工具。

1-12 二维码链接
中国市场的信用衍生产品

第四节　结构型债务工具

结构型债务工具是金融工程技术在固定收益证券领域应用的直接产物。该类产品是将基础性的债务工具、衍生产品及其他金融资产进行积木式的拆分或组合,改变原有债务工具的回报结构而形成的,由此构造出的新产品能够满足投资者不同的风险收益偏好。由于仍采取债务工具的形式,因此此类产品仍属固定收益证券;但由于结构设计复杂多变,其产品的风险收益特征往往与基础性债务工具差异甚远,因此往往被列为单独的投资品种加以讨论。

由于设计灵活且功能强大,结构型产品在市场中分布很广,例如在前两节中就曾谈到,公司债中的中期票据现在一般都有结构型设计,等等。现实市场中的具体结构型产品数不胜数。但无论以何形式出现,固定收益证券领域的结构型设计在本质上大体可分为两类:在债务工具中嵌入衍生产品和资产证券化。

嵌入衍生产品的最常见形式就是在普通债券中嵌入相对简单的期权,如可赎回、可回售、可转换和可交换等权利,从而形成含权债券(bonds with embedded options);嵌入衍生产品的另一类设计则是将固定收益证券的收益通过一些特殊的衍生产品与其他资产相联结,形成收益联结型债务工具。

资产证券化(asset securitization)则是将未来具有一定现金流的资产进行重新分拆和打包组合,将资产转化为固定收益证券上市交易。高度复杂的产品会同时包含嵌入衍生产品和证券化这两大类的多种结构型设计。

下面我们对上述两种结构型债务工具加以初步介绍。

一、在债务工具中嵌入衍生产品

如前所述,在债务工具中嵌入衍生产品的设计主要可分为两大类:含权债券与收益联结型产品。

(一) 含权债券

1. 可赎回与可回售

可赎回是指债券的发行人有权在到期前的特定时刻以事先约定的价格将债券买回。含有这一条款的债券即为可赎回债券(callable bonds);可回售与之相反,是指债券的投资者有权在到期前的特定时刻按照事先约定的价格将债券卖还给发行人。债券加上这一条款后,就成为可回售债券(puttable bonds)。

在实际操作中,可赎回债券和可回售债券在发行后经常有一段锁定期(lock-out period),只有在锁定期后赎回条款和回售条款才开始生效。赎回和回售的价格既可以是确定的常数,也可以是一个变化的数值。例如,对于一只 10 年期的可赎回债券,面值为 100 元,其赎回日程规定如下:锁定期为两年,也就是赎回条款从第三年才开始生效。第三年和第四年的赎回价格为 110 元,第五年和第六年的赎回价格为 107 元,第七年和第八年的赎回价格为 105 元,第八年后,赎回条款失效。可回售债券的情况与此相似。

从经济理性的角度考虑,当利率下行足够多,可赎回债券的发行人就有动力发新债还旧债,会行使提前赎回的权利;当利率上行足够多,可回售债券的投资者就有动力提前卖回债券,拿回现金进行再投资。因此可赎回债就是一个普通债券嵌入了一个发行人拥有的债券看涨期权(利率看跌期权)。以一只 5 年期且第 4 年底可赎回的债券为例,在第 4 年末,如果市场利率大幅走低,债券的发行人会发现,他此时以市场的低利率发行 1 年期债券,筹到的资金用以提前赎回原先票面利率较高、还剩一年到期的旧债券,就可以降低这一年的融资成本,市场利率下降多少,他将节省多少利息;反之,如果第 4 年末市场利率上升,显然放弃赎回是最优选择,最后一年的融资成本仍将保持在原先较低的票面利率上。可见,可赎回债券中实际上蕴含了一个以市场利率为标的的期权,发行人是这个期权的多头,处于有利的地位。反过来,可赎回债券的投资者除了拥有债券,同时还是该期权的空头,在期权上处于不利的地位,因为当市场利率下降时,该债券将被提前赎回,此时收回的本金不得不以较低的新利率进行再投资,从而降低了整个投资期内的平均投资回报。

可回售债券的情况则正好与可赎回债券相反,它是一个普通债券嵌入了一个投资者拥有的债券看跌期权(利率看涨期权)。以一只 5 年期且第 4 年底可提前回售的债券为例,在第 4 年末,如果市场利率大幅上升时,投资者会发现,他将债券以约定的价格提前卖还给发行人是一个有利的选择,因为收回的资金可以较高的新利率再次对外投资,提高整个投资期的平均投资回报;反之,如果第 4 年末市场利率下降,放弃回售是最优选择。可以看出,在可回售债券中,除了拥有债券,投资者还持有一个利率期权的多头,而发行人则持有该利率期权的空头。

总之,可赎回债券和可回售债券实际上都是在债券中嵌入了一定的利率期权形成的。在后面章节我们将会看到,由于利率和债券价格的确定性关系,利率期权本质上也可视为债券期权,因此这两种结构型产品也可认为是在债券中嵌入一定的债券期权形成的。

2. 可转换和可交换

可转换是指债券的投资者有权在到期前的特定时刻以一定的转股价将一定量的债券转为同一公司发行的普通股。嵌入可转换条款的债券就被称为可转换债券(convertible bonds,简称"可转债")。在可以转股时,如果转股价低于该股票的当时市价,投资者必然选择行权转股;如果转股价高于股票市价,投资者可以放弃行权。因此,可转债等于在普通债券中嵌入了一个以转股价为执行价格、以股票为标的的认股权证[1],其中投资者为权证多头。

无论对发行者还是投资者来说,可转债都是一个颇受欢迎的金融工具。对公司而言,在债券中嵌入以投资者为多头的认股权证有助于提高债券的吸引力;同时,由于投资者是权证多头,需要支付期权费,可转债的息票率往往较低,这有助于公司降低融资成本;最后,由于可转债有将债券转为股票的可能性,发行可转债有助于公司降低资产负债率。对投资者而言,可转债也是一项有吸引力的投资。当股票市价较高时,由于转股可能性大,可转债对股票的价格极为敏感,表现出类似股票的特性;而当股票市价较低时,转股可能性小,可转债表现出更多债券的特性。这意味着与投资普通股相比,可转债的风险较低;而与投资债券相比,可转债的收益较高。总之,可转债兼具债券和股票的特性:当可转债未被转为股票时,它依然具有债券相对较低的风险和相对股票的偿还优先性;但可转债的投资者也没有完全放弃对于公司长期收益的要求权,当投资者预期公司有良好的成长空间时,他可以将所持债券转为股票。

但同时,可转债也是一个复杂性很高的产品。例如,外国金融市场上的可转债通常规定固定的转股比率,因此其转股价是随机的。在可转股时,转股价等于与可转债其他条款相同的普通债券(被称为可转债的债券基,bond floor)当时的市价除以转股比率,这一点使得可转债中的认股权证比一般的认股权证要难以分析。中国的可转债产品设计则更为复杂,中国的可转债并不规定固定的转股比率,而是常常事先约定转股价格,但公司有权对转股价格进行调整,例如当股价较低时对转股价格进行向下修正。这意味着债券的发行方享有额外的期权。此外,很多可转债中往往再内嵌了更多其他的期权,例如可赎回条款和可回售条款等,从而大大提高了可转债分析的难度,使得可转债成为分析难度最大的金融产品之一。

与可转债相关的一个结构型产品是可分离债。可分离债也是普通债券和认股权证的组合,但与可转债中的债券和认股权证始终组合在一起不同,可分离债发行之后,就被分拆为普通债券

---

①　准确地说,可转债中嵌入的是认股权证而非股票期权。关于认股权证与股票期权的区别,请参见郑振龙和陈蓉(2020)第 10 章。

和认股权证,分别在债券市场和权证市场上交易。这种可分离的设计大大降低了产品分析的难度。

此外,与可转债非常相似的一种含权债是可交换债券(Exchangeable Bond)。这两者的区别在于,交换条款是投资者有权将手中持有的债券换成另一家公司发行的普通股。因此可交换债券是"可交换他公司股票的债券",是普通债券与其他公司股票期权的组合。在中国,可交换债是由上市公司股东发行的,债券投资人未来有权用债券换取发行人事先质押在托管机构的上市公司股票。

在中国市场上,上述含权债都出现过,至今仍有大量的可转债、可赎回债、可回售债、可交换债券等在市场上交易。但总体来说,可转债、可交换债券和可分离债中内嵌的期权通常是股票期权,因此不属于纯粹的固定收益证券。

(二)收益联结型产品

所谓收益联结型产品是指固定收益证券未来的收益是与某个事先设定的资产价格挂钩的。例如,一个 5 年期债券的投资者利息收益为 $\max\left(\dfrac{P_T-P_0}{P_0},0\right)$,其中 P_0 和 P_T 分别为债券发行日与到期日的沪深 300 指数。可见,该债券的回报与沪深 300 指数的走势挂钩。当然,如果股市下跌,该债券仍然是保本的。显然这也是一个普通债券与期权的组合,形成了一种股票联结型产品。

又如,一种常见的设计是当参考利率在特定期限内落入指定的区间(如 1% ~ 2%)时债券的投资者可以获得一个较高的固定利率,其他情况下则利率为零,这显然是一种利率联结型的产品,通常被称为"区间票据"(range note),它实际上是普通债券和一种奇异期权①的组合,是一种利率联结型产品。

以此类推,当债券的回报通过一些特殊的衍生产品与股票价格变动、利率变动、汇率变动和商品价格变动相联结时,就形成了股票联结型产品、利率联结型产品、货币联结型产品与商品联结型产品。现实市场上,类似的结构型产品设计繁多,无法一一尽述。由于此类收益联结型产品的设计重心在于嵌入各种奇异衍生产品,挂钩对象五花八门,而固定收益证券的共性反而相对削弱,因此不是本书的分析重点,仅在此作一介绍。

二、资产支持证券

所谓资产证券化,就是将特定资产打包在一起、以整个资产池的未来现金流为支持来发行证券,发行得到的产品称为"资产支持证券"(asset-backed securities, ABS)。早期资产证券化的基础资产包括房地产抵押贷款、汽车贷款、信用卡贷款、学生贷款等贷款项目,后来人们发现只要是有稳定现金流的资产都可以进行证券化,包括各类债券、银行贷款、特许权使用费、特定的定期收入项目,甚至是已经构造出来的其他资产支持证券。这样形成的资产支持证券显然仍然以利率风险和信用风险为主要风险特征,属于固定收益证券。

---

① 标准的欧式和美式期权被称为香草期权(vanilla options),比这些常规期权复杂的期权被称为奇异期权(exotic options),如障碍期权、亚式期权和彩虹期权等。

但资产支持证券至少在两个方面比一般的债券复杂。首先,在资产证券化过程中,为了增加吸引力,经常会进行优先/次级结构的设计。具体而言,就是在同一次资产证券化过程中构造出来的资产支持证券并不完全相同,而是不同信用层级各占一定比例。优先层级高的证券偿付顺序优于层级较低的证券,用低层级的证券来保护高层级证券的信用风险。在这样的设计中,层级越低,信用级别越低,票面利率越高,期限通常也越长。这样可以满足不同投资者对风险收益的差异化需求,提供资产支持证券的吸引力。其次,资产证券化的基础资产可能存在提前偿付的问题,可以理解为借款人拥有一个提前赎回的权利,因此资产支持证券是一种嵌入期权的固定收益证券。为了管理提前偿付风险,资产支持证券经常会进行一些设计,使得某些层级证券的现金流相对稳定。除此之外,在资产证券化过程中还出现了大量的创新设计。这些都使得资产支持证券不是简单的债券,而属于结构型债务工具。在第七章中,我们将对资产证券化和资产支持证券做更为深入的介绍。

第五节　固定收益证券市场

本节将首先介绍一些比较重要的固定收益证券市场运作机制,之后将帮助读者了解全球、特别是中国的固定收益证券市场的规模和结构状况。

一、固定收益证券市场运作机制

从发行和流通环节来看,基础性、结构型债务工具与股票一样,都需要经过一级市场的发行环节进入二级市场流通,而固定收益衍生品与其他衍生品一样,不需要经过发行环节,直接在二级市场上开展交易。

(一)一级市场机制

与其他金融工具一样,债务工具在一级市场的发行方式分为私募发行和公募发行,金融中介机构承销时具体又可采取包销和代销两种方式。在发行价格的确定上,主要有招标发行和簿记建档发行两种方式。

招标发行又称拍卖发行,可以分为非竞争性招标和竞争性招标两种。当使用非竞争性招标时,投标人只需提交竞买的数量,而不需要提交竞买的价格;相反,当使用竞争性招标时,投标人同时需要提交竞买的价格和数量。

招标发行比较适合投资需求旺盛、市场接受程度较高的发行品种。例如我国的记账式国债就通过财政部政府债券发行系统进行竞争性招标,确定票面利率或发行价格,国债承销团成员通过客户端远程投标,按照低利率或者高价格优先的原则对有效投标逐笔募入,直到募满招标额或将全部有效标位募完为止。在价格的确定上,我国的国债招标又分为单一价格和修正的多重价格(混合式)两种:在单一价格方式下,标的为利率时,全场最高中标利率为当期(次)国债票面利率,各中标机构均按面值承销;标的为价格时,全场最低中标价格为当期(次)国债发行价格,各中标机构均按发行价格承销。在修正的多重价格方式下,标的为利率时,全场加权平均中标利率四舍五入后为当期(次)国债票面利率,低于或等于票面利率的中标标位,按面值承销;高于票面利率的中标标位,按各中标标位的利率与票面利率折算的价格承销。标的为价格时,全场加权平均中标价格四舍五入后为当期(次)国债发行价格,高于或等于发行价格的中标标位,按发行价格承销;低于发行价格的中标标位,按各中标标位的价格承销。

簿记建档发行,是指簿记管理人在发行前通过询价、路演等方式,与发行人协商确定利率(价格)区间后,在簿记当天,由申购人发出申购订单,簿记管理人记录申购人申购债券利率(价格)和数量意愿,按约定的定价和配售方式确定发行利率(价格),并进行配售的行为。在中国市场上,簿记管理人一般为债务融资工具的主承销商,通常为证券公司(主承公司债和企业债)和银行(主承交易商协会债务融资工具)。簿记建档原则上应按照利率由低至高或价格由高至低,对有效申购逐笔累计,直至累计至计划发行额为止。在边际配售时,可根据有效订单的申购情况以及投资者的类型、历史认购情况、询价与申购的一致性等信息进行合理配售。

在债券的一级市场上,还存在预发行制度(when-issued trading)。2013年,我国国债推出预发行制度,在国债招标日前4个法定工作日至招标日前1个法定工作日之间对将要招标的国债进行预先交易。通过预发行,可以充分了解市场需求,发现市场价格,使国债一级市场的定价功能更完善,有利于平滑国债一二级市场价差;同时,由于承销团在拍卖前就可以通过预发行对国债进行分销,从而可以提前锁定卖出价,减少国债承销的风险。2016年12月,全国银行间同业拆借中心制定发布了《全国银行间债券市场债券预发行交易规则》和《全国银行间债券市场债券预发行交易标准条款》,规范了所有债券的预发行制度。同月,国开行在银行间市场开启了债券预发行操作。

另外,如本章第二节所介绍的,中国的企业债务融资工具有发改委、中国人民银行、证监会等多个主管机关,相关债务融资工具的发行需在对应的主管机关根据要求审核、注册或备案。

(二) 二级市场机制

和其他金融产品一样,固定收益证券的二级市场也分为场内市场与场外市场。场内市场即证券交易所,是证券集中竞价的有形场所;场外(OTC)市场是通过电子网络连接的非集中报价和买卖场所。中国的固定收益证券市场由上海和深圳交易所的债券交易、银行间市场[①]以及银行对客户的柜台市场组成,后两者都属于OTC市场。

从二级市场的交易机制来看,中国场内的债券交易方式与股票交易相似,都是通过交易所进行电子化的连续竞价,而银行间市场的交易方式则与之差异较大。中国银行间市场主要的交易方式包括询价、做市报价、请求报价、指示性报价、匿名点击、活跃券扫单成交等。其中,做市报价交易方式是指报价方就某一债券同时报出买入和卖出价格及数量的报价,受价方可点击该报价达成成交的交易方式。具体交易方式可以扫描二维码进一步了解。

1-13 二维码链接
中国银行间市场的交易方式

---

① 就是前文介绍的中国银行间同业拆借市场,尽管称为"同业拆借市场",实际上涵盖了银行间的所有固定收益交易。早期可进入我国银行间市场的参与主体只有商业银行,现已拓展至各类金融机构、非金融企业和各种资金集合型投资主体。

二、固定收益证券市场:规模与结构

(一) 固定收益证券市场与股票市场

一提到金融市场,人们往往首先想到股票市场。但图 1.8 到图 1.10 揭示了这样一个现实:无论是国内还是国外,无论是在基础证券还是在衍生产品市场上,固定收益证券的总量都要远远超过股权证券。这充分说明了固定收益证券的重要性①。

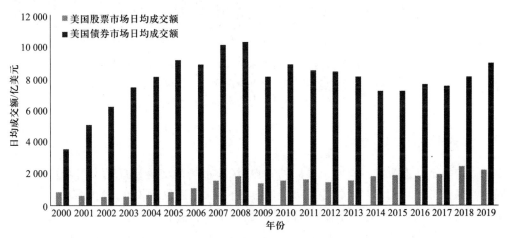

图 1.8　美国股票市场与债券市场的日均成交额

数据来源:美国证券业与金融市场协会网站

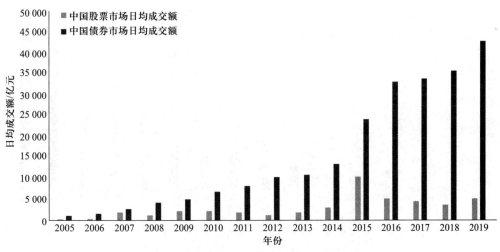

图 1.9　中国股票市场与债券市场的日均成交额

注:中国债券市场成交额包括银行间、银行柜台和交易所市场的债券现券和回购数据。

数据来源:Wind 资讯、中国债券信息网。

---

① 当然,这并不意味着股票市场不重要。通常只有优秀的公司才可能持续上市并具有一定的市值规模,这一特点注定了股权证券市场的总量不可能太大。

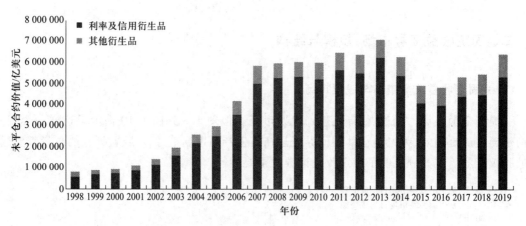

图 1.10　全球场外固定收益衍生品与其他衍生品未平仓合约①价值

注:图中为 1998—2018 每年年末数据和 2019 年 6 月底数据。

数据来源:国际清算银行网站。

(二) 场内市场与 OTC 市场

全球固定收益证券市场具有一个共同的特点:场外市场的交易量远远大于场内市场。这是因为固定收益证券市场的参与者往往是大型的金融机构,信用风险较低,较少需要通过交易所交易机制来规避对手风险;而场外市场交易的灵活性和费用低廉能够满足它们对于大宗交易的需求。作为例子,图 1.11 和图 1.12 分别给出了中国固定收益证券场内外交易规模对比和全球利率衍生产品场内场外交易的名义本金对比。

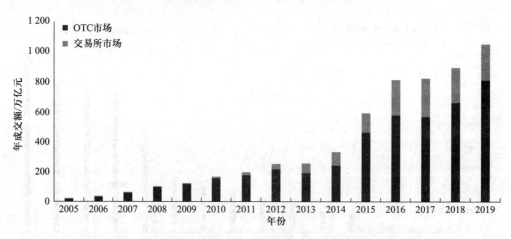

图 1.11　中国交易所市场与 OTC 市场固定收益证券的年成交额②

注:OTC 成交额包括银行间和银行柜台的成交额。

数据来源:Wind 资讯、中国债券信息网。

---

① 所谓未平仓合约(open interest)是指某种衍生产品流通在外的合约总数。

② OTC 市场中包括了银行间市场和银行对客户的柜台市场。但后者交易量极小。以 2009 年为例,银行间债券市场、交易所市场和银行柜台市场交易额的比例分别大约为 96.4%、3.59% 和 0.004%。

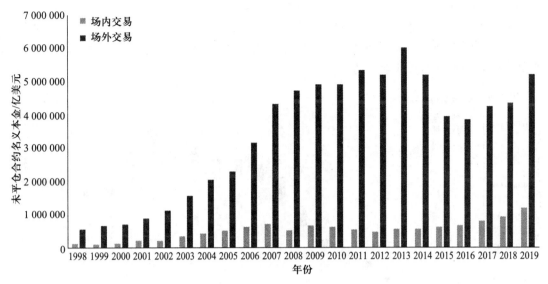

图 1.12　全球场内与场外交易的利率衍生产品未平仓合约名义本金

注:图中为 1998—2018 每年年末数据和 2019 年 6 月底数据。

数据来源:国际清算银行网站。

（三）全球利率衍生品市场

2003—2007 年,全球的利率衍生品经历了一个急速扩张的阶段。2007 年美国次贷危机爆发后,利率衍生品进入调整稳定发展阶段。图 1.13 给出了全球场内交易的利率衍生产品的种类构成。可以看出,在全球利率衍生品的场内交易中,早期利率期货的交易占主导地位,2001 年以后利率期权相对交易量占比较大。

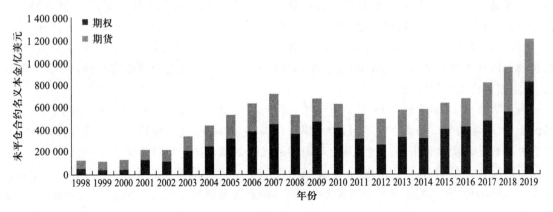

图 1.13　全球场内交易的利率衍生产品未平仓合约名义本金

注:图中为 1998—2019 每年年末数据。

数据来源:国际清算银行网站。

图 1.14 则给出了全球场外交易利率衍生产品的种类构成。可以看出,利率互换在场外利率衍生品交易中具有极为重要的市场地位,其交易量远远超过远期利率协议和利率期权。2019 年 6 月,全球场外市场利率互换的未平仓合约达 389 万亿美元。在国际市场上,利率互换中隐含的互换利率一直是重要的基准利率之一。[①]

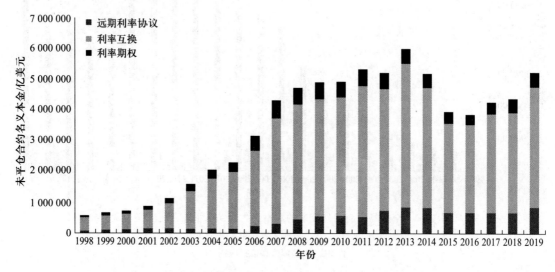

图 1.14　全球场外交易的利率衍生产品未平仓合约名义本金

注:图中为 1998—2018 每年年末数据和 2019 年 6 月底数据。

数据来源:国际清算银行网站。

(四)中国的固定收益证券市场

1981 年 7 月,中国国务院决定恢复国债发行,开启了改革开放后中国固定收益市场的发展进程。经过 30 多年的建设,中国的固定收益证券品种基本齐备,参与主体不断扩大,市场功能日益完善,稳步推进对外开放,极大地推动了中国金融和经济的发展。根据 SIFMA 统计,2019 年年底,中国债券存量占全球债券存量的 13%,仅次于美国(39%)和欧元区(21%)。总体而言,中国的基础性债务工具发展最为迅速和成熟,结构型债务工具、特别是资产证券化产品近年来不断发展,固定收益衍生品的推进则相对稳健。

表 1.7 给出了 2005 到 2019 年中国市场上发行的各类债券规模,从中可以看出中国债券市场的变迁:早年债券市场尚不发达时,中央银行票据在全年债券发行规模中占比很大,但 2012 年之后央票就逐渐淡出了市场;国债、地方政府债的发行规模总体呈现稳步增长,时有起伏;金融机构发行的同业存单 2013 年才出现,但迅速成为市场上发行规模最大的品种;金融债也属于发行规模较大的品种;在三类非金融企业债务工具中,企业债务融资工具发行规模较大;ABS 近年来增长可观。

---

① 我们将在第五章中讨论利率互换。

表 1.7 中国债券发行规模

年份	国债	地方政府债	中央银行票据	政府支持机构债	同业存单	金融债	企业债	公司债	企业债务融资工具	ABS
2005	7 042.00	0.00	27 462.00	50.00	0.00	7 137.60	604.00	0.00	1 424.00	130.74
2006	8 883.30	0.00	36 522.70	400.00	0.00	9 596.00	615.00	0.00	2 919.50	322.01
2007	23 483.44	0.00	40 571.00	600.00	0.00	11 938.60	1 109.35	112.00	3 349.10	178.08
2008	8 558.21	0.00	42 960.00	800.00	0.00	11 897.38	1 566.90	288.00	6 075.50	302.01
2009	16 229.21	2 000.00	38 240.00	1 000.00	0.00	13 857.77	3 252.33	734.90	11 524.70	0.00
2010	17 778.17	2 000.00	42 350.00	1 890.00	0.00	13 588.70	2 827.03	511.50	11 862.92	0.00
2011	15 397.90	2 000.00	14 140.00	1 000.00	0.00	23 224.80	2 485.48	1 291.20	18 377.23	12.79
2012	14 362.26	2 500.00	0.00	1 500.00	0.00	26 510.30	6 499.31	2 623.31	26 541.09	281.42
2013	16 944.01	3 500.00	5 362.00	1 500.00	340.00	26 813.58	4 752.30	1 715.54	28 770.47	279.70
2014	17 747.32	4 000.00	0.00	1 500.00	8 985.60	35 672.78	6 971.98	1 407.53	41 881.89	3 309.83
2015	21 075.38	38 350.62	0.00	1 800.00	53 044.60	42 783.06	3 421.02	10 284.65	54 379.31	6 135.23
2016	30 657.69	60 458.40	0.00	1 400.00	130 211.30	46 132.00	5 925.70	27 864.68	51 081.10	8 874.90
2017	40 041.79	43 580.94	0.00	2 460.00	201 675.70	49 551.41	3 730.95	11 025.24	39 234.48	15 462.93
2018	36 670.97	41 651.67	0.00	2 530.00	210 985.60	52 459.10	2 418.38	16 575.65	53 711.32	20 132.48
2019	41 641.00	43 624.27	320.00	1 650.00	179 513.93	66 016.40	3 624.39	25 457.63	62 763.31	23 628.70

数据来源：Wind 资讯。

图 1.15 给出了 2019 年中国市场上所发行债券的期限分类。可以看出,中国市场上发行的债务工具以中短期为主,1 年以下的占比超过 50%。

图 1.16 给出了 2005 年到 2019 年期间中国市场上每年的资产支持证券发行情况。可以看出,ABN 占比相对较小,信贷 ABS 和企业 ABS 发行规模则比较接近。

从交易规模来看,在银行间市场上,回购的交易规模一直远远超过现券和拆借,从图 1.17 可以明显看出这一点。事实上,交易所市场也具有类似的特征。2019 年,在上海证券交易所和深圳证券交易所的现券和回购交易中,回购交易规模占到两者总和的 99%。

我们从图 1.11 已经知道,中国市场上的场外交易规模要远远大于交易所规模。图 1.18 进一步列出了 2019 年度中国银行间、上海证券交易所和深圳证券交易所三个债券市场上不

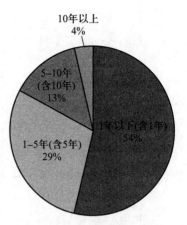

图 1.15　2019 年中国市场
发行债券期限分类
数据来源:Wind 资讯。

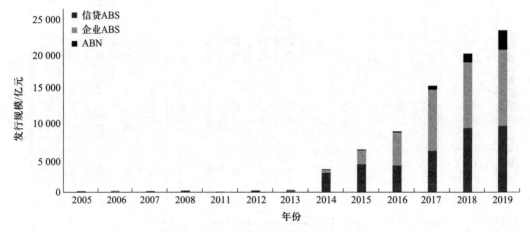

图 1.16　中国市场资产支持证券发行规模
数据来源:Wind 资讯。

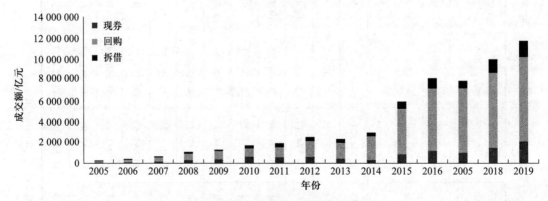

图 1.17　中国银行间市场成交额
数据来源:Wind 资讯。

40

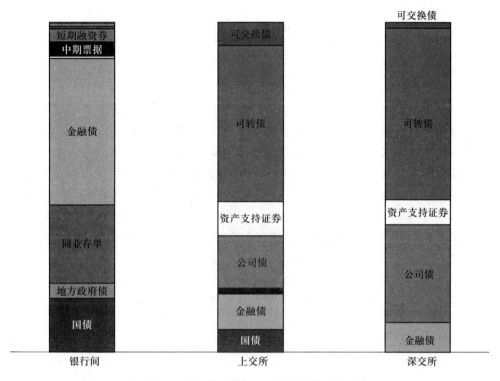

图 1.18　2019 年中国市场上不同种类债券成交占比

同债券的成交金额占比。可以看到,按成交金额排名,在银行间市场上交易比较活跃的债券依次为金融债(其中主要是政策性金融债)、同业存单和国债,地方政府债、短期融资券和中期票据交易规模比较相近;在两家证券交易所,可转债交易都非常活跃,除此之外公司债、金融债、国债和资产支持证券也有一定的交易规模。

　　中国市场最早的利率衍生品交易可以追溯到 1992 年 12 月上海证券交易所推出的国债期货。国债期货推出之初受到市场冷遇,但进入 1994 年后,国债期货交易日趋活跃。然而,由于整个市场环境和合约设计等还不够成熟,中国的国债期货市场陆续爆出恶性投机、操纵市场的负面消息,其中最具代表性的是 1995 年 2 月 23 日爆发的"327 国债期货事件"。同年 5 月,中国的国债期货试点交易被停止。之后中国场内市场的利率衍生品发展相对缓慢,直到 2013 年 9 月、2015 年 3 月和 2018 年 8 月才在中国金融期货交易所推出新版的 5 年期、10 年期和 2 年期国债期货,进入稳健发展阶段。

　　在场外市场上,2005 年,中国在银行间市场推出债券远期交易,之后中国 OTC 利率衍生品一直稳步推进。2006 年开始进行人民币利率互换交易试点,2007 年推出远期利率协议交易,2010 年推出信用风险缓释合约和信用风险缓释凭证,2016 年中国场外市场上的信用衍生品进一步增加了 CDS 和 CLN,2020 年 3 月 23 日,以 1 年期和 5 年期 LPR 利率为标的的利率上/下限期权和利率互换期权开始在中国银行间同业拆借中心启动试运行,开启了中国的利率期权年代。至此,中国市场上基础的 OTC 固定收益衍生品已经基本齐全。

本 章 小 结

1. 固定收益证券是承诺未来还本付息的债务工具以及相关衍生产品的总称,包括基础性债务工具、固定收益证券衍生品和结构型债务工具。

2. 投资固定收益证券的主要风险包括利率风险、再投资风险、信用风险和流动性风险。

3. 债务工具的基本要素包括发行条款、到期条款、计息条款、还本条款和含权条款等。

4. 按照发行主体的不同,资本市场交易的债务工具包括政府债券、政府机构债券、地方政府债券和公司债。债券的信用风险与其发行主体的偿付能力紧密挂钩。

5. 货币市场上交易的是剩余期限小于一年的债务工具,主要包括同业拆借、短期国债、商业票据、汇票、大额可转让定期存单和回购几种。

6. 市场上常见的固定收益衍生产品包括利率远期、利率期货、利率期权、CDS 等。

7. 结构型债务工具主要包括含权债、收益联结型债务工具和资产支持证券。

8. 资产证券化就是将资产打包在一起,以整个资产池的未来现金流为支持来发行证券。

9. 一般来说,固定收益证券场外市场规模大于场内市场。

习 题

1. 根据图 1.1 中的每一种固定收益证券,找出中国市场上的一个具体例子。

2. 主要基于中国市场,分析图 1.1 中各类固定收益证券的主要风险特征。

3. "国债是无风险债券"。这种说法对吗? 请以具体案例说明你的观点。

4. 很多机构以回购利率作为无风险利率,你认为合理吗? 回购利率作为无风险利率还存在什么可能的问题?

5. 如何理解回购交易的融资功能? 为什么说回购交易为市场提供了卖空债券的手段?

6. 讨论发行下述债券的可能动因:① 可赎回债;② 可回售债;③ 正向浮息债;④ 逆向浮息债。

7. 一家企业借入一笔与 5 年期 LPR 挂钩的 10 年期浮动利率贷款,如果认为接下来两年面临利率上升的风险,有什么可能的利率衍生品可以帮助该企业对冲利率风险?

8. 将资产进行证券化有什么意义?

9. 对中国固定收益证券市场进行调研,选择其中一个你感兴趣的品种(如资产证券化市场、国债市场、地方政府债市场、国债期货市场、利率互换市场等),总结该市场的现状,并对其发展前景进行展望。

第二章　利　　率

学习目标:

在学习完本章之后,你应该能够理解和掌握:

◇ 货币的时间价值、贴现因子和年金因子

◇ 不同种类的利率

◇ 无风险利率与有风险利率

◇ 普通复利与连续复利

◇ 到期收益率的定义、特点和应用

◇ 即期利率的定义、特点和应用

◇ 远期利率的定义、计算与特征

◇ 到期收益率、即期利率与远期利率的关系

在本章中,你将学习固定收益证券中最基础的一些概念。第一节围绕货币的时间价值,介绍终值、现值和年金的概念;第二节讨论不同经济含义和不同表达方式的利率;第三节则深入分析到期收益率、即期利率和远期利率三种重要的利率。

第一节　货币的时间价值

一、终值和现值

由于货币可按一定的利率投资出去,因此货币具有时间价值。这意味着今天的 1 元钱与未来的 1 元钱是不等价的,从而产生了终值和现值的概念。

(一) 终值

终值(future value)是今天的投资在未来某个时点上的价值。显然,终值多少将取决于初始本金、投资利率和投资期限的长度,计算公式可以表示如下:

$$FV = PV \cdot (1+R)^N \tag{2.1}$$

式中:PV 和 FV 分别表示初始本金(或称现值,present value)和对应终值,N 是投资期数,R 则是每期的投资利率(用百分比表示,这里假设每期的投资利率相等)。其中 $(1+R)^N$ 表示今天的 1 元钱按利率 R 滚动投资 N 期的终值。可以看出,由于可以获得投资收益率 R,只要 $R>0$,终值

将大于现值,等于现值加上所有的利息收入。

从式(2.1)可知,在其他条件相同时,初值越高,投资期限越长,利率越高,终值越大。

值得注意的是,同样的投资期限,如果计息期数(N)不同,计息频率就不一样,即使年化利率(每年的利率)相等,终值也将不同。例如,原始投资期限为 3 年,如果只分为 1 期,计息频率就是每 3 年计息一次,此为单利;如果分为 3 期,计息频率就是每年计 1 次复利;如果分成 6 期,计息频率就是每半年计 1 次复利(或每年计 2 次复利)。例如,同样将 1 000 元存入银行 3 年,年化利率均为 5%,单利的终值为

$$FV = 1\ 000 \times (1+3 \times 5\%) = 1\ 150.00(元)$$

一年计 1 次复利(即每年利息自动滚存入本金,上一年本息和成为下一年计息的本金)的终值为

$$FV = 1\ 000 \times (1+5\%)^3 = 1\ 157.63(元)$$

而一年计 2 次复利(即每 6 个月利息自动滚存入本金)的终值为

$$FV = 1\ 000 \times \left(1+\frac{5\%}{2}\right)^{3 \times 2} = 1\ 159.69(元)$$

可以看出,即使本金、投资期限和年化利率都相同,计息频率越高,终值越大。金融市场的利率报价惯例是报出年比例利率(annual percentage rate,APR),并标示计复利频率。在同样的年比例利率下,计复利频率不同,其相应的实际年收益率(annual effective yield,AEY)也不同。例如,一年计息两次的 5% 年利率实际上是每 6 个月的利率为 2.5%,其相应的实际年收益率(annual effective yield,AEY)应该是

$$(1+2.5\%)(1+2.5\%) - 1 \approx 5.06\%。$$

(二) 现值

终值告诉我们今天的投资在将来值多少,与之相反,现值(present value)则是未来某个时点的一定量金额在今天的价值。换言之,现值是为了在将来给定时刻实现特定的金额而在今天需要投资的金额,或者说未来给定时刻将得到的特定金额在今天值多少钱。对式(2.1)做个变换就可以得到现值公式:

$$PV = \frac{FV}{(1+R)^N} \tag{2.2}$$

这里的符号含义与式(2.1)相同。

显然,由于正常情况下 $R>0$,因此现值小于终值。也就是说,未来的 1 元钱从今天来看,其价值是需要打折扣的。因此式(2.2)中计算现值的过程也被称为贴现(discounting),现值也被称为贴现值(discounted value),利率 R 被称为贴现率(discount rate)。由于 $\frac{1}{(1+R)^N}$ 表示未来每 1 元钱在每期利率均为 R、投资期数为 N 的情况下对应的现值,也被称为贴现因子(discount factor)。这样,在计算现值时,只要先计算出贴现率 R 和投资期数 N 条件下的贴现因子,直接乘以未来的金额就可计算出相应的现值了。相应地,可以将式(2.1)中的 $(1+R)^N$ 称为终值因子。

例如,假设一位投资者有机会购买一种承诺在 3 年后支付 1 158 元的金融产品,该产品今天价格为 1 000 元,而她期望在 3 年间每年支付一次的年收益率达到 5%。那么她应该投资于这种金融产品吗?

为了回答这个问题,这位投资者需要计算出 3 年后的 1 158 元在年利率 5%(1 年计 1 次复利)和期数为 3 年的情况下对应的合理现值。她可以先计算出贴现因子 $\frac{1}{(1+5\%)^3} \approx 0.863\ 8$,从而 3 年后的 1 158 元对应的合理现值为 $1\ 158 \times 0.863\ 8 \approx 1\ 000.32$ 元。也就是说,该投资者今天本来应该需要投资 1 000.32 元,才可能在 3 年后获得 1 158 元,可见该产品以今天 1 000 元的价格是值得投资的。

假设该投资者期望获得的回报率是 3 年间每年支付两次的年利率达到 5%,情况就不同了。此时的贴现因子降低为 $\frac{1}{(1+2.5\%)^6} \approx 0.862\ 3$,3 年后的 1 158 元对应的现值变为 $1\ 158 \times 0.862\ 3 \approx 998.54$ 元,从而使得该产品今天 1 000 元的价格显得过高,不再是一个好的投资对象。

从式(2.2)和以上两个例子可以看出,现值同样也受到 4 个因素的影响:在其他条件相同的情况下,未来终值越小,现值也越小;投资期越长、贴现率越高,现值越小;即使投资期限和年比例利率相同,在计息频率增加时,由于实际的年贴现率变高,现值变小。

二、年金的终值与现值

所谓年金(annuity)是指某段时间内定期发生的一系列相同金额的现金流,例如分期偿还贷款、定期支付养老金等。按每次收付款项发生的时点不同,可以分为普通年金、即付年金、永续年金和递延年金等。普通年金(ordinary annuity)又称后付年金,是指从第一期起,在一定时期内每期期末等额收付的系列现金流。即付年金(annuity due)又称先付年金,其与后付年金的唯一区别就在于付款时点的不同,其在每期期初等额收付系列现金流。永续年金(perpetual annuity)是期限趋于无穷的普通年金。递延年金(deferred annuity)则指第一笔现金流不发生在第 1 期,而是隔若干期后才开始发生的系列等额现金流,也属于普通年金的特殊形式。由于基本原理相同,这里仅介绍普通年金终值和现值的计算方法。

(一)普通年金的终值

假设一位投资者预期在接下来的 N 期内,将在每期期末从某项投资中获得 C 元。她计划在每次收到 C 元现金流时都进行再投资至第 N 期期末,假设每一期的投资利率都等于 R,那么 N 期后她将拥有多少资金?

可以看出,N 期后该投资者拥有的资金总额就是该笔普通年金在 N 期后的终值,它等于这 N 笔未来的现金流在 N 期后的终值之和,即

$$FV = C \cdot \sum_{i=0}^{N-1} (1+R)^i \tag{2.3}$$

式中:C 表示每期发生的等额普通年金金额,N 为年金发生的期数,每一期的投资利率均为 R。$i=0$ 对应着第 N 期期末的最后一笔年金,无须再投资,$i=N-1$ 对应着第 1 期期末的第一笔年金,距离期末 $N-1$ 期,其余以此类推。

运用等比数列的计算公式,式(2.3)可以写为

$$FV = C \cdot \left[\frac{(1+R)^N - 1}{R} \right] \tag{2.4}$$

式(2.4)中括号内的式子代表着在期数为 N、每期再投资利率均为 R 的情况下,每期 1 元钱的年金到 N 期末的终值,被称为"年金终值因子"。式(2.4)说明将年金金额乘以年金终值因子即可得出普通年金的终值。

(二) 普通年金的现值

与终值的计算相似,普通年金的现值是通过将未来发生的所有现金流分别贴现加总得到,因此有

$$PV = C \cdot \sum_{i=1}^{N} (1+R)^{-i} = C \cdot \left[\frac{1 - \dfrac{1}{(1+R)^{N}}}{R} \right] \qquad (2.5)$$

式中的符号与式(2.3)相同。其中,$i=1$ 对应着第 1 期期末的第一笔年金,距离今天 1 期,$i=N$ 则对应着第 N 期期末的最后一笔年金,距离今天 N 期,其余以此类推。式(2.5)中括号内的式子是在期数为 N、每期贴现率均为 R 的情况下,每期 1 元钱的年金在今天的现值,称为"年金现值因子"。将年金金额乘以年金现值因子即可得出普通年金的现值。

第二节 利率的含义与表达方式

在第一节的终值和现值公式中,最重要的参数之一就是利率 R。在本节中,我们将对很多人常常为之迷惑的利率相关概念进行讨论和对比,这也是固定收益领域最基础的知识之一。

首先,给定两个利率值 5% 和 6%,我们可以简单判断哪个利率较高吗?

答案是不能。首先,从利率的经济含义来看,由于不知道这些利率是名义利率还是扣除了通胀的实际利率,不知道这些利率是有风险的投资回报率还是无风险利率,不知道这些利率对应的投资期限,我们无法从数字大小简单判断哪个利率较高;其次,从利率的表达方式来看,在我们知道这些利率的计息方式和时间基准之前,数字大小也难以告诉我们哪个利率较高。因此,在表达利率时,我们必须首先说明其确切的经济含义和表达方式。

一、不同经济含义的利率

(一) 名义利率与真实利率

这组概念较易理解。名义利率(nominal interest rate)包含了通货膨胀预期,而真实利率(real interest rate)则对预期通胀率进行了调整,其公式为

真实利率=名义利率-预期通胀率

这被称为费雪方程,以 20 世纪早期的经济学家欧文·费雪(Irving Fisher)命名。它表明在通常情况下,名义利率与预期通胀率正相关。

本质上,人们都关心真实利率,因为这才代表了投资所得的实际购买力。但金融市场的惯例是用名义利率来报价。因此当人们提及"利率"时,通常指名义利率,而用"真实利率"这个术语

来表示名义利率减预期通胀率后得到的利率。

（二）无风险利率与有风险利率

所谓无风险利率（risk-free interest rate）是指投资于某个到期回报没有任何风险的投资对象而能得到的回报率。美国国债利率通常被认为是美元的无风险利率，因为人们认为美国政府基本不会对其负债违约；在中国金融市场上，国债利率常常被称为人民币无风险利率，因为人们相信中国政府不会对其负债违约[①]。

所谓有风险利率是指有风险的资产的回报率。正如第一章中所说，金融市场的投资者常面临着各种风险。由于绝大部分投资者都是风险厌恶的，因此从整个市场来看，在投资中承担了什么风险，投资者所要求的收益率就应该包含相应的风险溢酬（risk premium），如市场风险溢酬、信用风险溢酬和流动性风险溢酬等。因此可得：有风险利率＝无风险利率＋风险溢酬。

例如，投资 AA 级公司债所要求的收益率通常高于国债利率，高出的部分主要是信用风险溢酬。又如，投资股票所要求的收益率也高于无风险利率，根据资本资产定价原理（capital asset pricing model，CAPM），高出的部分应为该股票的系统性市场风险溢酬。

在讨论无风险利率与有风险利率时，要注意两个问题：

首先，无风险利率是指到期回报没有风险的回报率，这只要求该项投资的到期回报是确定的，并不意味着其每天的市场价格不能变化。例如，一个有公信力的政府到期一定会偿付其发行国债的所有承诺现金流，因此其国债对应的收益率是无风险利率，但国债每天的市场价格仍然会变化。

其次，我们在讨论有风险利率应包含风险溢酬时，指的都是预期收益率，即投资初期所要求的收益率，由于承担了风险，投资者要求的收益率当然高于无风险利率。但事后实际的收益率则不一定高于无风险利率。

（三）不同期限的利率

在给定时刻，不同期限的利率通常都是不相等的。例如 30 年期和 3 个月期利率分别意味着投资 30 年和 3 个月的收益率，显然这两者通常都不会相等。在给定时刻，不同到期期限的利率就形成了这个时刻的利率期限结构（interest rate term structure），有时也被称为"收益率曲线"（yield curve），这是固定收益证券领域中最重要的概念之一，我们将在第八章对其进行详细介绍。

（四）到期收益率、即期利率和远期利率

对于一个事先承诺了确定现金流的固定收益投资（例如固定利率债券），其持有到期的年化平均内含回报率被称为该笔投资的"到期收益率"（yield to maturity，YTM）。如果该投资在到期前没有现金流，只有最后到期时才有承诺现金流（例如零息票债券），其到期收益率被称为相应期限的"即期利率"（spot rate）。与即期利率相对应的是"远期利率"（forward rate）。远期利率是

[①] 实际上，郑振龙（2009）指出，从国债价格、回购利率、互换利率、远期（期货）价格与现货价格之差、债券收益率与 CDS 价格之差中都可提炼出无风险利率的信息。哪种方法估计得到的无风险利率更为合理可靠，目前尚无定论。

指给定时刻,从未来一个时点到另一个时点之间的利率。由于这几个概念特别基础和重要,我们将在本章第三节作专门的介绍。

二、同一利率的不同表达方式

说到利率,严谨的表达应为如下形式:"每年计 m 次复利的 n 年期年利率"。这里实际上涉及 4 个与时间有关的要素:第一个要素是利率的期限 n ,这个问题已经在上一小节做了介绍,此处就不再赘述[①];第二个要素是利率的时间单位,根据时间单位的不同,利率可以分为年(化)利率(常用百分比表示)、月利率(常用千分比表示)和日利率(常用万分比表示),其中年利率最为常用,如无特别说明,本书中涉及的都是年利率;第三个要素是计复利的频率 m ;第四个要素是每年或每月具体计息天数的规定。我们接下来主要详细讨论后两个要素。

(一)不同的计复利频率

计复利频率有单利、普通复利和连续复利三种。

1. 单利

所谓单利是指无论期限多长,本金投资所获得的利息均不计入本金再次生息。在这样的情况下,单利的终值计算公式为

$$FV = PV \cdot (1 + N \cdot R_单) \tag{2.6}$$

现值计算公式为

$$PV = \frac{FV}{1 + N \cdot R_单} \tag{2.7}$$

式中的 $R_单$ 表示对应的单利利率,其余符号与式(2.1)相同。我国的存款利率就是单利。在金融市场上,单利很少被使用。

2. 普通复利

普通复利是指每年计有限次复利。例如一年计复利 4 次意味着每隔 3 个月,过去 3 个月所获得的利息就计入本金,前 3 个月的本息和加总作为后 3 个月的投资本金进行计息。从式(2.1)到式(2.5)的终值和现值公式,使用的都是普通复利的计息方式,这也是市场实务中最常用的计息方式。

普通复利看似易于理解,但由于其中同时涉及多个时间要素,很容易引起困扰,需清晰界定利率期限、时间单位和复利频率。需要说明的是,通常情况下,利率的计复利周期不应长于投资的期限,例如 20 天期投资不宜采用每个月/每个季度/每年复利一次的计息频率,而 20 天复利一次或每天复利一次的计息频率则是合理的。

具体而言,由于涉及多个时间要素,在使用普通复利计算现值和终值时,要注意以下几个问题:

第一,所使用的即期利率期限应与现金流期限匹配, n 年期现金流应使用 n 年期即期利率;

第二,在计算现值和终值时,由于金融市场的惯例是报出年比例利率,因此要先将年比例利

---

① 注意, n 的单位是年, N 的单位是期。当一年复利一次的时候, $n = N$;但一年计息次数不是 1 的时候, $n \neq N$ 。例如,一个 2 年期利率($n = 2$),如果一年计息两次,则其计息期数 $N = 4$ 。

率转化为单期复利利率,例如使用一年计 4 次复利的年利率 8% 计算时,应将其先转化为每 3 个月计息一次的 3 个月利率 2%,再进行计算;

第三,在计算现值和终值时,式(2.1)到式(2.5)中的利率 R 的时间单位和期数 N 的时间单位应相同。

例如,一年计 4 次复利的 3 年期年利率为 8%,每期时长就是 3 个月,R 的时间单位为"季度",这样 8% 的年利率就要转换成 2% 的季度利率。相应的计息期数 N 应该为 $3 \times 4 = 12$ 个季度。又如,若现金流期限为 68 天,可以采用 68 天计息一次的利率为 R,此时 R 的时间单位为"68天",相应的计息期数 $N = 1$(1 个 68 天);也可以采用每 34 天计息一次的利率作为 R,此时 R 的时间单位为"34 天",相应的计息期数 $N = 2$(2 个 34 天)。

特别需要说明的是,在实际中运用普通复利法计算现值和终值时,现金流的剩余期限常常不是利率计息周期的整数倍,使得问题看起来比较复杂。但只要坚持以上三个要点,就可以得到正确的计算结果。例如,对于一笔 8 个月后的现金流 1 000 元,必须使用 8 个月期利率进行贴现。如果可用的 8 个月期利率是半年计息一次的年化利率 6%,则实际计算中使用的利率应该是半年计息一次的利率 3%,利率的时间单位为"半年",期数应为 $N \approx 1.333$,因为 8 个月约等于 1.333 个半年。因此其现值应等于

$$\frac{1\,000}{(1+3\%)^{1.333}} \approx 961.36 \text{ 元}$$

3. 连续复利

从上可见,普通复利并非表面看起来那么简单,其中最大的困扰源于复利频率,不同的复利频率带来不同的复利周期、不同的实际复利利率、不同的时间单位和期数,与现金流期限的匹配也各自不同。连续复利的引入可以简化这一问题。

当普通复利中的每年复利频率趋于无穷大时,我们就得到了连续复利。将式(2.1)中的复利期数 N 表达为投资年数 n 和每年复利次数 m 的乘积,即 $N = mn$,同时将每期的利率 R 表达为年比例利率 R_m 与 m 之商,即 $R = \dfrac{R_m}{m}$,则式(2.1)可以改写为

$$\text{FV} = \text{PV} \cdot \left(1 + \frac{R_m}{m}\right)^{mn} \tag{2.8}$$

当每年复利次数 m 趋于无穷大时,我们就得到了连续复利的终值公式

$$\text{FV} = \lim_{m \to \infty} \text{PV} \cdot \left(1 + \frac{R_m}{m}\right)^{mn} = \text{PV} \cdot e^{R_c n} \tag{2.9}$$

其中每年计复利次数 m 趋于无穷时的年复利利率 R_c 被称为"连续复利年利率"。反过来,连续复利的现值公式为

$$\text{PV} = \lim_{m \to \infty} \frac{\text{FV}}{\left(1 + \dfrac{R_m}{m}\right)^{mn}} = \text{FV} \cdot e^{-R_c n} \tag{2.10}$$

表 2.1 展示了提高复利频率的效果,有助于更为直观地理解连续复利。可以看出,给定同样的初值、投资期限和年比例利率,复利频率越高,终值越大,但复利频率趋于无穷时,连续复利的终值并不会趋于无穷。连续复利与每天计一次复利的效果非常接近。

表 2.1　复利频率与终值（年比例利率 10%）

复利频率	100 元在 1 年末的终值（精确至小数点后 4 位）
每一年（$m=1$）	110.000 0
每半年（$m=2$）	110.250 0
每季度（$m=4$）	110.381 3
每月（$m=12$）	110.471 3
每周（$m=52$）	110.506 5
每天（$m=365$）	110.515 6
连续复利（$m=\infty$）	110.517 1

在给定现值和终值的情况下，计复利频率不同的利率之间是可以互相转换的。假设 R_c 是连续复利的年利率，R_m 是与之等价的每年计 m 次复利的年利率。所谓与之等价，是指两种计复利频率的现值和终值相等。这意味着

$$e^{R_c n} = \left(1 + \frac{R_m}{m}\right)^{mn}$$

从而有

$$R_c = m \ln\left(1 + \frac{R_m}{m}\right) \tag{2.11}$$

和

$$R_m = m\left(e^{\frac{R_c}{m}} - 1\right) \tag{2.12}$$

例如一笔存款的连续复利年利率为 12%，那么与之等价的一年计 4 次复利的年利率就将是 $R_4 = 4 \times (e^{12\%/4} - 1) = 12.18\%$。也就是说，如果实际上利息是每个季度支付一次，1 万元存款每个季度能得到的利息将为 304.5 元。此外，从这个例子中还可以看出，在相互等价的利率当中，计复利频率越高，利率值越小。

特别地，当 $m=1$ 时，

$$R_c = \ln\left(1 + R_1\right) = \ln\left(\frac{P_1}{P_0}\right) = \ln P_1 - \ln P_0$$

其中，P_0 和 P_1 分别为 1 年初和 1 年末的资产价格。也就是说，期末和期初价格对数之差就等于连续复利收益率。因此在金融中，连续复利利率经常也被称为"对数（差分）收益率"，普通复利利率有时也被称为"百分比收益率"。

由于连续复利看上去相对复杂，实务中通常用普通复利利率来报价，但在金融研究和计算中更常使用连续复利利率。这是因为与普通复利相比，连续复利具有较多的优点。例如，由于事先将复利频率固定为无穷，时间单位固定为年，连续复利下的终值和现值计算被大大简化，直接找到对应期限的连续复利年化利率，将其乘以年化的期限即可。例如，计息天数为 68 天，那么每

1 元钱连续复利的终值就是 $e^{R_c^{\frac{68}{365}} \times \frac{68}{365}}$，其中 $R_c^{\frac{68}{365}}$ 表示期限为 68 天的连续复利年利率。不仅如此，连续复利还有相当多的优点。

2-1 二维码链接
连续复利的优缺点

当然，普通复利也有其优势。例如在计算利差时相对简单：一笔本金 1 亿元的 1 年期投资，利率分别为 5% 与 6%，利息差异多少？在这个例子中，如果是一年复利一次的普通复利利率，息差就等于

$$1\text{亿元} \times (6\% - 5\%) = 100（万元）$$

但如果是连续复利的利率，则息差应计算如下，

$$1\text{亿元} \times e^{6\% \times 1} - 1\text{亿元} \times e^{5\% \times 1} \approx 105.6545（万元）$$

但总体来说，连续复利相对优势更为明显一些。因此在本书中将主要采用连续复利。为表达方便，本书将利率下标中表示连续复利或普通复利的"c"和"m"略去。除特殊说明之外，本书的利率均为连续复利年利率。

（二）不同的天数计算规则

第一章中已经谈到，在实际市场中表达利率时，有三种常见的天数计算方式：

（1）实际天数/360，计息期用实际天数计算（算头不算尾），一年以 360 天计算，短期货币市场工具常采用此法计算利息，如伦敦银行间同业拆借利率（LIBOR）和上海银行间同业拆放利率（SHIBOR）；

（2）实际天数/实际天数，计息期和一年都以实际天数计算（算头不算尾），中长期债券常采用这个方法计息，还有些利率不考虑闰年的情形，使用实际天数/365 的天数计算方式，如我国银行间市场的回购利率和互换利率；

（3）30/360，即无论实际天数多少，一个月视为 30 天，一年视为 360 天，这一规则在美国公司债券市场和一些欧洲债券市场使用。

在这样的情况下，即使报出的利率相同，不同天数计算规则下投资者实际得到的利息显然是不同的。以本金 100 元、年化利率 10%（一个月复利一次）为例，投资者在 3 月 1 日至 4 月 1 日期间所获得利息，在第一种天数计算规则下为 $100 \times 10\% \times \frac{31}{360} = 0.86$ 元，在第二种计算规则下可能是 $100 \times 10\% \times \frac{31}{366} = 0.847$ 元（闰年）或 $100 \times 10\% \times \frac{31}{365} = 0.849$ 元（非闰年），在第三种规则下则是 $100 \times 10\% \times \frac{30}{360} = 0.833$ 元。

为使得不同天数计算规则下报出的利率可比，我们可以统一将其转化为某一规则下的利率，具体而言就是对天数进行调整。例如，若要统一转换至第二种规则，第一种规则下的利率要乘以

$$\frac{360}{\text{一年实际天数}}$$

第三种规则下的利率则乘以

$$\frac{360}{一年实际天数}\times\frac{计息期实际天数}{30}$$

就可以得到具有可比性的利率。

第三节　到期收益率、即期利率与远期利率

在本节中,我们将对到期收益率、即期利率与远期利率的内涵、异同、联系与适用情形进行讨论,为后续章节的学习奠定基础。

一、到期收益率

(一) 到期收益率的定义

如前所述,一笔承诺了确定现金流的固定收益投资的到期收益率是指其持有到期的年化平均内含回报率。用公式表示,在 t 时刻,对于一个 t_N 到期、未来承诺的确定现金流为 cf_i、现金流发生时刻为 $t_i(i=1,2,\cdots,N;t<t_1<t_2<\cdots<t_N)$ 的投资来说,如果已知其当前价值(价格)[①]为 $V_t^{t_N}$,则其对应的到期收益率 $y_t^{t_N}$ 由下式计算得到:

$$V_t^{t_N}=cf_1\cdot \mathrm{e}^{-y_t^{t_N}\cdot(t_1-t)}+cf_2\cdot \mathrm{e}^{-y_t^{t_N}\cdot(t_2-t)}+\cdots+cf_N\cdot \mathrm{e}^{-y_t^{t_N}\cdot(t_N-t)} \tag{2.13}$$

在式(2.13)两边同时乘上 $\mathrm{e}^{y_t^{t_N}\cdot(t_N-t)}$,可得

$$V_t^{t_N}\cdot \mathrm{e}^{y_t^{t_N}\cdot(t_N-t)}=cf_1\cdot \mathrm{e}^{y_t^{t_N}\cdot(t_N-t_1)}+cf_2\cdot \mathrm{e}^{y_t^{t_N}\cdot(t_N-t_2)}+\cdots+cf_N$$

上式意味着 t 时刻以价格 $V_t^{t_N}$ 买入债券,在 $y_t^{t_N}$ 的年均收益率下,投资者到期将获得 $V_t^{t_N}\cdot \mathrm{e}^{y_t^{t_N}\cdot(t_N-t)}$,这与该债券未来所有现金流以 $y_t^{t_N}$ 分别计算至到期 t_N 时刻的终值之和等价,因此到期收益率代表了一笔投资按当前价格买入的内含回报率。

特别地,如果当前价格 $V_t^{t_N}$ 等于债券面值,则其到期收益率被称为"平价到期收益率"(par yield)。

(二) 到期收益率的特点

到期收益率是一个广泛应用于债券领域的内含回报率指标,因为它综合考虑了债券投资的三种未来现金收益。从式(2.13)的右边可以看出,在到期收益率的计算中,同时考虑了每一期的现金流、今天的投资价格 $V_t^{t_N}$ 与未来偿还面值(包含在 cf_N 中)之间的资本利得、每一期现金流按 $y_t^{t_N}$ 投资至期末的再投资利息。

如果在事后计算,由于所有现金流都已经发生并确定,到期收益率就是真实的内含回报率。但如果在事前根据预计的现金流计算,以下三种不确定性会影响到期收益率的可靠性:

---

① 在本书中,除非特殊说明,债券价值和债券价格是同一个含义。

第一,违约风险,从式(2.13)可以看出,在到期收益率的计算中假定所有承诺的现金流都会按约支付,但如果出现违约,到期收益率就不再精确;

第二,持有期不确定性,从式(2.13)可以看出,在到期收益率的计算中事先假设了持有期,对于债券来说通常是假设持有到期,但投资者如果提前变现,资本利得就不再等于购买价格与到期面值之差,也会带来不确定性;

第三,再投资风险,同样从式(2.13)可以看出,在到期收益率的计算中假设每一期的现金流都按照 y_t^{IN} 进行再投资,这在真实市场中几乎不可能发生,再投资利率总会随着市场利率的变化而变化,从而使得事后真实回报率会偏离事前预计的到期收益率。这就是第一章中提到的"再投资风险"。债券剩余期限越长,每期现金流越多,支付频率越高,再投资风险越大,到期收益率的精确度越低。

(三) 到期收益率的应用

作为固定收益投资的内含回报率,到期收益率通常在以下三种场景中运用:

1. 用于报价

从式(2.10)可以看出,对于给定的债券,只要未来现金流的时间和金额确定,债券当前价值(价格)与到期收益率之间存在着一一对应的关系,报出价格和报出到期收益率是等价的,而投资者通常更关心投资的收益率而非绝对价格;此外,在第三章第二节中我们将会看到,债券价格经常不可比而到期收益率在一定条件下具有可比性,用于报价会显得更为直观。因此报价是到期收益率的一个重要用途,全球部分债券市场直接以到期收益率而非债券价格进行报价。

2. 用于比较投资价值

作为内含回报率,到期收益率经常被用于比较不同固定收益资产的相对投资价值。到期收益率高的通常会被认为投资价值也相对高。

然而,在这个问题上需要谨慎。一方面,我们已经知道,事前计算的到期收益率通常不一定准确反映投资的真实回报率;另一方面,到期收益率是特定投资的内含回报率,不一定具有可比性。例如,只要信用等级、剩余期限、本金偿付方式和利息支付中的任意一项不同,债券到期收益率就会有所差异,直接比较可能并不合适。

比如,其他条件都一样,信用等级 AAA 级和 B 级债券的到期收益率、30 年期债券和 1 年期债券的到期收益率是不可比的;一个定期支付利息、到期偿还本金的普通债券和一个每一期都偿付本金的分期偿付债券的到期收益率是不可比的;一年支付一次票息和一年支付两次票息的债券的到期收益率是不可比的。进一步来看,即使信用等级、剩余期限、本金偿付方式、利息支付频率条件都一样,不同息票率(如 8% 和 2%)的债券的到期收益率也是不可比的,因为前者的现金流更快回收。

然而,我们在第三章中将会看到,其他条件都相同、只有息票率不同的债券的到期收益率理论上应该差异不大,因而具有一定的可比性。如果差异很大,就说明到期收益率较高的那个债券很有可能相对定价过低,而到期收益率较低的债券相对定价过高。只有在这种情况下,将到期收益率应用于比较价值投资是可以接受的。

3. 用于定价

除了从给定的价格来估算内含的到期收益率,人们也常常运用式(2.10),输入所要求的到期收益率,计算对应的合理价格。我们在后续章节中将更多地讨论定价问题。

但值得再次强调的是,由于每项投资的到期收益率不一定具有可比性,如果要使用 A 债券的到期收益率为 B 债券定价,需要充分考虑它们的可比性。正如我们前文所讨论的,通常只有在其他条件都相同、仅息票不同的债券之间,其到期收益率互相借鉴才是可以接受的。

(四)到期收益率与年金因子

如果固定收益投资的每次现金流都相等、时间间隔不变,则到期收益率的计算公式可以用年金因子来简化表达。例如,对一个每次支付票息都等于 c 元、最后一期还本 M 元的普通固息债,式(2.13)可以用年金现值因子 $A_t^{t_N}$ 表达为

$$V_t^{t_N} = c \cdot A_t^{t_N} + M \cdot e^{-y_t^{t_N} \cdot (t_N - t)} \tag{2.14}$$

式中[1]:

$$A_t^{t_N} = \sum_{i=1}^{N} e^{-y_t^{t_N} \cdot (t_i - t)} \tag{2.15}$$

二、即期利率

(一)即期利率的定义、特点与应用

从前文可以看出,尽管到期收益率可作为贴现率计算现值,但由于不同投资的到期收益率可比性较差,其作为现金流贴现率的适用性不广。即期利率弥补了这一不足。

即期利率是只在到期时刻有一次现金流的投资的到期收益率,因而也经常被称为零息利率(zero-coupon interest rate/zero rate)或零息收益率(zero-coupon yield)。也就是说,将式(2.13)应用于只有到期现金流的情形,变为

$$V_t^{t_N} = cf_N \cdot e^{-R_t^{t_N} \cdot (t_N - t)} \tag{2.16}$$

将在 t_N 时刻有一次性现金流的投资的当前价值 $V_t^{t_N}$ 代入式(2.16),即可倒求出期限为 t_N 的即期利率 $R_t^{t_N}$。如果期限非常短,t_N 趋于零,该即期利率就被称为瞬时(即期)利率(instantaneous spot rate/short rate)[2]。

对比式(2.13)和式(2.16)可以看出,由于是多期现金流的平均内含回报率,到期收益率受到本金偿付方式(到期一次性还本还是分期偿付)、利息支付方式(支付频率和票面利率水平)的影响,大大降低了其可比性和普适性。而只要信用等级和期限一致,即期利率可以直接作为贴现率使用,不受单个投资个性特征的影响。因此,即期利率是更具一般性的贴现率,其最主要的用途就是作为贴现率为固定收益证券定价。

例如,在 t 时刻,对于一个 t_N 到期、未来承诺的确定现金流为 cf_i、现金流发生时刻为 $t_i(i=1,$

---

① 与式(2.5)相比,此处的年金现值因子是以连续复利形式表达的,两者本质含义相同。

② 注意区别瞬时利率(short rate)与短期利率(short-term rate)的差异。瞬时利率专指期限趋于零的即期利率,其在现实市场中并不真实存在,主要在构建动态利率模型时使用。由于难度较大,本书不会涉及相关内容,仅介绍这一定义。而现实市场中期限较短的即期利率都可以统称为短期利率。另外,虽然期限很短,但由于都是报出年化利率,瞬时利率并不会必然趋于零。

$2, \cdots, N)$ 的投资来说,只要知道每个期限的即期利率 $R_t^{t_i}$,就可以通过下式进行定价:

$$V_t^{t_N} = cf_1 \cdot e^{-R_t^{t_1} \cdot (t_1-t)} + cf_2 \cdot e^{-R_t^{t_2} \cdot (t_2-t)} + \cdots + cf_N \cdot e^{-R_t^{t_N} \cdot (t_N-t)} \tag{2.17}$$

(二) 即期利率与贴现因子

即期利率与贴现因子之间存在一一对应的关系,用公式表达为

$$B_t^{t_i} = e^{-R_t^{t_i} \cdot (t_i-t)} = \frac{1}{\left(1 + \dfrac{R_{t,m}^{t_i}}{m}\right)^{m \times (t_i-t)}} \tag{2.18}$$

式中:$B_t^{t_i}$ 就是期限为 t_i-t 年的贴现因子,表示 t_i 时刻的 1 元钱在 t 时刻的现值①,第一个和第二个等号后分别是连续复利和普通复利的贴现形式,$R_t^{t_i}$ 是连续复利即期年利率,$R_{t,m}^{t_i}$ 则是期限为 t_i-t 年、一年复利 m 次的普通复利即期年利率。为了便于表达,本书后续章节会经常用贴现因子代替即期利率来表示贴现,如式(2.17)可以改写为

$$V_t^{t_N} = cf_1 \cdot B_t^{t_1} + cf_2 B_t^{t_2} + \cdots + cf_N \cdot B_t^{t_N} = \sum_{i=1}^{N} cf_i \cdot B_t^{t_i}$$

(三) 即期利率与到期收益率

即期利率与到期收益率都是非常基本和重要的利率概念,也很容易相互混淆。我们对这两者进行比较和分析。

首先,即期利率和到期收益率之间存在着密切的联系。从定义上说,即期利率是只有一次期末现金流的投资的到期收益率,因而属于到期收益率的特例;从应用上说,这两者都可以作为贴现率为固定收益投资定价,如式(2.13)和式(2.17);从数值上说,由于在给定时刻,式(2.13)和式(2.17)中同一个证券的价值 $V_t^{t_N}$ 应该是相等的,因此,一个 t_N 时刻到期的投资的到期收益率实际上可以看作 $t_1, t_2, \cdots, t_N$ 年的 N 个即期利率的某种加权平均,是投资至期末的总的年平均收益率,权重与每期现金流金额有关。反过来,即期利率 $R_t^{t_N}$ 可以视为到期收益率 $y_t^{t_N}$ 的边际利率。

即期利率和到期收益率的上述数值关系可以解释平时在市场上观察到的两个现象:第一,如果整条即期利率期限结构向上倾斜,长期的即期利率一定高于同样期限的到期收益率,因为要使得平均值趋于上升,边际值必须大于平均值;同理,如果整条利率期限结构向下倾斜,长期即期利率一定低于同样期限的到期收益率。第二,对于一个定期付息到期一次性还本的不含权附息债来说,其到期收益率 $y_t^{t_N}$ 与该债券最后期限对应的即期利率 $R_t^{t_N}$ 在数值上通常很接近,这是因为作为即期利率的某种加权平均,在到期收益率的计算中,最后一期的现金流金额最大,导致最后一期的权重最大。

其次,即期利率和到期收益率之间也存在重要的差异。从内涵上说,到期收益率最重要的本质是特定投资的平均年化回报率,而即期利率则是信用和期限匹配的现金流的合理贴现率,所以到期收益率可以用年金因子表达,而即期利率则用贴现因子表达。内涵上的差异决定了应用上的差异:到期收益率是针对个体投资而言的,可以用于为特定投资报价、在具有可比性的条件下

---

① 信用等级不同,即期利率和贴现因子也会不同;但本书中除了信用衍生品的部分,其他章节都假设没有信用风险,均为无风险即期利率和无风险贴现因子。

比较特定投资之间的相对投资价值、在一定条件下作为贴现率为特定投资定价;即期利率则更具有普适性,只要信用等级和期限匹配,都可以作为贴现率为现金流贴现定价,无论这一现金流来自什么投资项目,但即期利率并不适合用于报价和比较投资价值[①]。在实际中,最容易犯的错误是将特定债券的到期收益率当成对应期限的即期利率,为任意现金流贴现。

三、远期利率

(一)远期利率的定义

远期利率是站在给定时刻来看的将来一定期间的利率。图 2.1 比较直观地反映了即期利率和远期利率的含义。

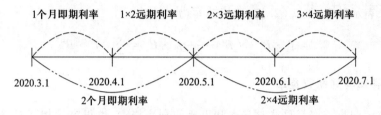

图 2.1　即期利率与远期利率

具体来看,图 2.1 表示的是 2020 年 3 月 1 日的一系列即期利率和远期利率。所有以 2020年 3 月 1 日为起点的利率都是当天的即期利率;2×3 远期利率则表示在 2020 年 3 月 1 日,2 个月之后开始的期限为 1 个月的远期利率;2×4 远期利率表示 2020 年 3 月 1 日那一天,2 个月之后开始的期限为 2 个月的远期利率。

在本书中,我们统一用 R_t^{T,T^*} 的形式来表示在 t 时刻来看的 T 到 T^* 之间的利率($t<T<T^*$),下标表示即期时刻,上标中的第一个和第二个时间分别表示远期期间的开始和结束时刻。如果 T^*-T 趋于零,则该远期利率被称为"瞬时远期利率"(instantaneous forward rate)[②]。

(二)远期利率的计算

远期利率的信息蕴含在即期利率期限结构中,由相应期限的即期利率决定。

假设现在时刻为 t 时刻, T 与 T^* 时刻到期的连续复利即期利率分别为 R_t^T 和 $R_t^{T^*}$ 。只要市场是无套利的,从 t 时刻一次性投资到 T^* 时刻的终值应该等于同时签订两个合约的滚动终值: t 时刻一次性投资到 T 时刻;通过 t 时刻签订的远期合约锁定 T 与 T^* 之间的远期利率。也就是说, t 时刻的 T 至 T^* 期间的连续复利远期利率 R_t^{T,T^*} 应满足如下等式

$$e^{R_t^T \cdot (T-t)} \times e^{R_t^{T,T^*} \cdot (T^*-T)} = e^{R_t^{T^*} \cdot (T^*-t)}$$

由此可得

$$R_t^{T,T^*} \cdot (T^*-T) = R_t^{T^*} \cdot (T^*-t) - R_t^T \cdot (T-t) \tag{2.19}$$

---

①　只有一次期末现金流的项目除外。

②　与瞬时即期利率类似,虽然期限很短,但由于都是报出年化利率,瞬时远期利率也不会必然趋于零。

也就是说,在连续复利下,长期限即期利率与长期限的乘积减去短期限即期利率与短期限的乘积,等于远期利率与远期期限的乘积。进一步可以得到远期利率的一般计算公式,

$$R_t^{T,T^*} = \frac{R_t^{T^*} \cdot (T^* - t) - R_t^T \cdot (T - t)}{T^* - T} \tag{2.20}$$

例如,如果 1 年期的即期利率为 3%,2 年期的即期利率为 3.5%,那么其隐含的 1 年到 2 年的远期利率就等于

$$\frac{3.5\% \times 2 - 3\% \times 1}{2 - 1} = 4\%$$

(三)远期利率的分析与讨论

1. 远期利率:几个重要问题

关于远期利率,长期存在着一些误解和迷思,我们在这里加以讨论。

第一个问题是,远期利率是未来的利率吗?答案是否定的。作为蕴含在即期利率期限结构里的信息,在给定时刻,即期利率和由此计算得到的远期利率都是当前时刻的已知信息,而非未来的信息。例如在图 2.1 中,2020 年 3 月 1 日的 2×3 远期利率是已知的,但是 2020 年 5 月 1 日的真实 1 个月即期利率究竟是多少,2020 年 3 月 1 日的人们是不知道的。也就是说,远期利率并不等于未来真正的即期利率(future spot rate),后者在当前时刻是未知的。

与之相关的第二个问题是,远期利率等于当前时刻对未来即期利率的预期吗?答案依然是否定的。我们只能说,作为长短期利率的差异体现,远期利率中包含了人们对未来即期利率的预期,但这并不是远期利率的全部。例如,相对于短期投资,投资者可能会认为长期投资存在较高的利率风险,从而要求一定的风险溢酬,这一信息必然会反映在长短利率的差异和远期利率当中。

最后一个问题是,有多少个远期利率?考虑这个问题需要一些高维的想象力,因为答案是无限个。从横截面上看,由于时间是连续的,给定即期时刻 t 和远期开始时刻 T,远期期限 $T^* - T$ 已有无限多个;在给定时刻,远期开始时刻 T 也是无限多个,两者叠加之后,在给定时刻的远期利率是无穷个。从时间序列上看,如果给定远期开始时刻 T 和远期结束时刻 T^*,随着即期时刻 t 的推移,每一天对未来 T 到 T^* 之间的远期利率的值都会变化,从而产生 $R_{t_1}^{T,T^*}, R_{t_2}^{T,T^*}, R_{t_3}^{T,T^*} \cdots$ 的时间序列,直至 T 时刻演变为即期利率 $R_T^{T,T^*} = R_T^{T^*}$。

2. 远期利率、即期利率与到期收益率

从经济含义上说,一方面,远期利率是即期利率中隐含的关于未来即期利率预期和风险溢酬的信息;另一方面,从时间序列上说,即期利率是远期利率的一个特例,时间推移至远期开始时刻 T 时,远期利率 R_T^{T,T^*} 退化为即期利率 $R_T^{T^*}$。

从数学关系上说,长期即期利率可以视为短期即期利率和远期利率的加权平均,因为从式(2.20)可以推得

$$R_t^{T^*} = R_t^T \cdot \frac{T - t}{T^* - t} + R_t^{T,T^*} \cdot \frac{T^* - T}{T^* - t} \tag{2.21}$$

反过来,远期利率可以被视为某种边际利率。式(2.20)也可以表达为

$$R_t^{T,T^*} = R_t^{T^*} + (R_t^{T^*} - R_t^T) \cdot \frac{T - t}{T^* - T} \tag{2.22}$$

由于$\dfrac{T-t}{T^*-T}$总是为正，从式(2.22)可以看出，当即期利率期限结构上升时(即$R_t^{T^*}>R_t^T$)，作为边际值的远期利率R_t^{T,T^*}高于作为平均值的长期利率$R_t^{T^*}$；当即期利率期限结构下降时(即$R_t^{T^*}<R_t^T$)，远期利率R_t^{T,T^*}则低于长期利率$R_t^{T^*}$。

回顾前文讨论过的即期利率与到期收益率的数学关系，我们会发现：到期收益率是即期利率的某种加权平均，而长期即期利率是短期即期利率和远期利率的加权平均；反过来，远期利率是即期利率的边际值；最长期限的即期利率又是到期收益率的边际值。由于边际值总是比平均值变动得更快，我们平时观察到的三种利率的关系就得到了解释：无论上升还是下降，到期收益率变动得最慢，远期利率变动得最快。分别以瞬时远期利率和平价到期收益率作为远期利率和到期收益率的代表，图2.2清晰地展示了这一现象。

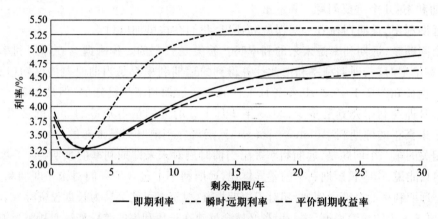

图 2.2　到期收益率、即期利率和远期利率的变动特征

3. 远期利率与贴现因子

远期利率和即期利率存在密切关系，而即期利率又与贴现因子存在一一对应的关系，因此也有必要讨论远期利率与贴现因子关系的数学表达式。

在t时刻看来，T^*时刻的1元钱在T时刻的价值可以用远期利率表示为$\mathrm{e}^{-R_t^{T,T^*}\cdot(T^*-T)}$，也可以用贴现因子表示为$\dfrac{B_t^{T^*}}{B_t^T}$，

因此有①

$$R_t^{T,T^*}=\frac{\ln B_t^T-\ln B_t^{T^*}}{T^*-T} \qquad (2.23)$$

换言之，远期利率等于"年化的贴现因子对数差分"。如果远期期限$T^*-T=\Delta T$趋于零，瞬时远期利率$R_t^{T,T+\Delta T}$和贴现因子的关系可以表达为

$$R_t^{T,T+\Delta T}=\frac{\ln B_t^T-\ln B_t^{T+\Delta T}}{T+\Delta T-T}=-\frac{\partial \ln B_t^T}{\partial T} \qquad (2.24)$$

式(2.24)显性地展示了远期利率的边际特征。

---

① 相关证明我们放在习题中。

本 章 小 结

1. 终值是今天的投资在未来某个时点上的价值。现值则是未来某个时点的一定量金额在今天的价值。计算现值的过程也被称为贴现。未来1元钱在当前时刻的价值也被称为"贴现因子"。期限、贴现率和复利频率不同，贴现因子大小不同。

2. 年金是指某段时间内定期发生的一系列相同金额的现金流。

3. 无风险利率是指到期回报没有风险的回报率。有风险利率则等于无风险利率加上风险溢酬。

4. 在给定时刻，不同到期期限的利率形成了这个时刻的利率期限结构（收益率曲线）。

5. 连续复利的终值公式和现值公式分别为 $FV = PV \cdot e^{R_c n}$ 和 $PV = FV \cdot e^{-R_c n}$。

6. 一笔承诺了确定现金流的固定收益投资的到期收益率是指其持有到期的年化平均内含回报率。价格等于面值的债券到期收益率被称为"平价到期收益率"。

7. 由于综合考虑了每一期现金流、资本利得和再投资收益，到期收益率是一个被广泛使用的内含回报率指标，但违约风险、持有期不确定性和再投资风险会影响到期收益率的精确性。到期收益率是针对个体投资而言的，可用于为特定投资报价、在具有可比性的条件下比较特定投资之间的相对投资价值、在一定条件下作为贴现率为特定投资定价。

8. 即期利率是只在到期时刻有一次现金流的投资的到期收益率，主要被用于作为贴现率为信用和期限匹配的现金流进行贴现。

9. 远期利率是在给定时刻的未来一定期间的利率。在连续复利下，长期限即期利率与长期期限的乘积减去短期限即期利率与短期期限的乘积，等于远期利率与远期期限的乘积。远期利率公式为

$$R_t^{T,T^*} = \frac{R_t^{T^*} \cdot (T^* - t) - R_t^{T} \cdot (T - t)}{T^* - T}$$

10. 远期利率是蕴含在即期利率期限结构中的信息，而非未来的利率，也不等于市场对未来即期利率的预期。在给定时刻，远期利率有无穷多个。

11. 到期收益率是相关即期利率的某种加权平均，长期即期利率是短期即期利率和远期利率的加权平均。

习 题

1. 若每半年复利一次的年利率为5%，请计算与之等价的以下复利形式的年利率：

（1）每年复利一次；

（2）每季度复利一次；

（3）连续复利。

2. 假设当前在某银行存入1 000元，存款年利率为6%，请分别按照以下复利形式计算3年后该存款的终值：

（1）每年复利一次；

（2）每月复利一次；

（3）连续复利。

3. 现有一只剩余期限为 3 年的固息债,面值 100 元,票面利率 4%,每年付息一次,当前市场价格为 99.26 元,试计算该债券的连续复利到期收益率。

4. 现有一只剩余期限为 5 年的零息债,当前市场价格为 82 元,到期支付本金 100 元,试根据该债券计算连续复利 5 年期即期利率,并计算其对应的贴现因子。

5. 假设当前时刻为 0 时刻,1 年期、2 年期、3 年期和 4 年期连续复利即期利率分别为 3.2%、3.6%、3.8% 和 4.0%,请分别计算以下连续复利远期利率:

（1）$R_0^{1,2}$;

（2）$R_0^{1,3}$;

（3）$R_0^{1,4}$;

（4）$R_0^{2,3}$;

（5）$R_0^{2,4}$;

（6）$R_0^{3,4}$。

6. 试证明式（2.23）。

7. 试总结到期收益率与即期利率在内涵、特征上的异同点、相互联系,以及各自合适的运用情形。

8. 在给定时刻,只有一个 1 年期远期利率,这个说法正确吗?

9. 远期利率和即期利率所蕴含的信息是一样的,这个说法正确吗?

10. 市场上有一个 5 年期债券的到期收益率为 5%,一个 6 年期债券的到期收益率为 5.2%,则 5 年到 6 年的远期利率为 $5.5\% \times 6 - 5\% \times 5 = 6.2\%$,这一计算正确吗?

第三章 债 券 分 析

学习目标:

在学习完本章之后,你应该能够理解和掌握
◇ 如何为固息债定价,如何判断固息债的投资价值
◇ 固息债的价格特征
◇ 如何为浮息债定价,如何判断浮息债的投资价值
◇ 浮息债的价格特征
◇ 净价与全价
◇ 如何进行债券损益分解

从本章开始,我们将帮助读者逐步掌握如何对固定收益证券进行定价和分析。在本章中,你将学习如何分析最基础的债券。第一节介绍不含权固息债和浮息债定价的基本原理以及这两种债券价格的基本特征;第二节则从收益率角度探讨如何进行债券分析;第三节简要介绍债券报价的基本规则;第四节讨论了如何进行债券损益分解。如第一章所述,本书各章节在讨论定价时,如非特殊说明,都不考虑交易税费等摩擦成本。

第一节 债 券 定 价

在本节中,我们首先简要探讨债券定价的基本思想——现金流贴现法,然后分别讨论固息债与浮息债的定价。

一、现金流贴现法

现金流贴现法(discounted cash flow method),又称收入资本化法(capitalization of income method of valuation)或绝对定价法,是最基本的金融产品定价法之一,其基本思想是任何金融资产的合理价值都应该等于该资产未来现金流期望值的合理贴现。在这种方法下,金融产品定价的过程就是未来现金流贴现并加总的过程。因此要为金融产品定价,就需要估计未来现金流的期望值及其发生的时点,并根据现金流发生的期限和风险确定合理的贴现率,再运用第二章中的现值公式为将来的现金流——贴现并加总,就可计算出金融产品的合理价值。

二、固息债定价

（一）固息债的定价公式

由于未来现金流及其发生时点确定,不含权的固息债[1]是所有固定收益证券中最简单的一种,最适合现金流贴现法,其内在理论价值就是债券未来所有现金流的现值总和。因此,对于到期日为 t_N、未来现金流为 cf_i、现金流发生时刻为 t_i ($i=1,2,\cdots,N$; $t<t_1<t_2<\cdots<t_N$) 的固息债, t 时刻的债券内在理论价值 $V_t^{t_N}$ 公式就是对每个未来现金流运用合理即期利率 $R_t^{t_i}$ 贴现的现值之和[2],

$$V_t^{t_N} = cf_1 \cdot e^{-R_t^{t_1} \cdot (t_1-t)} + cf_2 \cdot e^{-R_t^{t_2} \cdot (t_2-t)} + \cdots + cf_N \cdot e^{-R_t^{t_N} \cdot (t_N-t)} \tag{3.1}$$

对大多数固息债来说,前 $N-1$ 次的现金流通常都相等(都为票息),第 N 次的现金流 cf_N 则包括最后一次票息和本金。

式(3.1)中最值得强调的是贴现率 $R_t^{t_i}$。首先,正如第二章所分析,此处的贴现率应该选用即期利率,不宜选用到期收益率;其次,期限应匹配, t_i 年后的现金流就用 t_i 年期即期利率贴现;再次,风险也应匹配,由于此处为无风险债券, $R_t^{t_i}$ 应为无风险利率。如果是有信用风险和流动性风险的债券,则 $R_t^{t_i}$ 应等于无风险利率加上信用风险溢酬和流动性风险溢酬,以反映现金流的货币时间价值与相关风险。

我们也可以用到期收益率为固息债定价,但其定价逻辑不再是单次现金流合理现值之和,而是为债券的所有现金流同时用到期收益率这一平均内含回报率贴现,即

$$V_t^{t_N} = cf_1 \cdot e^{-y_t^{t_N} \cdot (t_1-t)} + cf_2 \cdot e^{-y_t^{t_N} \cdot (t_2-t)} + \cdots + cf_N \cdot e^{-y_t^{t_N} \cdot (t_N-t)} \tag{3.2}$$

式(3.1)与式(3.2)的主要差异在于:使用即期利率贴现时,不同期限现金流使用不同期限的即期利率;而当使用到期收益率贴现时,所有现金流使用的贴现率都是一样的,到期收益率 $y_t^{t_N}$ 的期限等于最后一次现金流的期限 t_N。

式(3.1)和式(3.2)都可以为固息债定价。正如第二章中所介绍的,即期利率和到期收益率之间存在着密切的联系,只要即期利率和到期收益率估计准确,两个式子的定价结果将是一致和准确的。运用式(3.1)要求事先获得所有相关即期利率的信息;运用式(3.2)则要求事先对该债券适用的内含回报率有正确的估计,实务中经常会借鉴市场已有成交价格的相似债券[3]的信息,将该债券的市场价格代入式(3.2)求得其到期收益率,再作为待定价新债券的到期收益率的参考基础。

固息债的一个特例是零息票债券(下称"零息债")。由于零息债的到期收益率就是相应期限的即期利率,无论是运用式(3.1)还是式(3.2),零息债的定价公式都是一样的,为

$$V_t^{t_N} = cf_N \cdot e^{-R_t^{t_N} \cdot (t_N-t)} \tag{3.3}$$

---

① 正如第一章中提到的,除了第六章中的信用衍生品部分,本书中我们都不考虑信用风险和流动性风险,因此除非特殊说明,本书中的债券均为无风险债券。此外,我们也不考虑税收问题。

② 实际上,式(3.1)与式(2.17)相同,下文的式(3.2)与式(2.13)相同。

③ 相似债券应该在信用等级、剩余期限、本金偿付方式和利息支付等方面都与待定价债券相似。

其合理价值等于最后一期现金流以即期利率 $R_t^{\prime N}$ 贴现的现值。

进一步从式(3.1)可以看出,固息的附息票债券可以视为 $N+1$ 个零息债的组合,前 N 个债券的面值为每次支付的票息,最后 1 个债券的面值则等于原债券的本金。美国财政部的 STRIPS 计划就是基于这一原理推出的,将一个附息债拆成一系列零息债进行交易。

3-1 二维码链接
中国债券信息网每日中债估值

(二)运用定价公式分析债券投资价值

在实际投资中判断债券是否值得投资时,我们可以运用式(3.1)或式(3.2)求出债券的合理价值,然后与市场价格对比,判断该债券被高估还是低估;也可以运用式(3.2)倒算市场价格隐含的到期收益率,与投资者要求的收益率相比,判断债券的投资价值。下面用例 3.1 来加以说明。

例 3.1 判断债券的投资价值

一个剩余期限为 2 年的债券的市场价格为 99 元,票面利率为 3%,每年付息一次,面值 100 元。当前的 1 年期和 2 年期即期年利率分别为 4% 和 4.5%(连续复利)。试判断该债券是否值得投资。

根据式(3.1),该债券的合理价值为

$$3e^{-4\% \times 1} + 103e^{-4.5\% \times 2} = 97.02(元)$$

可见该债券的市场价格高于内在价值,因此不是好的投资对象。

根据式(3.2),与 97.02 元的合理价值对应的合理到期收益率应为 4.49%,然而与市场价格 99 元对应的隐含到期收益率仅为 3.47%,如果按市场价格投资,显然该债券提供的收益率偏低,同样说明它不是一个好的投资对象。

(三)固息债的价格特征

从式(3.1)和式(3.2)可以看出,可能影响债券价值的因素包括面值、票面利率、付息频率和贴现率。其中到期时间和付息频率决定了现金流发生的时点,面值、票面利率和付息频率则共同决定了每一期投资者究竟收到多少现金流。对给定的不含权固息债而言,只要发行者不违约,债券的未来现金流金额和发生时刻就不会发生变化。因此,债券价格的变化将主要来源于贴现率和(随着时间推移)剩余期限的变化。当然,最重要的还是贴现率的影响。进一步看,由于贴现率由无风险利率和风险溢酬(主要是信用风险溢酬和流动性风险溢酬)两部分构成,无风险利率、风险溢酬和剩余期限构成了债券价值变化的来源。

总体而言,固息债价格呈现出以下几个重要特征。

1. 固息债价格与贴现率成反向关系

从定价公式可以看出,对于给定的债券,固息债价格与贴现率是反向变动的。图 3.1 展示了固息债价格与到期收益率的这一关系特征。

可以从两个角度来解释固息债价格与贴现率的反向关系。一方面,贴现率提高表明投资者所要求的收益率上升,债券价格下跌才能为投资者所接受;反之贴现率下降,债券价格将上升。例如,在经济衰退后的复苏期,利率上升,投资于固息债将会遭受债券价格下跌的损失;而在经济繁荣开始陷入衰退的期间,利率一旦下降,投资于固息债将获得正的资本利得。又如,若债券发行者的信用下降,投资者将要求更高的信用风险溢酬,从而导致该债券的价格下

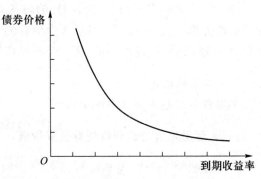

图 3.1 固息债价格与到期收益率

跌;若债券发行者的信用提升,风险溢酬降低带来贴现率的下降,该债券价格就会上升。另一方面,债券的市场价格越高(低),越说明投资该债券所能获得的收益率越低(高)。

2. 对于给定的债券,到期收益率下降导致的债券价格上升幅度大于到期收益率上升相同幅度导致的债券价格下降幅度

我们用一个例子来展示债券价格的这一特征。某 5 年期的债券,面值 100 元,息票率 6%,每年付息一次。假设初始的 5 年期连续复利年到期收益率为 5.83%(折算成一年复利一次的年利率为 6%),运用式(3.2)可以算出该债券当前价格应为 100 元。表 3.1 展示了到期收益率分别上升和下跌 100 个基点的效果。

表 3.1 债券价格的非线性特征

	到期收益率下降 100 个基点至 4.83%	到期收益率上升 100 个基点至 6.83%
价格(元)	104.56	95.63
涨跌幅	+4.56%	-4.37%

可以看出,同样 100 个基点的变动,贴现率下降导致的债券价格上升幅度大于贴现率上升导致的债券价格下降幅度。

为什么会出现这样的现象?原因就在于固息债价格与到期收益率的反向关系不是一条直线,价格-到期收益率曲线是非线性且凸向原点的,通常将之称为"正凸性"。图 3.2 更为直观地展现了这一特征。

值得注意的是,上述关系是假定到期收益率上升和下跌相同基点(或相同百分比)得到的,这显然不太合理。更为合理的假定是到期收益率上升和下跌相同的对数幅度,那么得到的结论就不同。感兴趣的读者可以自己去推导。

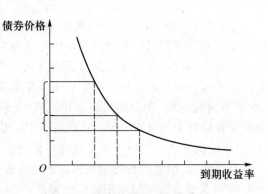

图 3.2 债券价格的正凸性特征

3. 平价债券、溢价债券与折价债券

对式(3.2)进行一些简单的假设运算就会发现,在债券票面利息支付频率与到期收益率的复利频率相同的情况下,如果债券的票面利率等于到期收益率,债券价格将等于面值,这时债券被称为"平价债券";如果债券的票面利息高于到期收益率,则债券价格将大于面值,这时债券被称为"溢价债券";如果债券的票面利率低于到期收益率,则债券价格将小于面值,这时债券被称为"折价债券"。

如果利率保持不变,则随着时间推移,平价债券的价格将始终等于面值;溢价债券的价格将随着到期日的临近而趋于下降回到面值;折价债券的价格则将趋于上升回到面值。也就是说,即使什么都没有变化,仅仅是时间的推移也可能导致债券价格的变动。

4. 其他条件相同,到期收益率变动同样幅度,息票率越低的债券价格波动越大

5. 其他条件相同,到期收益率变动同样幅度,剩余期限越长的债券价格波动越大

假设有三个面值均为100元,付息频率均为一年一次的债券 A、B 和 C,与债券 A 相比,债券 B 的唯一区别在于其息票率(5%)高于 A 债券的息票率(3%);而债券 C 的唯一区别在于其剩余期限(6年)长于 A 债券的剩余期限(5年)。表 3.2 展示了贴现率变动同样幅度时,不同特征债券的价格波动对比。可以看出,其他条件相同,息票率低的债券和剩余期限长的债券对贴现率变动较为敏感。

表 3.2 息票率和剩余期限对债券价格变动的影响

债券	息票率/剩余期限	初始 YTM2.96%	YTM 上升至 3.92%		YTM 下降至 1.98%	
A	3%/5 年	100 元	95.55 元	−4.45%	104.71 元	+4.71%
B	5%/5 年	109.16 元	104.45 元	−4.31%	114.14 元	+4.56%
C	3%/6 年	100 元	94.76 元	−5.24%	105.60 元	+5.60%

三、浮息债定价

浮息债是指票面利率随事先约定的市场参照利率定期浮动的债券。由于金融市场的惯例都是计息期初确定利率水平、期末支付利息,浮息债投资者每期收到的利息一般都是根据每个浮动期期初的市场参照利率确定的,可以与参照利率同向或反向浮动。由于票面利率浮动,除了下一次付息日将要支付的利息已知之外,未来的利息都是未知的。这就为我们直接运用现金流贴现法带来了困难。

但如果一个标准浮息债的票面浮动利率始终等于每期现金流的合理贴现率(所谓合理就是指期限、风险和计息频率等各方面均匹配),浮息债的定价是非常简单的,一个将于 t_N 到期的浮息债在 t 时刻的合理价值为

$$(M+c_1) \cdot B_t^{t_1} \tag{3.4}$$

式中:M 为面值,t_1 为离当前最近的下一个付息时刻(也是重定利率的时刻),c_1 为 t_1 时刻将收到的利息现金流(由于根据计息期初确定的浮动利率水平计算,c_1 为已知值),$B_t^{t_1}$ 则为 t_1-t 期限的贴现因子。

式(3.4)的逻辑如下:在票面浮动利率始终等于该债券合理贴现率的条件下,第一,在浮息债新发行时,由于债务人所承诺支付的利息与其期限、风险等特征匹配,该债券的合理价值天然等于其面值,因为一个合理可达策略的当前合理价格就等于其本金;第二,在任一重定利率的时刻,付息之后的浮息债等价于一个新发行的浮息债,其价值再次等于其面值;付息之前的浮息债价值则等于面值加上该期应付利息;第三,根据证券定价的一般原理,在不考虑流动性因素的情况下,一个证券今天的合理价值,总是等于未来特定时点该证券本身的价值加上今天到该时点之间所发生的现金流进行贴现的现值。在为浮息债定价时,选定下一个付息日为未来时点,由于下一个付息日在付息之后的浮息债价值等于面值 M,再加上第一期现金流 c_1,对其加和进行贴现,就是浮息债在今天的合理价值,即式(3.4)。

可以看出,如果浮动利率始终等于该债券的合理贴现率,浮息债本质上和下一个付息日就到期的零息债一样,每次重新浮动实际上都等于新发行了一个新的浮息债/零息债。例 3.2 可以帮助读者进一步理解浮息债的定价。

例 3.2　浮息债的定价

一个剩余期限为 9 年又 11 个月、面值为 100 元的浮息债,票面利率为 3 个月期 SHIBOR 加 0.45%,票息每 3 个月支付一次。上一次付息日的 3 个月期 SHIBOR 为 2.55%(3 个月计息一次),今天的 2 个月期 SHIBOR 为 2.46%(2 个月计一次复利),假设该债券的利差不变,试求该债券的合理价值。

由于该债券的剩余期限为 9 年又 11 个月,这意味着 1 个月前刚支付利息,2 个月后将再次支付利息

$$100 \times \frac{2.55\% + 0.45\%}{4} = 0.75(\text{元})$$

假设该债券的合理利差仍为 0.45%,转化为 2 个月计一次复利利率为 0.449%,则其合理的贴现率应为 2.46% + 0.449% = 2.909%(2 个月计一次复利),转化为连续复利利率约为 2.90%。根据式(3.4),该浮息债的合理价值应为 $(100 + 0.75) e^{-2.9\% \times \frac{2}{12}} \approx 100.26(\text{元})$。

需要再次强调,运用式(3.4)的重要前提条件是债券的票面利率始终等于该债券的合理贴现率。如果债券的浮动票面利率与贴现率不等,无论是发行日还是每一次付息之后的重设利率日,债券的合理价值都不会等于面值,就不可以运用这一公式了。

例 3.2 中浮息债的票面利率为市场参照利率(即 3 个月期 SHIBOR)加上一个固定利差,这种情形在市场中很常见。浮息债发行时,市场会根据参照利率的水平、发行者的信用状况及其变化、该债券的流动性状况、该债券的税收待遇、监管待遇等确定不同的利差。

与固息债相比,浮息债的一个重要特点是,由于其票面利率通常随市场利率变动,因此实际上市场利率变动对其价值影响不大,其价格始终在面值附近波动,浮息债的利率风险相对较小。当然,如果对浮息另有特殊约定,如反向浮动等,则需另加讨论。

第二节　债券的收益率分析

在考察债券的投资价值时,与直接分析债券价格相比,更为常见的是对债券投资的收益率(yield)[1]进行分析。

正如例 3.1 所展示的,定价与收益率分析是一个问题的两个方面,都可用于判断债券是否值得投资。债券定价是从价格角度出发,通过理论价格与市场价格的差异判断债券是否具有投资价值;而收益率分析则是从收益的角度出发,将市场价格所隐含的预期收益率与投资者所要求的收益率相比,判断债券是否值得投资。对于给定的债券,价格与收益率是反向变动的。价格越高(低),该债券能提供的预期收益率就越低(高);反之,价格隐含的收益率越高(低),该债券的价格就越低(高)。

尽管都可用于判断债券的投资价值,与价格分析相比,收益率分析更适合债券投资。

首先,无论是什么投资,投资者本质上关心的都是投资所带来的收益率,而非价格的绝对值。

其次,在不同债券之间进行比较时,与债券价格相比,债券的预期收益率更具可比性。例如,假设债券 D 和债券 E 剩余期限均为 6 年,债券 D 票面利率为 10%,每半年支付一次利息,市场价格为 124.05 元;债券 E 票面利率 12%,每年支付一次利息,市场价格为 131.74 元。假设当前的 0.5 年、1 年、1.5 年直至 6 年的连续复利即期利率分别为 3%、3.10%、3.20%、3.30%、3.40%、3.50%、4%、4.20%、4.50%、5%、5.50% 和 5.50%,运用式(3.1)可得债券 D 和债券 E 合理的价格分别为 124.05 元和 131.74 元。由于两个债券的市场价格都等于其理论价格,我们不能认为价格为 124.05 元的债券 D 更具投资价值。也就是说,我们无法通过比较债券价格的高低来判断其是否值得投资。而在本节中我们会看到,与债券价格相比,收益率相对更具可比性。因此,在债券市场上,收益率分析比价格分析更受关注。

下面,我们分别介绍固息债和浮息债的收益率分析。

一、固息债的收益率分析

预期收益率衡量的是未来预期收益与期初成本的比率。对债券来说,期初成本就是购买债券所支付的价格;债券投资的未来预期收益则包括三个部分:定期支付的现金流(通常是利息,若是分期偿付债券还包括摊销到每一期的本金)、资本利得和再投资收入。再投资收入是指债券投资期间现金流再投资至期末的收入,它也是由最初的债券投资在同一投资期内产生的,因此也属于债券投资带来的未来现金收益。债券初始投资的价格是已知的,而未来收益则是未知的。一个好的收益率指标应充分而准确地反映这三种不同的未来现金收益。

市场上常见的固息债收益率指标有 4 个:当前收益率、简单收益率、到期收益率和总收益率。

---

[1]　收益率可分为两种:投资期结束后,人们计算真实的事后收益率;事前做投资决策时,则使用预期收益率(expected yield)或要求的收益率(required yield)。在本节中,我们主要分析投资时债券是否具有投资价值,因此讨论的是事前的预期收益率。

除此之外,还有一个用于分析相对价值的指标:利差。

(一) 当前收益率

当前收益率(current yield)的计算公式为

$$当前收益率 = \frac{每年利息收入}{债券当前价格}$$

可以看出,在三种未来收益中,当前收益率只考虑了利息收入,忽视了债券投资的资本利得和再投资收入,使用较少。

(二) 简单收益率

简单收益率(simple yield)的计算公式为

$$简单收益率 = \frac{每年利息收入}{债券当前价格} + \frac{100 - 债券当前价格}{债券当前价格} \times \frac{1}{剩余期限}$$

可以看出,简单收益率就是在当前收益率的基础上加上了资本利得的考量,但其假设持有到期,并假设资本利得平均分布在剩余期限内。日本债券市场采用简单收益率进行报价。

(三) 到期收益率

在第二章中,我们已经深入地学习了到期收益率的相关知识。从式(3.2)的右边可以看出,作为年化平均内含回报率,在到期收益率的计算中,同时考虑了债券投资的三种未来现金收益:每一期的现金流、今天的投资价格 $V_t^{t,N}$ 与未来偿还的面值(包含在 cf_N 中)之间的资本利得、每一期现金流按 $y_t^{t,N}$ 投资至期末的再投资利息。而且到期收益率与债券价格之间还存在着一一对应的关系。

由于到期收益率的上述优点,到期收益率是最受欢迎和应用最广的债券收益率指标之一,在固息债之外的其他固定收益产品中,也常常可以看到到期收益率的身影:

对于分期偿付债券来说,未来的每次现金流则包括剩余本金的票面利息和分期偿付的本金,运用式(3.2)相应计算得到的 $y_t^{t,N}$ 也是到期收益率,但为了有所区分,通常称其为"现金流收益率"(cash flow yield)。

对于可赎回债券来说,以较为可能的赎回日作为到期日,取相应的赎回价格作为到期面值计算得到的到期收益率被称为"赎回收益率"(yield to call,YTC)。有的可赎回债券有多个赎回日,选择的赎回日不同,赎回收益率也就不同,由此产生了"首次赎回收益率"(以合约中规定的第一次可赎回日期为到期日计算得到)和"首次面值赎回收益率"(以合约中规定的第一次按面值赎回的日期为到期日计算得到)等。如果在每个可能的赎回日计算相应的赎回收益率,取其最小值,就得到了"最差到期收益率"(yield to worst)。由于溢价债券被赎回的可能性较大而折价债券被赎回可能性较小,因此人们通常计算溢价债券的赎回收益率和折价债券的普通到期收益率。

类似地,以较为可能的回售日作为到期日,可回售债券可以计算得到"回售收益率"(yield to put,YTP)和最差到期收益率。

对于整个投资组合来说,运用同样的思想,计算使投资组合的现金流现值等于组合当前市场价值的贴现率,就得到了"组合到期收益率"。

但到期收益率也并非完美的收益率分析指标,基于第二章的相关讨论,在运用到期收益率比较不同债券的相对投资价值时,要注意以下两个问题:

第一,事前计算的到期收益率并不是预期内含回报率的精确指标。在到期收益率的计算中包含了三个假定:① 没有违约风险;② 投资者持有到期;③ 每一期的现金流都按照 y_t^N 进行再投资。因此事前计算的到期收益率并不是预期内含回报率的精确指标,而会受到违约风险、持有期不确定性和再投资风险的影响。与普通固息债相比,复杂债券的到期收益率的准确性更低。例如,分期偿付债券由于本金分摊到每一期偿还,加上付息频率通常较高而且存在提前偿付的可能,再投资风险就比一般的债券要大得多,根据式(3.2)计算得到的现金流收益率与真实投资收益率的差异通常相当显著。对于可赎回债券和可回售债券来说,除了前述三个假设,在计算赎回收益率和回售收益率时需要额外假设赎回日和回售日,也显著降低了准确性。总之,到期收益率并不是预期收益率的准确指标。

第二,作为特定债券的内含回报率,不同债券的到期收益率不一定具有可比性。在第二章中我们已经初步讨论过,只要信用等级、剩余期限、本金偿付方式和利息支付中的任意一项不同,债券到期收益率就会有所差异。在这里我们做更深入的分析。

(1) 如果发行者信用等级不同,到期收益率之间必然存在信用风险价差,显然难以直接通过简单比较到期收益率的大小来判断债券投资价值。

(2) 债券的剩余期限不同,到期收益率也是不可比的。假设投资期为 5 年,现有 4 种候选债券,如表 3.3 所示。

表 3.3 债券价格的非线性特征

债券	息票率	剩余期限	到期收益率
I	5%	3 年	9%
II	6%	20 年	8.6%
III	11%	15 年	9.2%
IV	8%	5 年	8%

其中债券 I 和债券 III 的到期收益率较高,但是否它们相对具有较高的投资价值呢?并非如此。债券 III 的到期期限长于 5 年,5 年后出售债券时的资本利得是不确定的,而且高票息意味着较大的再投资风险。债券 I 的到期期限则短于 5 年,3 年后到期时面对着再投资风险。总之,到期收益率由于衡量的是持有到期的预期收益率,只有剩余期限相同且等于投资期限时,用到期收益率比较不同债券的投资价值才可靠。

(3) 本金偿还方式如果不同,即一个债券是分期偿付,另一个债券是到期一次性还本,从式(3.2)可以看出,由于现金流分布特征不一致,即使两个债券都定价合理,这两者的到期收益率也不能简单进行比较。

(4) 严格来说,利息支付如果不同,到期收益率也不可比。以本节开始提到的债券 D 和债券 E 为例,这两个债券其他条件都相同,只是票面利息和利息支付频率不同,在各自合理的价格分别为 124.05 元和 131.74 元的情况下,由式(3.2)可得,两个债券的到期收益率分别为 5.2% 和 5.47%。由于这两个到期收益率都是合理价格倒推而得,说明这两个到期收益率都是合理的,债券 E 的到期收益率略高是因为它的票面利息较高且一年才支付一次利息,不能认为债券 E 比债券 D 更具有投资价值。也就是说,即使其他所有条件都相同,如果利息支付频率和每年支付的票面利息不同,到期收益率仍然是难以比较的,这一现象被称为"票息效应"(coupon effect)。

但是,我们也可以看到,对于债券 D 和债券 E 这样两个其他条件相同、只是利息支付不同的债券,其到期收益率的差异不是很大(5.2% 和 5.47%)。如果两个债券连付息频率都相同,只是息票率高低不同,其到期收益率会更加接近。这意味着对于其他条件相同,只是息票率高低存在差异的债券,用到期收益率的高低进行相对投资价值分析,是可以接受的。如果实际市场价格内含的到期收益率差异很大,就说明到期收益率较高的那个债券很有可能相对定价过低,而到期收益率较低的债券则相对定价过高。

(四) 总收益率

尽管到期收益率应用广泛,但其可比性并不令人满意,总收益率(total return)则在可比性方面具有较大的优势。在预先设定的未来利率条件下计算债券投资的未来总收入,相应得到的内含回报率就是总收益率。例 3.3 阐释了总收益率的计算过程。

例 3.3　计算总收益率

假设某债券基金经理计划投资一只剩余期限 20 年、面值 100 元、息票率 8%、每半年付息一次的债券,投资期 3 年,到期收益率为 7.84%(连续复利)。为了估计总收益率,该基金经理预测未来每次的再投资利率均为 6%(连续复利),3 年后的 17 年到期收益率为 7%(连续复利)。则该债券的总收益率计算如下:

首先,在 6% 的再投资收益率下,未来 3 年该债券票息收入的终值预计为:

$$4e^{6\% \times 2.5} + 4e^{6\% \times 2} + 4e^{6\% \times 1.5} + 4e^{6\% \times 1} + 4e^{6\% \times 0.5} + 4 = 25.90(\text{元})$$

其次,在 7% 的未来到期收益率下,3 年后该债券预计的出售价格为

$$4e^{-7\% \times 0.5} + 4e^{-7\% \times 1} + 4e^{-7\% \times 1.5} + \cdots + 104e^{-7\% \times 17} = 108.56(\text{元})$$

因此 3 年后的总终值为 25.90 + 108.56 = 134.46,而该债券的今天购买价格为

$$4e^{-7.84\% \times 0.5} + 4e^{-7.84\% \times 1} + 4e^{-7.84\% \times 1.5} + \cdots + 104e^{-7.84\% \times 20} = 100(\text{元})$$

由此可计算出 3 年当中的预计年化总收益率(连续复利)为

$$\frac{\ln\left(\dfrac{134.46}{100}\right)}{3} = 9.87\%$$

折成半年复利一次的年收益率为 10.12%。

由例 3.3 可知,要计算总收益率,需要先预计未来每次现金流的再投资利率以及投资期末的到期收益率,从而估计出投资期末能获得的总的终值,其中包括债券的利息、再投资收入和出售价格,与当前的购买价格相比,即可计算得到投资期内的年化总收益率。

与到期收益率相比,总收益率的优点在于引入了计划投资期、预期的再投资利率和预期的未

来市场到期收益率等因素,从而克服了到期收益率持有到期和再投资利率不变的假设,可能得到一个更切合实际投资状况的收益率指标;更重要的是,由于总收益率是由到期总收入终值与当前支付价格直接计算得到,不同期限、不同本金偿付和不同利息支付的债券的总收益率是直接可比的。

然而,总收益率的缺点也显而易见,它非常依赖再投资利率和未来到期收益率的假设,如果未来的利率变动与预期不符,则总收益率也难以准确度量真实的投资收益。总收益率这一内在缺陷使其仍然难以超越到期收益率成为投资收益率的合理指标。为了克服这一缺点,投资者可以进行情景分析,即假设不同的再投资利率和未来到期收益率情景,分别得到总收益率,再进行分析和比较。

(五)利差分析

利差(spread)经常被用于度量一个固定收益证券相对于基础利率期限结构的投资价值,在不同的应用场景下,利差有不同的含义。此处的利差是为了描述相对投资价值。我们用一个简单的例子来说明。假设在当前利率期限结构下,1 年期和 2 年期的无风险利率分别为 2.8% 和 2.9%(连续复利)。一个剩余期限为 2 年、票面利率 2.8%、一年支付一次利息的固息国债,根据式(3.1),其合理价值应为

$$2.8e^{-2.8\% \times 1} + 102.8e^{-2.9\% \times 2} \approx 99.73(元)$$

但该债券的目前市场价格为 99.26 元,这意味着如果以无风险利率期限结构为基础来衡量,该债券具有相对投资价值,这一相对投资价值可以用利差表示出来,

$$2.8e^{-(2.8\%+s) \times 1} + 102.8e^{-(2.9\%+s) \times 2} = 99.26(元)$$

可以解得这一相对价值利差应为 0.24%(连续复利)。这一相对价值利差可能意味着投资机会,也可能反映了特定债券的一些特殊风险,如流动性风险等。

二、浮息债的收益率分析

对于浮息债的收益率分析,我们可以像固息债一样,同样计算当前收益率、简单收益率,或者在一定的现金流假设下计算到期收益率。但除此之外,浮息债还有一些特有的收益率分析工具,下面我们进行介绍。

由于浮息债的票面利率通常设定为

$$息票率 = 参照利率 + 固定利差$$

因此浮息债的收益率分析也可以相应分为参照利率分析和利差分析两类。

(一)参照利率分析

浮息债的参照利率分析,最常见的是对浮动票息中隐含参照利率的分析。

由于浮息债的息票由参照利率和固定利差两部分组成,因此其现值可以分拆成"确定现金流的现值"与"不确定现金流的现值"两部分。其中确定现金流包含债券面值、下一付息日票息、下一个付息日之后的各期固定利差;不确定现金流则由下一付息日之后的各期参照利率带来。因此 t 时刻的浮息债价值可以表达为

浮息债价值=确定性现金流现值+不确定现金流现值

$\qquad$ =（面值现值+下一付息日票息现值+未来系列固定利差现值）+未来系列参照利率现值

$\qquad$ =（面值现值+下一付息日票息现值+未来系列固定利差现值）+$M\sum\limits_{i=2}^{N}\dfrac{I_i}{m}\mathrm{e}^{-R_i^{t_i\times(t_i-t)}}$

$\qquad$ =（面值现值+下一付息日票息现值+未来系列固定利差现值）+$M\sum\limits_{i=2}^{N}\dfrac{\overline{I}}{m}\mathrm{e}^{-R_i^{t_i\times(t_i-t)}}$

$$（3.5）$$

其中 M 为浮息债面值，t_i 表示未来付息时刻，当 $i=N$ 时债券到期，I_i 是下一付息日之后的各期参照利率（当前是未知的），$\overline{I}$ 是平均参照利率，m 为每年付息次数。

可以看到，式（3.5）中的前三项都是确定的，从当前价格中减去这三项得到的是不确定现金流现值，其反映的是，为得到未来各期参照利率产生的利息收入，当前时刻需要支付的对价。对于具有相同剩余期限和参照利率的浮息债来说，未来系列参照利率产生的利息收入是相等的，当前需支付的对价也应相等，因而这部分不确定现金流的现值越低，浮息债越有相对投资价值。因此，在其他因素不变的情况下，在具有相同剩余期限和参照利率的浮息债中，应选择未来系列参照利率现值较低者。

不仅如此，从式（3.5）的最后一行可以看到，我们可以将未来系列参照利率的现值表达为平均参照利率的现值，即

$$浮息债价格-确定性现金流现值 = M\sum\limits_{i=2}^{N}\dfrac{I_i}{m}\mathrm{e}^{-R_i^{t_i\times(t_i-t)}} = M\sum\limits_{i=2}^{N}\dfrac{\overline{I}}{m}\mathrm{e}^{-R_i^{t_i\times(t_i-t)}} \qquad（3.6）$$

也就是说，从每个浮息债的市场价格中，我们都可以倒推出隐含的平均参照利率 $\overline{I}$。对于具有相同参照利率的浮息债，较高的平均参照利率 $\overline{I}$ 意味着拥有这只债券的平均代价较高，因此在其他因素不变的情况下，应该选择平均参照利率 $\overline{I}$ 较低者。进一步来看，对于具有相同参照利率且剩余期限相近（同）的浮息债，其平均参照利率应该是相近（等）的。因此，通过对市场上的浮息债进行分析，可确定某一剩余期限的参照利率均值。若某只债券的平均参照利率与市场均值相差较大，可视为定价不合理：偏高的平均参照利率意味着价格高估，偏低的平均参照利率则表明存在低估。

在上述隐含平均参照利率 $\overline{I}$ 的计算过程中，需要确定每个现值计算中使用的贴现率。一种做法是令所有贴现率均等于定价时刻的参照利率与固定利差之和；另一种做法是令每个贴现率分别等于对应期限的合理即期利率与固定利差之和。

（二）利差分析

浮息债的利差分析大致可分为两类，一类是基于票息中隐含利差的分析，另一类则是通过考察浮息债的收益率超过参照利率的程度来分析浮息债的投资价值。下面分别加以介绍。

1. 隐含票息利差

隐含票息利差的计算方法是首先将浮息债的市场价格减去其理论价值（式（3.4）），剩下的部分再在一定的贴现率假设下计算对应的票息利差。例3.4比较清晰地阐释了这一指标的计算。

一个剩余期限 1.75 年、每半年浮动一次的浮息债,票面利率为 6 个月期 SHIBOR 加上 0.6%(半年计息一次),债券当前市场价格为 101.30 元,上一个利率重置日的 6 个月期 SHIBOR 为 2.96%(半年计息一次)。如何确定该债券的隐含票息利差?

首先需将市场价格减去式(3.4)的理论价值。由于下一次付息日在 3 个月后,因此首先需要获知当前时刻 3 个月期的 SHIBOR 利率。假设 3 个月计息一次的 3 个月期 SHIBOR 利率为 3%,此时先将半年计息一次的利差 0.6%转化为 3 个月计息一次的利差 0.599%,则 3 个月计息一次的总贴现率应为 3.599%,再转化为 3 个月期的连续复利贴现率 3.58%,因此差价等于

$$101.30 - \left(100 + \frac{2.96 + 0.6}{2}\right) e^{-3.58\% \times 0.25} \approx 0.43$$

接下来计算这 0.43 元所对应的隐含票息利差,公式为

$$0.43 = \sum_{i=2}^{N} \frac{\text{固定利差} - \text{隐含票息利差}}{2} \times 100 \times e^{-R_t^{t_i} \times (t_i - t)}$$

采用 2 作为分母是因为一年支付两次利息。

如果假设这个部分的贴现率始终等于定价时刻的参照利率与固定利差之和,则需要了解当前时刻的 6 个月期 SHIBOR,假设为 3%,则半年计息一次的总贴现率为 3.6%,等价的连续复利利率为 3.57%,则

$$0.43 = \frac{0.6\% - \text{隐含票息利差}}{2} \times 100 \times \left(e^{-3.57\% \times 0.75} + e^{-3.57\% \times 1.25} + e^{-3.57\% \times 1.75}\right)$$

相应的隐含票息利差约为 0.30%。

如果假设贴现率为定价时刻的对应期限即期利率加上固定利差,则需要额外获取当前时刻的 SHIBOR 利率期限结构信息,假设当前的 0.75 年、1.25 年和 1.75 年的半年计息一次的 SHIBOR 即期利率分别为 3.08%、3.12%和 3.14%,加上 0.6%,并进一步将其转化为连续复利的总贴现率,分别为 3.65%、3.69%和 3.71%,相应有

$$0.43 = \frac{0.6\% - \text{隐含票息利差}}{2} \times 100 \times \left(e^{-3.65\% \times 0.75} + e^{-3.69\% \times 1.25} + e^{-3.71\% \times 1.75}\right)$$

可以算出隐含票息利差也约为 0.30%。可以看出,若不同期限的参照利率差异不大,两种算法结果相近。

从例 3.4 的计算过程可以看出,隐含票息利差的基本逻辑是,如果浮息债的票息设定合理,浮息债的市场价格就应该等于式(3.4)的理论价值,从而市场价格和理论价值之差可以理解为事先约定的固定利差与市场认可的利差之间的差异,因而可以倒求出隐含票息利差,计算公式为

$$\text{浮息债价格} - (M + c_1) e^{-R_t^{t_1} \times (t_1 - t)} = M \sum_{i=2}^{N} \frac{\text{固定利差} - \text{隐含票息利差}}{m} \times e^{-R_t^{t_i} \times (t_i - t)} \qquad (3.7)$$

对于剩余期限、信用风险和流动性风险相似的浮息债,由于可以采用同样的贴现率进行计算,隐含票息利差显然应该比较接近,因此隐含票息利差可以用于分析这些特征相近的浮息债的

相对投资价值。从式(3.7)可知,隐含票息利差越大,债券价格越低,债券收益率越高,浮息债越具有投资价值。

2. 收益率利差

与隐含息票利差考察息票中的利差不同,收益率利差考察的则是收益率(贴现率)中的利差。常见的指标包括简单利差、贴现利差和有效利差。

(1)简单利差(simple margin)。

简单利差的思路是,在参照利率之外,浮息债在剩余期限内获得的平均年化利差由两个部分组成:票息中预先设定的固定利差和因价格变化带来的每年平均资本利得,因此简单利差的计算公式为

$$
\text{固定票面利差} + \frac{100 - \text{当前债券全价}}{100 \times \text{剩余期限}} \tag{3.8}
$$

分母中的剩余期限意味着假设资本利得平均分布在剩余期限内。在年均资本利得的计算上,有时具体算法不同,例如在分子中剔除上一个付息日以来参照利率变动的影响,或者将其改为

$$
\frac{100 + \text{本期票息} - \text{当前债券全价}}{\text{当前债券全价} \times \text{剩余期限}}
$$

以更精确地反映资本利得。

(2)贴现利差(discount margin)。简单利差的特点之一是把利差直接在剩余期限中进行了简单平均(单利),没有考虑复利。另外一些利差指标则引入复利,运用定价公式倒求浮息债市场价格隐含的收益率利差,贴现利差就是其中一个常见的指标。

贴现利差的本质是运用基于到期收益率的定价公式(3.2),在一定的未来现金流假设下计算浮息债市场价格所对应的到期收益率,再减去参照利率;也就是说贴现利差就是浮息债的到期收益率超过参照利率的程度。计算的基本步骤如下:

第1步,在一定的假设下确定浮息债的未来现金流;在任意给定时刻,一个浮息债的下一期现金流是已知和确定的,但未来的各期参照利率是不确定的,需要对其进行假设,常见做法是假设未来各期的参照利率始终等于当前定价时刻的参照利率水平;

第2步,运用式(3.2)计算浮息债市场价格对应的到期收益率;

第3步,将计算得到的到期收益率减去一个参照利率水平,即可得到贴现利差,常见做法是减去当前定价时刻的参照利率水平。

下面我们用例3.5来帮助读者理解贴现利差。由于其是贴现率(收益率)的一部分,在其他条件相同的情况下,贴现利差越大越好。

例 3.5   计算贴现利差

对于例3.4中的浮息债,如何计算其贴现利差?

第1步,假设和确定未来现金流。可以看出,3个月后的第一次利息现金流应为
$\frac{2.96\% + 0.6\%}{2} \times 100 = 1.78$;如果假设未来参照利率始终保持在当前水平上,由于当前时刻的

6个月期 SHIBOR 为3%(半年计息一次),后面各期的利息现金流均应为 $\dfrac{3\%+0.6\%}{2}\times100=1.8$。

第2步,运用式(3.2)计算市场价格对应的到期收益率,即 $1.78e^{-y\times0.25}+1.8e^{-y\times0.75}+1.8e^{-y\times1.25}+101.8e^{-y\times1.75}=101.3$(元),可以算出连续复利的到期收益率为3.32%。

第3步,贴现利差为 3.34%−3%=0.34%,其中3.34%是连续复利3.32%所对应的半年计息一次的年利率。可以看出,这样计算得到的贴现利差就是在假设未来参照利率始终等于当前参照利率的情况下,算出的到期收益率与当前参照利率之差。

实际中的贴现利差计算公式存在一些变种,例如一种做法是将下一期的已知现金流用对应期限的合理贴现率贴现,而只对未来各期的预估现金流计算到期收益率和贴现利差。此外,还有一种做法是将第2步中计算得到的到期收益率减去浮息债下一期票息,或者将到期收益率减去类似风险、期限和现金流特征的固息债到期收益率,得到不同定义的"贴现利差"。这几种做法比较易于理解,此处就不再赘述。

(3) 有效利差

有效利差和贴现利差本质上是同一个指标,只是在未来现金流和贴现率的选取上采用了不同的假设。如果说贴现利差主要采用到期收益率定价的计算思路,有效利差(effective margin)则更接近即期利率定价的计算思路。在有效利差的计算中,未来的现金流是通过假设未来的参照利率等于今天的远期利率来确定的,而贴现率则设定为当前对应期限的即期利率加上有效利差。这样,运用基于即期利率的定价公式(3.1)可以计算出市场价格隐含的有效利差。例3.6展示了有效利差的计算。

例3.6 计算有效利差

对于例3.4中的浮息债,若要计算其有效利差,需要参照利率的利率期限结构信息。从例3.4中可以推知定价时刻的3个月、9个月、1.25年和1.75年的 SHIBOR 连续复利即期利率分别为2.99%、3.06%、3.10%和3.12%,相应的 3×9、9×15 和 15×21 的连续复利远期利率分别为3.10%、3.16%和3.17%,转换为半年复利一次的远期利率分别等于3.12%、3.19%和3.20%。在此基础上,

第1步,确定未来现金流:3个月后的已知利息现金流仍为1.78元,但后三次的利息现金流将分别为 $\dfrac{3.12\%+0.6\%}{2}\times100=1.86$(元)、$\dfrac{3.19\%+0.6\%}{2}\times100\approx1.90$(元)和 $\dfrac{3.20\%+0.6\%}{2}\times100=1.90$(元)。

第2步,贴现率中的参照利率应分别为2.99%、3.06%、3.1%和3.12%。

第3步,运用式(3.1)有

$1.78e^{-(2.99\%+EM)\times0.25}+1.86e^{-(3.06\%+EM)\times0.75}+1.9e^{-(3.1\%+EM)\times1.25}+101.9e^{-(3.12\%+EM)\times1.75}=101.3$(元)

倒算可得101.3元的市场价格对应的隐含有效利差(EM)应为0.35%。

第三节 债券的报价

市场上的债券报价惯例,有三个值得关注的特点:

第一,债券报价既可以报出债券价格,也可以报出相应的到期收益率或简单收益率等收益率指标。具体原因我们在第二章和本章第二节中都有分析,此处不再赘述。

第二,债券报价时通常报出面值每100元的价格,例如美国债券面值通常为1 000美元,110元的报价意味着每张债券价格为1 100美元。不同市场的最小报价单位往往不同。例如美国国债的最小报价单位为$\frac{1}{32}$美元,这样112-06的报价意味着每100美元面值的美国国债价格为112.187 5美元。又如美国公司债的最小报价单位是$\frac{1}{8}$美元。中国银行间的债券交易市场要求收益率、利率和交易价格均保留小数点后4位。中国交易所债券的最小报价单位则为小数点后2或3位。

第三,债券报价时使用的是净价(clean price)而非全价(full price)。全价常又被称为现金价格(cash price)或发票价格(invoice price),是投资者在交割债券时买方支付和卖方收取的实际全部价款,它代表着买方要获得该债券所支付的对价,本章第一节中定价公式计算得到债券价格就是理论上的全价。净价则等于全价减去应计利息(accrued interest,以下简称AI),应计利息的计算公式为

$$应计利息=本付息周期票息×\frac{上一个付息日至结算日天数}{本付息周期天数} \tag{3.9}$$

例3.7可以帮助理解净价与全价的计算。

例 3.7 债券净价与全价

2019年3月19日,对于一个息票率为3.8%(半年支付一次利息)、到期时间为2022年7月15日、市场报价为96元的国债来说,96元就是其净价。根据其到期日和付息频率可知,该债券上一次付息日为2019年1月15日,下一次付息日应为2019年7月15日,整段计息期间为181天,上一次付息日到3月19日为63天,相应的应计利息为

$$1.9×\frac{63}{181}=0.66(元)$$

因此,投资者要购买此债券,应支付96.66元的全价。

值得强调的是,对于债券现货来说,全价是具有经济内涵的,因为其代表的是未来现金流的现值和买卖双方交易的真实价款;净价的经济内涵并不精确,因为应计利息是按照天数比例简单计算的,未考虑资金的时间价值。但使用净价报价近似剔除了债券价格中确定性的应计利息,这一方面可以避免在每次付息日债券价格出现类似股票除息的价格下调现象,造成市场报价的不

连续;另一方面则可以将债券价格的变化大致分离为确定性应计利息部分和其他部分的变化,便于投资者把握。

3-2 二维码链接
全国银行间同业拆借中心每日银行间现券市场成交行情

第四节　债券损益分析

在实际交易中,投资者经常需要对债券投资损益(profit and loss,P&L)进行分解和分析,以更清晰地把握损失与收益的来源。本节介绍损益分解的一种常见方法[①],收益率分解可由损益分解后除以初始价格得到。为易于理解,本节以单只债券的损益分解为例,其结论可以推广至债券组合的情形。

以持有期为 t 到 $t+1$ 时刻为例,持有期内的债券损益来自3个方面:持有期债券全价的变化、期间实际支付的现金票息和承担的资金成本,而债券全价又等于净价和应计利息之和,因此有

$$持有期损益 = (债券全价_{t+1} - 债券全价_t) + 持有期票息现金流 - 持有期资金成本$$
$$= (债券净价_{t+1} - 债券净价_t) + (AI_{t+1} - AI_t) + 持有期票息现金流 - 持有期资金成本$$
$$= 债券净价损益 + [持有期应计利息 + 持有期票息现金流 - 持有期资金成本]$$
$$= 债券净价损益 + 现金持有收益 \tag{3.10}$$

如上所见,首先,我们将债券的持有期损益分为两个部分:债券净价损益和现金持有收益(cash carry)。这一分解的基本逻辑是:"债券净价损益"代表损益中的不确定部分,"现金持有收益"则代表相对确定的部分。这是因为"现金持有收益"定义为持有期间实际收到的票息现金流、持有期应计利息及持有期资金成本三者之和。如本章第三节所述,由于没有考虑资金时间价值,应计利息并不十分精确,但这三者加在一起,显然基本捕捉了相对确定、或者说相对外生和不受投资者影响的显性现金损益,将这部分分离出来,剩下的净价变化就是相对不确定性较强、主要取决于投资者预测和决策正确与否的部分。

然后,我们可以将不确定的债券净价损益分解为"预期(expected)损益"和"预期外(unexpected)损益"两个部分,即

$$债券净价损益 = 预期净价损益 + 预期外净价损益 \tag{3.11}$$

所谓"预期净价损益"是指随时间推移,利率按照预期变化而引起的债券净价变化。这一预期通常设定为即期利率期限结构保持不变,或是未来即期利率等于当前对应期限的远期利率。值得注意的是,尽管"预期净价损益"看起来似乎只受利率预期变化的影响,但实际上由于时间从 t 推移到 $t+1$ 时刻,债券的剩余期限变短了,这一时间上的变化会有两个效应:第一,如果其他因素不变,折价(溢价)债券价格随时间推移仍然会逐渐上升(下降)回归面值[②];第二,随着剩余

[①]　本节参考了 Tuckman and Serrat(2011)中的观点。
[②]　人们通常将其他因素不变,随着时间流逝固定收益证券价值的变化定义为"持有收益(carry)"。前文所述的"现金持有收益(cash carry)"可以认为是狭义的持有收益,而广义的持有收益则等于现金持有收益和这部分折溢价债券随时间推移回归面值带来的变化之和。实际中具体提到 carry 时到底是广义还是狭义,要视上下文情境而定。

期限缩短,债券未来的现金流将以较短期限的贴现率进行贴现,这种在期限上的下滑(roll-down)也会带来价格的变化。可以看出,上述利率预期变动引起的净价变化和两种时间效应是同时发生的,清晰区分比较烦琐且意义不大,因此我们将其统一到"预期净价损益"中,刻画随着时间的天然流逝,利率按预期变化引起的净价损益[1]。

扣去"预期净价损益"之后,剩下的债券净价变化就是由利率的预期外变动引起的,这个部分的正负和高低可用于考察投资者事前预测和决策的能力。进一步来看,这部分预期外损益还可以继续分解为源于基础利率期限结构的预期外损益和源于利差的预期外损益。

下面我们用例 3.8 来帮助理解债券损益分解。

例 3.8 债券损益分解

2019 年 2 月 1 日,半年期、1 年期、1.5 年期和 2 年期的无风险利率分别为 2.6%、2.7%、2.76% 和 2.8%(连续复利),一个剩余期限为 1.5 年、票面利率 2.8%、一年支付一次利息的国债,市场报价为 99.62 元。假设持有期为半年(票息支付之后),半年后(2019 年 8 月 1 日)市场上的 1 年期无风险利率变为 3%(连续复利),该债券市场报价为 99.76 元。如何分析和分解该债券的投资损益?

首先,我们计算该笔投资的全部损益:

$$全价损益 = 99.76 - (99.62 + 1.4) = -1.26(元)$$

$$票息现金流收入 = 2.8(元)$$

$$资金成本 = (99.62 + 1.4) \times \frac{2.6\%}{2} \approx 1.31(元)$$

$$全部损益 = -1.26 + 2.8 - 1.31 = 0.23(元)$$

注意持有期开始时刻刚好位于付息周期的一半,因此应计利息为 1.4 元;而持有期结束时刚刚支付完票息 2.8 元,因此净价与全价相等,均为 99.76 元;资金成本按半年期无风险利率计算,连续复利的半年期利率 2.6% 转化为半年计息一次的利率也大约等于 2.6%。

接下来,我们对损益进行分解,共分为三个部分:现金持有收益、预期净价损益和预期外净价损益。

(1)现金持有收益(cash carry):

$$现金持有收益 = 持有期应计利息 + 持有期票息现金流 - 持有期融资成本$$
$$= (AI_{t+1} - AI_t) + 持有期票息现金流 - 持有期融资成本$$
$$= (0 - 1.4) + 2.8 - 1.31$$
$$= 0.09 元$$

---

[1] 由于上述两个时间效应的影响,"预期净价变化"有时也被称为"carry-roll-down",但这一名称显然未反映利率变化带来的影响,因此本书不使用这一名称。

注意当持有期跨付息周期时,应计利息的变化可能为负,但持有期中的利息收入会体现在票息现金流中。

（2）预期净价损益（carry-roll-down）。为了计算预期净价损益,我们首先要对预期利率变化做出假设。我们采用如下假设:未来即期利率等于当前的远期利率,也就是说2019年8月1日的1年期即期利率等于2019年2月1日的0.5年×1.5年远期利率2.84%。另外,由于预期净价损益是基于利差不变计算得到的,我们要通过

$$2.8e^{-(2.6\%+s)\times0.5}+102.8e^{-(2.76\%+s)\times1.5}=99.62+1.4$$

计算期初的利差,可得期初利差约为0.25%。

在前述利率和利差假设下,2019年8月1日的债券净价应为

$$102.8e^{-(2.84\%+0.25\%)\times1}-0\approx99.67(元)$$

这意味着预期净价损益（carry-roll-down）等于

$$99.67-99.62=0.05(元)$$

（3）预期外净价损益。由于预期外净价损益又分别由基础利率期限结构和利差的预期外变化引起,我们首先在假设利差不变的情况下计算基础利率期限结构带来的预期外损益。从前述可知,基础利率期限结构由预期的2.84%变为实际的3%,可以计算这一变化引起的净价损益为

$$102.8e^{-(3\%+0.25\%)\times1}-102.8e^{-(2.84\%+0.25\%)\times1}\approx-0.16(元)$$

最后我们计算利差的预期外变化引起的损益,由

$$102.8e^{-(3\%+s)\times1}-0\approx99.76(元)$$

可以算出,期末的利差几乎为0,也就是说持有期内利差的预期外变化为-0.25%,因此利差的预期外变化引起的损益等于

$$102.8e^{-(3\%+0)\times1}-102.8e^{-(3\%+0.25\%)\times1}\approx0.25(元)$$

最后,表3.4给出了整个持有期损益及其分解的详情。

表3.4　整个持有期损益及其分解

损益项目	损益金额（元）
现金持有收益	+0.09
预期净价损益	+0.05
预期外净价损益:	+0.09
利率期限结构预期外变化	-0.16
利差预期外变化	+0.25
总损益	+0.23

本章小结

1. 现金流贴现法是最基本的金融产品定价法,其基本思想是任何金融资产的内在价值都应该等于该资产未来现金流的合理贴现。

2. 用即期利率给固息债定价的公式为

$$V_t^{t_N} = cf_1 \cdot e^{-R_t^{t_1} \cdot (t_1-t)} + cf_2 \cdot e^{-R_t^{t_2} \cdot (t_2-t)} + \cdots + cf_N \cdot e^{-R_t^{t_N} \cdot (t_N-t)}$$

用到期收益率给固息债定价的公式则为

$$V_t^{t_N} = cf_1 \cdot e^{-y_t^{t_N} \cdot (t_1-t)} + cf_2 \cdot e^{-y_t^{t_N} \cdot (t_2-t)} + \cdots + cf_N \cdot e^{-y_t^{t_N} \cdot (t_N-t)}$$

3. 固息债最主要的价格特征就是价格与贴现率成非线性反向关系。

4. 如果浮息债的票面利率是相应现金流的合理贴现率,浮息债定价公式为

$$(M+c_1) e^{-R_t^{t_1} \times (t_1-t)}$$

5. 浮息债的利率风险很小。

6. 市场上常见的固息债收益率指标有 4 个:当前收益率、简单收益率、到期收益率和总收益率。

7. 在预先设定的未来利率条件下计算债券投资的未来总收入,相应得到的内含收益率就是总收益率。

8. 除了像固息债一样可以使用当前收益率、简单收益率和到期收益率进行分析,浮息债常见的收益率分析指标还有隐含参照利率、隐含票息利差、简单利差、贴现利差、有效利差等。

9. 债券报价时使用的是净价而非全价。

10. 债券损益可分解为现金持有收益、预期净价损益和预期外净价损益三个部分。

习　题

1. 现有一只剩余期限为 3 年的固定利率债券,面值 100 元,票面利率 4%,每年付息一次,当前 1 年、2 年和 3 年期的连续复利即期年利率分别为 3.50%、3.80% 和 4.20%,试计算该债券的理论价格。

2. 市场上有一只 5 年期债券的到期收益率为 5%,我们可以将其代入式(3.2),用之为所有市场上的 5 年期债券定价。

3. 如果当前的 0.5 年、1 年、1.5 年直至 3 年的连续复利即期利率分别为 3%、3.10%、3.20%、3.30%、3.40%、3.50%,那么 3 年期的平价到期收益率(每半年计一次复利)应等于多少?

4. 试证明如下结论:如果未来即期利率等于当前对应期限的远期利率,在没有利差的情况下,一只债券从 t 到 $t+1$ 期间的收益率就是 t 时刻的一期利率 R_t^{t+1}。

5. 现有一只剩余期限为 2 年的固息债,面值 100 元,票面利率 5%,每半年付息一次,并且该债券到期收益率为 4.80%(连续复利),请计算该债券的价格,并比较以下情况下债券价格的变化:

(1) 到期收益率上升和下降 50 个基点;

(2) 到期收益率上升和下降百分比为 10%;

(3) 到期收益率上升和下降对数幅度为 10%。

6. 某剩余期限为 1.25 年的浮息债,每半年支付一次利息,参照利率为 6 个月期 SHIBOR,若上一次利率重置

日的 6 个月 SHIBOR 利率为 4%（半年计息一次），当前 3 个月、9 个月和 1.25 年的 SHIBOR 利率为分别为 3.80%、4% 和 4.1%（3 个月计息一次），当前 6 个月期的 SHIBOR 利率为 4%（半年计息一次）

（1）假设该债券票面利率设定合理，试计算该浮息债的合理价值；

（2）假设债券当前市场价格为 101.30 元，试确定该债券的隐含平均参照利率、隐含票息利差、贴现利差和有效利差。

7. 试找到一只实际交易的债券，运用当时的利率数据为该债券定价。试用利差来刻画理论价格与现实价格的差异，并解释利差存在的可能原因。

8. 2020 年 8 月 6 日，一只 2019 年 6 月 6 日发行、2026 年 6 月 6 日到期，每年付息一次，票面利率为 3.25% 的固息债市场报价为 101.578 9 元，试计算其全价。

9. 现有一只剩余期限为 3 年的固息债，面值 100 元，票面利率 4%，每年付息一次，当前 1 年、2 年和 3 年期的连续复利即期年利率分别为 3.50%、3.80% 和 4.20%，市场报价为 99.16 元。假设持有期为一年（票息支付之后），一年后市场上的 1 年期和 2 年期变为 4% 和 4.1%（连续复利），该债券市场报价为 99.60 元。试分析和分解该债券的投资损益。

第四章　利率远期与利率期货

学习目标:

在学习完本章之后,你应该能够理解和掌握

◇ 远期利率协议的基本原理

◇ 如何为远期利率协议定价

◇ 欧洲美元期货的基本原理和定价

◇ 如何为债券远期定价

◇ 国债期货的基本运行机制

◇ 如何分析国债期货

掌握利率衍生品原理对理解现代固定收益证券十分重要。利率远期和利率期货是相对基础的利率衍生品,其中一部分直接以利率为标的,另一部分则以债券为标的。本章前两节分别介绍以利率为标的的远期利率协议和欧洲美元期货,后两节则探索以债券为标的的债券远期和国债期货,以帮助读者掌握这些基础利率衍生品的基本运行机制与定价方法。

第一节　远期利率协议

一、远期利率协议的基本原理

在第一章中我们已经介绍过,远期利率协议(FRA)是买卖双方同意从未来某一商定的时刻开始的一定时期内按协议利率借贷一笔数额确定、以具体货币表示的名义本金的协议。例 4.1 给出了一个具体例子。

例 4.1　远期利率协议

2020 年 3 月 15 日,国内甲公司根据投资项目进度,预计其将在 6 个月后向银行贷款人民币 1 000 万元,贷款期为半年,但担心 6 个月后利率上升提高融资成本。经与银行商议,双方同意 6 个月后甲公司按年利率 6.2%(一年计两次复利)向银行贷入半年 1 000 万元贷款。

这就是一份6×12的远期利率协议,其中6表示该FRA的期限(以月表示,下同),12则表示现在到贷款到期日的时长,两者之差就是贷款期限。

假设2020年9月15日该FRA到期时,市场实际半年期贷款利率为6.48%(一年计两次复利)。这时甲公司有两个选择:

(1)直接执行该FRA,以6.2%向银行贷入半年期1 000万元贷款,比市场利率节省利息支出

$$1\ 000 \times \frac{6.48\%-6.2\%}{2} \times \frac{1}{1+6.48\%/2} = 1.356(万元)$$

(2)对该FRA进行现金结算,由于市场利率上升,银行支付给甲公司

$$1\ 000 \times \frac{6.48\%-6.2\%}{2} \times \frac{1}{1+6.48\%/2} = 1.356(万元)$$

同时甲公司直接到市场上以即期利率6.48%借入1 000万元的贷款,同样等价于按6.2%贷款,节省1.356万元。

如果2020年9月15日该FRA到期时,市场实际半年期贷款利率下跌至6%(一年计两次复利)。这时甲公司在该FRA中损失而银行盈利,具体损失金额为,

$$1\ 000 \times \frac{6\%-6.2\%}{2} \times \frac{1}{1+6\%/2} = -0.970\ 9(万元)$$

可以看出,无论这个FRA到期时贷款利率是升是跌,甲公司的真实贷款利率均锁定为6.2%。

从例4.1可以看到,通过FRA可以事先约定利率,利率上升时借款人获利、贷款人损失;利率下跌则借款人损失、贷款人获利。因此FRA属于零和游戏,一方的盈利就等于另一方的亏损。但零和游戏并不意味着没有价值。通过FRA事先约定利率,借款人可以规避利率上升的风险,贷款人则可以规避利率下跌的风险。FRA将实际的贷款利率锁定为协议利率,从而实现了利率风险管理。

在现实中,例4.1中的第二种选择,即对FRA进行现金结算是常见的做法,因为这种交割方法无须协议双方真实交换本金,只在结算日根据协议利率和参照利率市场实际值之间的差额以及名义本金额,由交易一方付给另一方结算金。这种现金结算制度既实现了对利率风险的规避,又大大提高了便利性和灵活性,使得那些仅仅对管理利率风险有需求而非需要真实借贷款的投资者也得以进入FRA,是一个很好的制度安排。也正是源于此,如例4.1中的1 000万元本金通常被称为"名义本金"。

注意在进行现金结算时,结算金额应等于利差的现值。因为FRA的本质是远期的贷款协议,借款人总是在未来的贷款期末(如例4.1中的贷款期末为2021年3月15日)支付利息,而FRA却在未来的贷款期初(如例4.1中的贷款期初为2020年9月15日)就已经到期,因为此时实际的贷款利率已经可以确定了。这样,在FRA到期结算时,结算金额就应等于利差从贷款期末贴现至FRA到期时的现值。

最后,值得一提的是,FRA的多方为固定利息支付者(fixed-rate payer),即名义借款人,其订立FRA可以规避利率上升的风险。相应地,FRA的空方则是固定利息获得者,即名义贷款人,其

订立 FRA 可以规避利率下行的风险。

4-1 二维码链接

中国人民银行公告〔2007〕第 20 号（远期利率协议业务管理规定）

二、远期利率协议的定价

FRA 的定价包括两个部分：确定合理的协议利率；确定 FRA 本身的价值。

（一）合理协议利率的确定

在 FRA 中，合理的协议利率就是我们在第二章中介绍过的远期利率，其公式[1]为

$$R_t^{T,T^*} = \frac{R_t^{T^*} \cdot (T^*-t) - R_t^T \cdot (T-t)}{T^*-T} \tag{4.1}$$

也就是说，在连续复利下，长期限即期利率与长期限的乘积减去短期限即期利率与短期限的乘积，再除以远期期限，就是合理的 FRA 协议利率。

下面，我们用反证法证明，在签约时刻，不考虑市场摩擦，如果 FRA 中的协议利率 R_K 不满足式（4.1），市场就存在无风险套利机会。以 1 元本金为例，表 4.1 列示了套利操作过程。

表 4.1　基于远期利率的套利操作

协议利率	$R_K > \dfrac{R_t^{T^*} \cdot (T^*-t) - R_t^T \cdot (T-t)}{T^*-T}$	$R_K < \dfrac{R_t^{T^*} \cdot (T^*-t) - R_t^T \cdot (T-t)}{T^*-T}$
t 时刻	1. 以 $R_t^{T^*}$ 借入到期日为 T^* 的长期贷款 1 元 2. 将 1 元钱以 R_t^T 贷出至短期 T 时刻 3. 签订一份远期期限为 T^*-T 的 FRA，约定在 T 时刻以协议利率 R_K 贷出 $e^{R_t^T \cdot (T-t)}$ 元至 T^* 时刻	1. 以 R_t^T 借入到期日为 T 的短期贷款 1 元 2. 签订一份远期期限为 T^*-T 的 FRA，约定在 T 时刻以协议利率 R_K 借入 $e^{R_t^T \cdot (T-t)}$ 元至 T^* 时刻 3. 将借入的 1 元钱以长期利率 $R_t^{T^*}$ 贷出至 T^* 时刻
T 时刻	1. 收到贷款本息 $e^{R_t^T \cdot (T-t)}$ 元 2. 执行 FRA 将 $e^{R_t^T \cdot (T-t)}$ 按 R_K 贷出	1. 从 FRA 中按 R_K 借入 $e^{R_t^T \cdot (T-t)}$ 元 2. 正好还掉第一笔借款
T^* 时刻	1. 从远期合约中收回 $e^{R_t^T \cdot (T-t)} \times e^{R_K \cdot (T^*-T)}$ 2. 还掉长期贷款本息 $e^{R_t^{T^*} \cdot (T^*-t)}$，获得无风险收益	1. 收回长期贷款本息 $e^{R_t^{T^*} \cdot (T^*-t)}$ 2. 还掉远期合约本息 $e^{R_t^T \cdot (T-t)} \times e^{R_K \cdot (T^*-T)}$，获得无风险收益
结果	R_t^T 与 R_K 趋于下降，$R_t^{T^*}$ 趋于上升	R_t^T 与 R_K 趋于上升，$R_t^{T^*}$ 趋于下降
	$R_t^{T,T^*} = \dfrac{R_t^{T^*} \cdot (T^*-t) - R_t^T \cdot (T-t)}{T^*-T}$	

---

① 式（4.1）与式（2.15）是相同的。

因此，如果签订时的 $T \times T^*$ 远期利率协议中的协议利率 R_K 不等于式（4.1）中的远期利率 R_t^{T,T^*}，就存在套利空间，套利的结果终将使得一份合理的 FRA 的协议利率等于远期利率。

当然，一旦 FRA 协议已经签订，协议利率 R_K 就是固定的。由于合理的远期利率始终应由式（4.1）确定，在 FRA 存续期内，随着市场状况和即期利率的变化，合理远期利率也会不断变化。对一份已经签订的 FRA 协议来说，不断变化的合理远期利率和固定的协议利率的差异，会使得合约价值发生变化。下面我们来讨论远期合约价值的确定。

（二）远期利率协议的价值

持有一份 FRA 所带来的盈亏就是该 FRA 对其持有者的价值。由于 FRA 是零和游戏，因此多方与空方的 FRA 价值之和为 0，一方价值为正时另一方价值必然为负。当一份 FRA 的协议利率等于合理远期利率时，该 FRA 对买卖双方来说是公平的，这时多空双方的协议价值都等于 0。

一般来说，在签订 FRA 时，公平合约中的协议利率会等于当前即期利率中隐含的远期利率（即式（4.1）），从而使得双方的协议价值为 0。这意味着无须成本就可获得 FRA 合约，成为合约多头或空头。但在 FRA 签订以后，协议利率已经不能变化，多空双方的 FRA 价值将随着合理远期利率的变化而变化。

考虑 t 时刻的一份 FRA，名义本金为 M，多空双方约定的远期期限起点和终点分别为 T 和 T^*，协议利率为 R_K。假设 t 时刻 $T \times T^*$ 期限的合理远期利率为 R_t^{T,T^*}，如果 $R_K = R_t^{T,T^*}$，多空双方约定未来按照合理的远期利率计息，这是一份公平的零和合约，合约价值就为 0；但如果 $R_K \neq R_t^{T,T^*}$，合约价值就不再等于 0，对于 FRA 多头（即支付固定利息的一方）而言，利息差异的现值就是这份合约对她的价值：如果 R_K 和 R_t^{T,T^*} 均为普通复利利率，多头的合约价值公式为

$$\frac{M}{m} \cdot (R_t^{T,T^*} - R_K) \cdot B_t^{T^*} \tag{4.2}$$

式中：m 是 R_K 和 R_t^{T,T^*} 的年复利次数，$B_t^{T^*}$ 是 t 时刻剩余期限为 $T^* - t$ 的贴现因子。如果 R_K 和 R_t^{T,T^*} 均为连续复利利率，则合约价值公式为

$$(Me^{R_t^{T,T^*} \cdot (T^* - T)} - Me^{R_K \cdot (T^* - T)}) \cdot B_t^{T^*} \tag{4.3}$$

注意两个问题：第一，FRA 多头是支付固定利息的一方，$R_t^{T,T^*} > R_K$ 时多头获利，$R_t^{T,T^*} < R_K$ 时多头亏损，空头正好与之相反；第二，按照惯例，FRA 的利息是在贷款期末支付的，所以息差要从 T^* 时刻贴现至定价时刻。

式（4.2）或式（4.3）适合于任何远期利率协议价值的计算。例如，当 $R_K = R_t^{T,T^*}$ 时，FRA 价值为零；又如，当 FRA 到期时，$R_T^{T,T^*} = R_T^{T^*}$，即 T 时刻的期限 $T^* - T$ 的即期利率，FRA 价值就等于协议利率与实际即期利率息差的贴现，也就是多空双方到期时的结算金额。

第二节 欧洲美元期货

欧洲美元①期货在芝加哥商品交易所(Chicago Mercantile Exchange,CME)交易,是约定未来特定时刻的3个月期美元 LIBOR 利率水平的期货合约,是全球短期利率期货中交易最活跃的品种之一。

可以看出,欧洲美元期货约定的是"期货利率",但其和前一节介绍的远期利率协议本质上是一致的,都是在当前时刻提前约定从未来一个时点到另一个时点之间的利率。因此在第一节中介绍的 FRA 定价原理,也基本适用于欧洲美元期货。但远期利率在远期市场上形成,期货利率在期货市场上形成,市场机制有所不同。因此本节我们主要介绍欧洲美元期货的运行机制和基本特征,再对远期利率协议和欧洲美元期货进行比较。

一、欧洲美元期货的合约设计

对于初次接触者,欧洲美元期货的合约设计略有点难以理解。表 4.2 列出了 CME 欧洲美元期货合约的主要条款。表 4.3 则给出了 2019 年 8 月 23 日该合约的行情。下面我们结合表 4.2 和表 4.3 对欧洲美元期货合约的主要运作机制进行解释。

表 4.2 CME 交易的欧洲美元期货合约主要条款

合约规模	2 500 美元×合约 IMM 指数
报价	合约 IMM 指数 = 100−R R = 合约到期月份第三个周三进行现货结算的 3 个月期美元 LIBOR 水平
点数	1 个利率基点 = 0.01% = 0.01 价格点 = 25 美元/份合约
最小变动价位	即将到期合约:0.002 5% = 0.002 5 价格点 = 6.25 美元/份合约 其他合约:0.005% = 0.005 价格点 = 12.5 美元/份合约
交易月份	40 个 3 月季度循环月份以及不在 3 月循环中距离当前最近的四个序列月份
交易时间	美国中部时间周日至周五 17:00—16:00
最后交易日与结算日	到期月第三个周三往回数的第二个伦敦银行工作日伦敦时间上午 11:00(芝加哥时间上午 5:00)
结算方式	根据到期结算日伦敦时间上午 11:45 公布的 3 个月期美元 LIBOR 进行现金结算。最后结算价将四舍五入至小数点后 4 位,即 0.000 1%,对应着每份合约 0.25 美元

---

① 所谓"欧洲美元",是指存放于美国境外的非美国银行或美国银行境外分支机构的美元存款,其利率长期主要基于美元 LIBOR。

86

第一,欧洲美元期货的报价机制较为特别。尽管标的是未来到期时刻的 3 个月期美元 LI-BOR,期货的交易价格本应为期货利率,但欧洲美元期货并不报出期货利率,而是报出与期货利率反向变动的 IMM 指数。如表 4.2 所说明的,IMM 指数定义为 $100-R$,期货利率隐含在报价中。以表 4.3 第一行的报价为例,将于 2019 年 9 月到期的欧洲美元期货收盘价(IMM 指数)为 97.977 5,这意味着对应的年化期货利率为 2.022 5%。

表 4.3   2019 年 8 月 23 日 CME 欧洲美元期货结算价

Month	Open	High	Low	Last	Change	Settle	Estimated Volume	Prior Day Open Interest
SEP 19	97.925 0	97.995 0	97.917 5	97.977 5	+0.045 0	97.980 0	422 575	1 356 165
OCT 19	98.005 0	98.075 0	97.990 0	98.065 0	+0.055 0	98.070 0	26 832	154 920
NOV 19	98.100 0	98.185 0	98.080 0	98.175 0	+0.070 0	98.180 0	20 578	91 482
DEC 19	98.125 0	98.225 0	98.100 0	98.210 0	+0.085 0	98.220 0	458 194	1 902 651
JAN 20	98.215 0	98.340 0B	98.215 0	98.340 0B	+0.095 0	98.335 0	1 423	8 779
FEB 20	—	—	—	—	+0.095 0	98.435 0	0	0
MAR 20	98.385 0	98.505 0	98.350 0	98.475 0	+0.095 0	98.490 0	371 946	1 327 631
JUN 20	98.500 0	98.635 0	98.465 0	98.600 0	+0.100 0	98.615 0	351 728	1 184 940
SEP 20	98.595 0	98.730 0	98.555 0	98.690 0	+0.100 0	98.705 0	290 512	1 165 424
DEC 20	98.610 0	98.755 0	98.570 0	98.705 0	+0.100 0	98.725 0	287 763	1 141 976
MAR 21	98.690 0	98.830 0	98.640 0	98.785 0	+0.100 0	98.800 0	250 210	789 150
JUN 21	98.695 0	98.840 0	98.655 0	98.795 0B	+0.100 0	98.810 0	267 570	825 984
SEP 21	98.695 0	98.835 0	98.655 0	98.790 0B	+0.095 0	98.805 0	168 250	560 615
DEC 21	98.680 0	98.810 0	98.635 0	98.765 0	+0.090 0	98.780 0	133 369	590 910
MAR 22	98.675 0	98.805 0	98.630 0	98.765 0	+0.085 0	98.775 0	128 111	445 675
JUN 22	98.655 0	98.785 0	98.615 0	98.745 0	+0.090 0	98.760 0	113 289	328 303
SEP 22	98.640 0	98.770 0	98.600 0	98.730 0	+0.090 0	98.745 0	78 071	335 690
DEC 22	98.620 0	98.750 0	98.575 0	98.710 0	+0.085 0	98.720 0	83 747	223 842
MAR 23	98.615 0	98.740 0	98.570 0	98.705 0	+0.090 0	98.715 0	65 352	264 580
JUN 23	98.600 0	98.725 0	98.555 0	98.690 0	+0.090 0	98.700 0	49 371	122 631
SEP 23	98.580 0	98.710 0	98.540 0	98.675 0	+0.090 0	98.685 0	37 138	99 040
DEC 23	98.565 0	98.690 0	98.515 0	98.655 0	+0.090 0	98.660 0	50 068	64 147
MAR 24	98.550 0	98.670 0	98.500 0	98.635 0	+0.095 0	98.645 0	25 555	57 117
JUN 24	98.525 0	98.645 0	98.475 0	98.610 0	+0.095 0	98.625 0	28 854	38 603
SEP 24	98.475 0	98.625 0	98.460 0A	98.590 0	+0.095 0	98.605 0	1 179	9 777

Month	Open	High	Low	Last	Change	Settle	Estimated Volume	Prior Day Open Interest
DEC 24	98. 450 0	98. 600 0	98. 435 0	98. 575 0A	+0. 090 0	98. 575 0	492	8 460
MAR 25	98. 430 0	98. 570 0B	98. 410 0A	98. 560 0A	+0. 090 0	98. 555 0	563	3 561
JUN 25	98. 410 0	98. 540 0B	98. 405 0A	98. 540 0B	+0. 090 0	98. 535 0	327	2 131
SEP 25	—	—	—	—	+0. 090 0	98. 510 0	14	615
DEC 25	—	—	—	—	+0. 090 0	98. 475 0	12	719
MAR 26	—	—	—	—	+0. 090 0	98. 455 0	0	392
JUN 26	—	—	—	—	+0. 090 0	98. 430 0	0	286
SEP 26	—	—	—	—	+0. 090 0	98. 405 0	0	112
DEC 26	—	—	—	—	+0. 090 0	98. 380 0	0	142
MAR 27	—	—	—	—	+0. 090 0	98. 365 0	0	97
JUN 27	—	—	—	—	+0. 090 0	98. 355 0	0	25
SEP 27	—	—	—	—	+0. 090 0	98. 345 0	0	122
DEC 27	—	—	—	—	+0. 090 0	98. 320 0	0	31
MAR 28	—	—	—	—	+0. 090 0	98. 310 0	0	1
JUN 28	—	—	—	—	+0. 090 0	98. 295 0	0	0
SEP 28	—	—	—	—	+0. 090 0	98. 285 0	0	0
DEC 28	—	—	—	—	+0. 090 0	98. 260 0	0	1
MAR 29	—	—	—	—	+0. 090 0	98. 240 0	0	1
JUN 29	—	—	—	—	+0. 090 0	98. 230 0	0	0
Total							3 713 093	13 106 728

注:Month 为合约月份,Open、High、Low、Last 和 Settle 分别为当天开盘、最高、最低、收盘和结算价,Change 为当日相较于上一交易日结算价的变化。Estimated Volume 是估计交易量,CME 官方网站上公布的交易量数据仅供即时参考,并非最后核定的精确数据。Prior Day Open Interest 是前一天的未平仓合约数。

数据来源:CME 集团网站。

第二,欧洲美元期货的盈亏计算相当便捷。根据合约设定,期货利率 1 个基点的变化对应着期货价格 0.01 的变化,进一步对应着每份合约盈亏 25 美元。这是因为如表 4.2 所示,CME 将欧洲美元期货的合约规模设定为令每张合约的价值等于

$$2\ 500 \times \text{IMM 指数} = 2\ 500 \times (100 - R) \tag{4.4}$$

仍然以表 4.3 中的第一行为例,价格变化为 +0.045,这一价格变化会给该合约多头(空头)带来 112.5 美元/份合约的盈利(亏损)。

第三,欧洲美元期货采用现金结算方式直接计算差价,并不贴现。假设 2019 年 9 月合约到期时的实际 3 个月美元 LIBOR 为 2.166 23%,对应的到期结算价格为 97.833 8。不考虑期货持

仓期间的每日盯市结算[①],在 2019 年 8 月 23 日以 97.977 5 买入(卖出)2019 年 9 月欧洲美元期货合约者将亏损(盈利)0.143 7 价格点,即

$$14.37 \times 25 = 359.25 \text{ 美元/合约}$$

第四,欧洲美元期货的可交易期限品种丰富,最长可达 10 年。如表 4.2 所示,欧洲美元期货的交易月份包括长达 10 年的 3 月季度循环月份与非 3 月循环中距离当前最近的 4 个序列月份(serial months);也就是说,总有 44 个到期品种同时可供交易。以表 4.3 中 2019 年 8 月 23 日为例,由于 2019 年 8 月份合约已经到期(8 月 19 日到期),当天可交易的到期月份包括从 2019 年 9 月到 2029 年 6 月为止的 40 个季度月份,以及 2019 年 10 月、11 月和 2020 年 1 月、2 月共 4 个序列月份。从表 4.3 也可以看出,每天并不是所有月份合约都有成交量。总体来说,季度月份的交易比序列月份的交易活跃,短期月份的交易比长期月份的交易活跃。

从上述合约设定可以看出,首先,一个希望从利率上升(下降)中获利的投资者,应卖出(买入)欧洲美元期货,这一交易方向和远期利率协议是相反的:希望从利率上升(下降)中获利,应成为远期利率协议的多头(空头);其次,欧洲美元期货的基点价格值(即 3 个月期 LIBOR 一个基点的变化引起的合约价值变动)为 25 美元。这意味着,如果 3 个月期 LIBOR 每上升一个基点,会引起已有固定收益组合亏损 1 万美元,那么卖出 400 张欧洲美元期货可以对冲这一风险。

二、欧洲美元期货的定价

从上述分析中我们可以看到,尽管报价方式不同,欧洲美元期货与 FRA 是相当类似的,其本质都是对期货/远期利率的约定,都锁定了未来一定期限的利率。如果其他条件一样,对于 1 年以下的到期期限,这两种合约几乎可以被认为是相同的,欧洲美元期货中隐含的期货利率可以认为近似地等于对应的远期利率。但对于更长期限的期货合约和远期合约来说,它们之间在交易机制上的差异就不能忽略了。具体来看主要有两个差异:

(1)远期利率协议一次性到期,而欧洲美元期货每日盯市结算且有严格的保证金要求;

(2)假设远期利率协议和欧洲美元期货合约的到期日均为 T 时刻,而约定的未来计息期限均为 $T^* - T$,远期利率协议的计息以计息期末(即 T^* 时刻)为准,而欧洲美元期货的利息结算则以计息期初 T 时刻为准。

这两个差异,尤其是第一个差异的存在,导致了长期[②]的远期利率与期货利率不能简单认为是相等的[③]。

最后,由于期货市场每天盯市结算,意味着期货合约价值每天交易结束之后都通过结算归零,因此一般不讨论期货合约的价值。

[①] 期货的盯市结算是指在每日期货交易结束后,交易所与清算机构会按照每日确定的结算价计算每个交易者的浮动盈亏并相应调整其保证金账户。理论上,盯市结算只是将长期的持仓盈亏分割为每天实现,本质上不影响整体盈亏。但盯市结算之后,投资者保证金余额超额者可以取现,保证金余额不足者则需要补充保证金,未及时补足者会被强制平仓,这可能会引起利息差异或者提前结束期货头寸。具体期货交易规则可参见郑振龙和陈蓉(2020)。

[②] 这里的长期是指远期利率或期货利率的未来计息起始时刻 T 距离当前时刻较久。

[③] 一般认为,期货利率与远期利率之间存在一个凸性调整项的差异,由于超出本书范围,此处不再详述,感兴趣的读者可以扫描本段旁的二维码,查看加拿大多伦多大学约翰·赫尔(John Hull)教授就这个问题制作的技术说明(technical note)。

三、远期利率协议与欧洲美元期货的比较

与其他产品的远期和期货一样,远期利率协议和欧洲美元期货在本质上是相同的,这两个产品中的关键价格要素——远期利率与期货利率在本质上也是相同的。但从远期利率协议和欧洲美元期货的介绍可以看出,不同的交易制度安排使得它们之间出现了一定的差异,主要体现在:

第一,远期利率协议报出的是远期利率,而欧洲美元期货报出的通常并非期货利率,而是与期货利率反向变动的特定价格,期货利率隐含在报价中;

第二,由于上述区别,欧洲美元期货结算金额为期货到期 T 时刻(即期货计息期初)协议价与市场价的差别,远期利率协议的结算金额则为 T^* 时刻(即远期计息期末)利差的贴现值;

第三,欧洲美元期货存在保证金和每日盯市结算要求,加上结算金额计算方式的不同,这进一步使得其他条件相同的远期利率与期货利率在水平上存在一定的差异;

第四,由于多头总是规避价格上升风险的交易者,因此第一点差异决定了在远期利率协议中的多头是规避利率上升风险的一方,而欧洲美元期货的多头则是规避期货价格上升风险,即规避利率下跌风险的一方。

四、SOFR 期货

正如我们在第一章中介绍的,LIBOR 将逐步退出历史舞台。2018 年 4 月 3 日,纽约联储与美国财政部的金融研究办公室开始合作发布新的基准利率——有担保隔夜融资利率(SOFR)。之后,CME 于同年 5 月 7 日推出 SOFR 期货。如表 4.4 所展示,除了标的利率和基点价格值有所差异,SOFR 期货的基本机制与欧洲美元期货相同。

表 4.4　CME 交易的 SOFR 期货合约主要条款

品种	1 个月 SOFR 期货	3 个月 SOFR 期货
合约规模	4 167 美元×合约 IMM 指数	2 500 美元×合约 IMM 指数
报价	合约 IMM 指数 = 100-R R = 合约到期月份 SOFR 算术平均	合约 IMM 指数 = 100-R R = 合约参考季度 SOFR 几何平均 合约参考季度:交割月前第 3 个月第 3 个周三到(不含)交割月第 3 个周三
点数	1 个利率基点 = 0.01 价格点 = 41.67 美元/合约	1 个利率基点 = 0.01 价格点 = 25 美元/合约
最小变动价位	最近交割合约:0.002 5 价格点 = 10.417 5 美元/合约 其他合约:0.005 价格点 = 20.835 美元/合约	最近 4 个合约:0.002 5 价格点 = 6.25 美元/合约 其他合约:0.005 价格点 = 12.50 美元/合约

品种	1 个月 SOFR 期货	3 个月 SOFR 期货
交易月份	13 个序列月份	39 个连续季月
交易时间	美国中部时间周日至周五:17:00-16:00(每天休息 60 分钟)	
最后交易日与结算日	合约月份最后一个工作日	合约交割月份第 3 个周三之前的工作日
结算方式	现金结算	
最终结算最小变动价位	0.001 价格点	

4-4 二维码链接

美国芝加哥商品交易所 SOFR 期货推出的第一年

第三节　债券远期

债券远期就是约定在未来某一日期以约定价格和数量买卖标的债券的协议。中国市场上的债券远期业务起步于 2005 年 6 月,只能通过全国银行间同业拆借中心交易系统进行,标的券包括已在全国银行间债券市场进行现券交易的国债、央行票据、金融债券和经中国人民银行批准的其他债券券种,远期期限最长不能超过 365 天。

4-5 二维码链接

中国人民银行公告〔2005〕第 9 号(全国银行间债券市场债券远期交易管理规定)

与所有远期合约一样,债券远期的定价包含两个方面:第一,确定合约中的合理协议价格,我们称之为"远期价格";第二,确定远期合约的价值,称为"远期价值"。

(一)远期价格的确定

在假设市场无摩擦的情况下,远期价格遵循"持有成本(cost of carry)模型"。根据该模型,t 时刻,一个到期时刻为 T 的远期价格应满足

$$t \text{ 时刻远期价格} = t \text{ 时刻现货价格} + t \text{ 到 } T \text{ 之间的现货持有成本} \tag{4.5}$$

否则就可能存在无风险套利机会。其中,

$$现货持有成本 = 现货资金成本 + 现货储藏成本 - 现货的确定性收益 \tag{4.6}$$

这里的现货资金成本就是购买现货所需承担的无风险利息,现货储藏成本则是诸如储存现货所需的存储成本,现货的确定性收益就是债券在期货有效期内发放的票息,等等。

例 4.2 有助于直观理解上述定价原理。

91

例 4.2　持有成本定价法

假设债券 A 下一次付息日在 9 个月后,目前现货全价 101 元,市场上的 6 个月无风险利率为 2.6%(连续复利)。一个以债券 A 为标的的 6 个月期债券远期合约,如果不考虑市场摩擦的影响,合理的远期价格应为多少?

根据式(4.5),6 个月期债券远期价格应为现货价格加上 6 个月内的债券 A 持有成本。由于债券没有储藏成本,这个例子中的债券 A 在 6 个月内不付息,在远期到期之前债券 A 的现货持有成本仅包含资金成本,因此当前时刻的合理远期价格应为现货价格按 2.6% 计息至 6 个月后的终值,即

$$101 \times e^{2.6\% \times 0.5} \approx 102.32(元)$$

如果该远期合约的协议价格不等于 102.32 元,立即可进行套利。假设协议价格等于 105,则可以按 2.6% 借入 6 个月期的贷款 101 元,买入债券 A 现货,然后按协议价格 105 卖出债券远期合约。6 个月后远期到期,将手中的现货债券交割后按合约约定可获得 105 元,其中 102.32 用于偿还贷款,可获得无风险利润 2.68 元。反之,如果合约协议价格为 100 元,则可以借入债券 A,按现货价格 101 元出售,获得的现金立刻投资于无风险资产,投资期 6 个月,同时按 100 元签订远期合约,约定半年后按 100 元买债券 A。6 个月后远期到期时按约定支付 100 元获得债券 A 并将其偿还(这里将借券成本归入交易费用,暂不考虑),同时在无风险投资上收入终值 102.32 元,从而将获得无风险利润 2.32 元。

换一个角度,我们也可以从直觉上理解为何 102.32 是合理的远期价格。如果一个投资者希望在 6 个月后拥有债券 A,有两个途径可以实现这一目的:今天以 101 元的全价买入现货并持有至 6 个月后;今天签订 6 个月期的远期合约,约定 6 个月后以远期协议价格买入债券 A。显然这两个途径的投资成本应该相同,市场才是公平合理的。远期合约的投资成本就是协议价格(到期时支付),而现货的投资成本则等于今天支付的现货全价(101 元)加 6 个月的现货持有成本(本例中为 1.32 元的资金成本),因此远期价格就应该等于现货价格与持有成本之和(102.32 元)。

例 4.2 可以揭示如下结论:

第一,远期定价是典型的相对定价:在例 4.2 中,我们并不需要了解债券 A 的具体信息(例如债券剩余期限),就可以为债券 A 的远期定价。这是因为远期是现货的衍生品,远期与现货之间存在着由远期合约事先约定的内在关系。这使得在远期定价时,我们无须关心现货的绝对价格是如何确定的,而只需要利用现货和远期之间的内在相对关系,在给定现货价格的基础上为远期进行相对定价。式(4.5)所定义的,显然是现货和远期价格的相对关系。

第二,远期定价是无套利定价:在例 4.2 中,只要远期的协议价格高于 102.32,套利者就会买现货卖远期进行套利;反之,只要远期的协议价格低于 102.32,套利者就可以通过卖空现货买入远期进行套利。在一个可套利的市场上,套利行为会驱动远期协议价格动态调整至合理的无套利均衡状态,这一价格就是无套利均衡价格。

第三,远期价格是当前时刻的价格:虽然远期合约约定的是未来远期到期时刻的交割价格,但这一价格是当前约定的,因此仍然是当前时刻形成的价格,是当前时刻的信息。当然,随着时间的推移和信息的变化,合理的远期价格也会随之变化,直至到期。事实上,无论是远期、期货、互换还是期权或其他衍生品,尽管是关于未来的约定,但每个时刻形成的衍生品价格都是当前时刻的价格,例如我们在第二章中曾经强调过,每个时刻的远期利率都是从当时的即期利率期限结构中推出来的,它与即期利率其实具有同样的信息。

第四,当市场可以进行套利时,远期价格不是人们对未来到期价格的无偏预期。关于远期价格和市场预期的关系,长期以来存在着广泛的误解和困惑,以下三点有助于清晰认识:① 在无套利条件下,远期价格不等于人们对未来的预期。根据式(4.5),无套利的远期价格始终等于该时刻的现货价格加上远期期限内的现货持有成本,难道市场对未来现货价格的预期一定等于这一数值吗? 显然是不可能的。市场对未来现货价格的期望值通常还需要考虑所承担的风险以及相应的风险溢酬,这在无套利的远期价格中并未体现。② 市场预期的变化必然会反映在远期价格的变化上。在一个有效率的市场上,市场预期未来价格上升时,远期和现货价格都会上升;反之则都会下降。也就是说,远期和现货价格都会反映市场预期,并不是只有远期有这一特殊功能。③ 如果套利受到限制,基于无套利均衡的式(4.5)就不再成立①。

第五,如果考虑交易费用和借贷利差等市场摩擦的影响,只要市场是无套利的,持有成本定价原理仍然成立,只是无套利远期价格就不再是如式(4.5)计算得到的一个确定的值,而将会是一个无套利区间②。

第六,为了便于应用,本书将式(4.5)和式(4.6)用连续复利来表达。当标的资产在远期存续期内没有任何收益和保存成本时,远期定价公式可以写为

$$F_t^T = S_t e^{R_t^T \times (T-t)} \tag{4.7}$$

式中:F_t^T 为 T 时刻到期的远期合约在 t 时刻的合理的远期价格,S_t 为远期合约标的债券现货在 t 时刻的价格(全价),R_t^T 为对应期限的无风险即期利率。当标的债券在远期存续期内有现金收益和(或)现金储藏成本时,远期定价公式为

$$F_t^T = (S_t - I_t) e^{R_t^T \times (T-t)} \tag{4.8}$$

式中:I_t 为远期期限内标的债券现金收益以无风险利率贴现至 t 时刻的现值,如果是现金成本,则 I_t 为负值。由于债券现货常常会支付现金票息,债券远期定价多使用式(4.8);当标的资产在远期期限内的收益或成本是以连续收益率 q 来体现时,远期定价公式为

$$F_t^T = S_t e^{(R_t^T - q) \times (T-t)} \tag{4.9}$$

式(4.7)至式(4.9)的证明过程较为复杂,感兴趣的读者可参见郑振龙与陈蓉(2020)。

(二)远期价值的确定

与 FRA 合约价值的确定相似,债券远期的合约价值 f_t^T 等于合理远期价格 F_t^T 与协议价格 K 的差异的现值。对多头而言,债券远期合约价值为

---

① 关于期货价格与当前现货价格、预期价格关系的详细分析,感兴趣的读者可以参见郑振龙和陈蓉(2020)第三章。

② 由于衍生品不是本书重点,这个部分就不再展开,感兴趣的读者可以参见郑振龙和陈蓉(2020)第三章。

$$f_t^T = \left[F_t^T - K \right] \cdot e^{-R_t^T \times (T-t)}$$

分别代入式(4.7)至式(4.9)可以得到,在远期期限内标的债券无收益、有现金收益和有连续收益率的三种情形下,远期合约价值公式分别为

$$f_t^T = S_t - K e^{-R_t^T \times (T-t)}$$

$$f_t^T = S_t - I_t - K e^{-R_t^T \times (T-t)}$$

$$f_t^T = S_t e^{(-q) \times (T-t)} - K e^{-R_t^T \times (T-t)}$$

第四节　国债期货

从本质上说,国债期货是债券远期的期货版本,就是在今天的期货市场上,约定特定国债在期货到期时刻的价格。如果期货到期时国债的实际价格高于约定价格,多头盈利;反之则空头盈利。上一节关于债券远期的定价和分析都可以作为国债期货的分析基础。

但国债期货的交易机制设计比债券远期复杂,其中最重要的设计是:国债期货的标的资产不唯一。为防止标的体量太小导致期货易被操纵,全球市场上的国债期货通常都约定只要是满足特定特征的类似债券就都可用于期货交割①。但是,由于每个时刻市场上只能报出一个期货价格,相应引出了"标准券"和"转换因子"等概念。进一步,国债期货合约规定期货空方拥有"择券期权"(即在众多可交割券中选择哪一个债券进行交割的权利)和择时期权(即在进入交割月后具体选择哪一天进行交割的权利),这进一步加大了理解难度。

除此之外,比较容易引起混淆和失误的地方还有:第一,国债期货采用与现货相同的净价报价、全价交割机制,但债券现货的应计利息是交易当天的应计利息,而国债期货的应计利息是期货到期交割时的应计利息。第二,国债期货的标的债券经常出现在期货合约期限内付息的现象,也就是说,通常需要采用式(4.8)定价,这与应计利息问题交织在一起,容易给初次接触者造成困扰。

中国的国债期货在中国金融期货交易所(简称中金所)交易,包括短(2年期)、中(5年期)、长期(10年期)三种。我们以最早(2013年)推出的5年期国债期货为例,介绍国债期货的市场机制和基本原理。

表4.5给出了中金所5年期国债期货合约的主要条款。可以看到,中金所5年期国债期货合约的名义标的资产是面值100万元、票面利率为3%的名义中期国债,实际可交割券则是发行期限不高于7年、合约到期月份首日剩余期限为4～5.25年的记账式附息国债。其合约月份为最近三个季月。例如,2019年2月18日,在中金所交易的就有分别于2019年3月、2019年6月和2019年9月到期的中期国债期货合约。下面我们循序渐进地加以介绍。

---

① 这是中国2013年版国债期货和1992年版国债期货合约设计的最大不同。2013年中国金融期货交易所借鉴国外成功经验,通过增加可交割国债的种类,来防止现货体量太小期货易被操纵的现象重演。

表 4.5　中金所交易的 5 年期国债期货合约主要条款

合约标的	面值为 100 万元人民币、票面利率为 3% 的名义中期国债
可交割国债	发行期限不高于 7 年、合约到期月份首日剩余期限为 4~5.25 年的记账式附息国债
报价方式	百元净价报价
最小变动价位	0.005 元
合约月份	最近的三个季月（3 月、6 月、9 月、12 月中的最近三个月循环）
交易时间	09:15—11:30,13:00—15:15
最后交易日交易时间	09:15—11:30
每日价格最大波动限制	上一交易日结算价的 ±1.2%
最低交易保证金	合约价值的 1%
最后交易日	合约到期月份的第二个星期五
最后交割日	最后交易日后的第三个交易日
交割方式	实物交割
交易代码	TF
上市交易所	中国金融期货交易所

资料来源：中国金融期货交易所。

4-6 二维码链接
中国金融期货交易所国债期货主页

一、国债期货的全价与净价

国债期货的报价方式与现货相同,都是以净价报出每 100 元面值债券的价格。然而与现货价格中使用当天（或下一工作日）应计利息不同,国债期货中使用的是期货到期交割日的应计利息。原因在于应计利息指的是交割时（即债券持有者发生更替时）的应计利息。现货交割通常发生在交易的同一个或下一个工作日,因此采用的是交易当天（或下一个工作日）的应计利息①。而国债期货交易时仅签订合约,交割发生在到期时刻,自然应采用到期交割日的应计利息。具体来说,中金所规定进入交割月后到最后交易日之前,国债期货空头随时可以进行交割意向申报。国债期货的应计利息以交割意向申报日之后第二个工作日为基准计算。为易于表达,本书将期货应计利息的基准日称为"配对缴款日"。例 4.3 可以帮助更好地理解这一区别。

---

① 方便起见,本书中现券的应计利息均以 $T+0$ 计算。

2019 年 2 月 18 日,将于 2024 年 3 月 16 日到期,息票利率为 3.2%、一年支付一次利息的 2017 年记账式附息(六期)国债(银行间市场代码为 170006)报价为 101.174 8 元。从到期日和付息频率可以判断,该债券的上一个付息日是 2018 年 3 月 16 日,下一个付息日是 2019 年 3 月 16 日。由于 2018 年 3 月 16 日到 2019 年 2 月 18 日共 339 天,整个计息期间(2018 年 3 月 16 日到 2019 年 3 月 16 日)为 365 天,因此 2019 年 2 月 18 日,该债券每 100 元面值的应计利息等于

$$3.20 \times \frac{339}{365} \approx 2.972\ 1(元)$$

相应地国债 170006 现货交割时交收的全价为

$$101.174\ 8 + 2.972\ 1 = 104.146\ 9(元)$$

同一天,在中金所交易的将于 2019 年 6 月到期的 5 年期国债期货合约 TF1906 收盘报价为 99.415 元。国债 170006 在 TF1906 合约中的转换因子为 1.008 6。根据中金所的规定,这意味着在 TF1906 合约中,国债 170006 对应的期货净价等于①

$$99.415 \times 1.008\ 6 = 100.269\ 969\ 0(元)$$

如果要计算在 TF1906 合约中国债 170006 对应的期货全价,首先需要判断配对缴款日。假设 2019 年 6 月 14 日为交割意向申报日,则配对缴款日为 2019 年 6 月 18 日,期货应计利息以此基准计算。在这一天,国债 170006 的上一个付息日是 2019 年 3 月 16 日,下一个付息日是 2020 年 3 月 16 日。2019 年 3 月 16 日到 2019 年 6 月 18 日之间的天数为 94 天,整个计息期间(2019 年 3 月 16 日到 2020 年 3 月 16 日)的天数为 366 天,这意味着 2019 年 6 月 18 日,国债 170006 每 100 元面值的应计利息等于

$$3.20 \times \frac{94}{366} \approx 0.821\ 857\ 9(元)$$

这样,2019 年 2 月 18 日国债 170006 在 TF1906 中对应的期货全价应为

$$100.269\ 969\ 0 + 0.821\ 857\ 9 \approx 101.091\ 826\ 9(元)$$

从例 4.3 可以看出,国债现货每天的应计利息都会变化,现货的净价仅用于报价,而现货交割和计算盈亏时使用的都是全价。国债期货合约的应计利息则要取决于具体的标的债券和配对缴款日,标的债券不同或是配对缴款日不同,国债期货的应计利息就不同。一旦确定标的债券和配对缴款日,国债期货的应计利息是不变的。例如对于例 4.3 中的 TF1906 合约,一旦确定标的债券为国债 170006 且配对缴款日为 2019 年 6 月 18 日,这一期货合约的应计利息将始终等于 0.821 857 9 元。国债期货的应计利息只有在期货交割等少数时候才用到;在期货交割之前,期货交易报价、计算期货交易盈亏、盯市结算时使用的都是期货净价。

---

① 中金所规定应计利息等计算四舍五入至小数点后 7 位。

二、可交割券、标准券与转换因子

在例 4.3 中我们已经初步涉及了转换因子。接下来我们对相关问题做详细解释。

中金所规定,期货空方可以选择发行期限不高于 7 年、合约到期月份首日剩余期限为 4~5.25 年的任何记账式附息国债用于交割。当一个国债期货合约开始上市交易时,在当时市场上有哪些券满足可交割条件显然是已知的,因此中金所会统一公布该合约的可交割券名单。在国债期货的期限内,已知的可交割券不会减少,但可能因为财政部发行的新券满足该合约的交割条件而增加,中金所会在该国债上市交易日(含)之前公布将其纳入可交割券范围。例如,2019 年 2 月 18 日,将于 2019 年 6 月到期的 5 年期国债期货合约 TF1906 的可交割券共有 5 只。2019 年 4 月 11 日,国债 190004 完成招标发行。由于满足条件,中金所在同一天公告其成为 TF1906 的可交割券,TF1906 的可交割券数量增至 6 只。

引入多种可交割券之后,由于各债券的息票率和期限各有不同,为使不同可交割券价值具有可比性,交易所引入了标准券和转换因子(conversion factor)的概念。按中金所的规定,国债期货标准券有四大特征:第一,标准券是一种虚拟国债:这使得标准券不易受到真实市场变化的影响,更适合作为基准。第二,该券在交割月时①的剩余期限为 5 年整:标准券在交割月的剩余期限满足可交割券期限,并且为整数年,这意味着标准券在期货交割月没有应计利息,全价和净价相等。第三,票面利率为 3%:中金所研究发现,中国的中期国债利率水平基本在 3% 上下浮动,因此将虚拟标准券的票面利率设定为 3%,一方面具有代表性,另一方面,如果以 3% 贴现,这个虚拟标准券将成为平价债券;结合上一个特征可以看出,如果在交割月用 3% 贴现率为标准券定价,标准券的净价和全价将会都等于 100 元面值,从而便于作为各个真实可交割券的衡量标准,当然,如果未来市场的利率中枢发生了变化,中金所可以对标准券的息票率进行调整并公布。第四,面值 100 万:这是一份 5 年期国债期货合约的规模,我们可以将之理解为一份合约对应着 1 万张面值 100 的国债。可以看到,这些特征,都是围绕着标准券能更好地作为各个真实可交割券的衡量基准而设计的。

在此基础上,同样用 3% 的年化到期收益率计算各个真实可交割券在交割月的净价,与 100 的比值就是各个债券的转换因子。这是因为,影响债券价格的三大因素是:定价时刻、贴现率和债券特征。现在,我们在同样的定价条件下为标准券和各真实可交割券定价:同样的定价时刻(都在交割月定价)、同样的贴现率(都为 3%),这样,各个债券的价格之比就能较好地反映债券自身的差异,反映它们之间的价格对比转换关系。

例如,如果 A 债券用 3% 的年化到期收益率计算的其在交割月的净价为 105.32,则意味着在同样的定价条件下,交割时刻 A 债券的报价等于标准券的 1.053 2 倍,从而其转换因子就等于 1.053 2;如果 B 债券的计算结果为 98.63,其转换因子就等于 0.986 3。这样就在所有可交割券之间建立起了一致的转换体系,即

$$真实可交割券\ j\ 的转换因子 = \frac{真实可交割券\ j\ 的期货净价}{国债期货标准券净价} \tag{4.10}$$

---

① 中金所规定,在计算标准券和可交割券之间的转换因子时,期限全部近似到月,不考虑具体天数。

国债期货使用标准券期货净价报价,也就是说,市场上看到的国债期货行情价格是标准券的期货净价。将其乘上各债券的转换因子,就转换为各个真实可交割券的期货净价,如我们在例 4.3 中看到的。反过来,如果投资者心目中国债 170006 的合理期货净价应为 101.036 046 2 元,那么在下单时输入的期货价格应为

$$\frac{101.036\ 046\ 2}{1.008\ 6} \approx 101.175$$

例 4.4 展示了转换因子的计算过程,有助于更为深入地理解可交割券、标准券和转换因子。注意,由于国债期货主要使用净价,转换因子是关于净价的转换因子。另外,在计算转换因子时,中金所规定剩余期限近似到月,而不采用具体天数。因此确切地说,在中金所国债期货中,特定可交割券的转换因子等于该券面值 1 元的未来现金流按 3% 的年到期收益率[1]贴现到交割月的价值,再扣掉该债券在交割月的应计利息(按月计算)后的余额。

例 4.4　转换因子的计算

前述代码为 170006.IB 的国债是否属于 5 年期国债期货合约 TF1906 和 TF1909 的可交割券? 如果是,其转换因子分别为多少?

由于 5 年期国债期货合约 TF1906 和 TF1909 的到期月首日分别为 2019 年 6 月 1 日与 2019 年 9 月 1 日,在这两天,国债 170006 的剩余期限分别为 4 年 9 个月零 16 天和 4 年 6 个月零 16 天,因此是这两个国债期货合约的可交割券。

中金所规定计算转换因子时取整数月份,因此将 16 天舍去。根据转换因子的定义,我们首先将国债 170006 每 1 元面值的未来现金流用一年计息一次的年利率 3% 贴现至 2019 年 6 月,得到

$$\sum_{i=0}^{4} \frac{0.032}{(1+3\%)^{i+\frac{9}{12}}} + \frac{1}{(1+3\%)^{4\frac{9}{12}}} = 1.016\ 6(元)$$

然后将其减去 2019 年 6 月的近似应计利息(因为上一个付息日在 2019 年 3 月,按 3 个月计),就得到国债 170006 在国债期货合约 TF1906 中的转换因子为

$$1.016\ 6 - 0.032 \times \frac{3}{12} \approx 1.008\ 6(元)$$

类似地,我们也可以计算国债 170006 在国债期货合约 TF1909 中的转换因子为

$$\sum_{i=0}^{4} \frac{0.032}{(1+3\%)^{i+\frac{6}{12}}} + \frac{1}{(1+3\%)^{4\frac{6}{12}}} - 0.032 \times \frac{6}{12} \approx 1.008\ 2(元)$$

---

[1]　财政部发行的国债有的一年付息一次,有的一年付息两次,如果一年计息一次的到期收益率为 3%,对应等价的一年计息两次的到期收益率应该低于 3%,但中金所并未对此进行区分,统一采用 3% 的年化到期收益率,这成为转换因子误差的一个来源,但其引起的误差很小。

事实上,平时我们并不需要自行确定可交割券及其转换因子。从计算过程可以看出,尽管同一个债券对于不同国债期货合约的转换因子是不同的,但对于给定的国债期货合约,由于哪些券是可交割券是已知的,交割月首日的时间是确定的,贴现率3%也是确定的,这样其可交割券的转换因子就是确定不变的。因此在公布可交割券时,中金所会同时公布其转换因子[①]。这里介绍转换因子的计算过程,是为了更好地理解其原理和优缺点,为后续深入理解国债期货奠定基础。

三、转换因子的运用

转换因子在国债期货中发挥着非常重要的作用,其中最主要的,就是帮助在国债期货的各种价格之间进行转换。下面我们用例4.5来帮助大家理解。

例4.5 国债期货的交割全价

2019年6月14日,5年期国债期货合约TF1906的结算价为99.43元,若期货空方决定用前述国债170006交割1份国债期货合约,请问空方应收到多少现金?

根据中金所国债期货的市场规则,市场上报出的国债期货价格,如这里的99.43元,是"标准券的期货净价"。而本案例希望计算的,是如果采用国债170006进行TF1906合约交割,期货空方应收到(或多方应支付)的现金,我们称之为"可交割券170006的期货全价"。

可以看出,从标准券的期货净价,到可交割券的期货全价,中间需要两个转换:一个是标准券到可交割券的转换;一个是净价到全价的转换。

我们首先运用转换因子实现从标准券期货净价到可交割券期货净价的转换。由于国债170006的转换因子为1.008 6,这意味着该交割券的期货净价应等于标准券期货净价的1.008 6倍,即99.43×1.008 6。

然后,我们再加入国债170006对于TF1906合约的期货应计利息,实现从可交割券期货净价到可交割券期货全价的转换。前文已经介绍过,中金所规定国债期货的应计利息以交割意向申报日之后第二个工作日(配对缴款日)为基准计算。2019年6月14日后的T+2为2019年6月18日。在例4.3中,我们已经计算得到国债170006在2019年6月18日的应计利息为0.821 857 9元。

最后,考虑到一份国债期货合约的面值为100万元,因此每交割一份TF1906合约,期货空方需提交1万张国债170006,相应收到现金

$$10\ 000 \times (99.43 \times 1.008\ 6 + 0.821\ 857\ 9) = 1\ 011\ 069.56(元)$$

---

① 中金所也在其网站上公布了转换因子的计算公式(参见中金所主页),其基本原理与例4.4一致,例4.4计算得到的转换因子与中金所公布的相等。

从例 4.5 中,我们可以总结出各种价格之间的转换关系:

可交割券 j 的期货全价=标准券期货净价×转换因子 j+可交割券 j 的期货应计利息　　(4.11)

也就是说,国债期货市场上的报价,都是标准券期货净价,将其乘以可交割券 j 的转换因子,得到的就是可交割券 j 的期货净价,再加上可交割券 j 的期货应计利息,就是可交割券 j 的期货全价,也就是国债期货空方交割债券 j 将收到的现金。

四、确定交割最合算债券

(一) 空方的择券期权

从理论上说,理想的转换因子应该是债券在交割时刻的实际价格之比,才能保证转换之后所有可交割券之间完全等价。但从例 4.4 可以看出,在转换因子计算过程中存在着如下不足:① 由于事先无法预知可交割券在交割时刻的真实到期收益率,计算转换因子时所有债券简单使用了同一个贴现率 3%,这样,如果可交割券在交割时刻的真实到期收益率大于 3%,用 3% 计算的转换因子显然会高于合理值;反之,如果可交割券在交割时刻的真实贴现率小于 3%,用 3% 计算的转换因子就会低于合理值;② 由于事先无法预知会在交割月的哪个具体时刻交割,在计算转换因子时,中金所规定使用整数月份,这进一步使得转换因子成为一个近似值;③ 在计算转换因子时,中金所对一年支付一次利息和一年支付两次利息的债券都使用 3% 的贴现率,实际上应对计息频率进行转换才能使两个贴现率等价,这也带来了很微小的不精确。

中国国债期货市场上转换因子的最后一点不足可以通过更为精细的计算加以规避,但这一点的影响非常小,真正导致转换因子不完美的是前两点不足,特别是第一点贴现率的影响特别大,而这两点是由于人类无法预知未来而导致的,从本质上说是无法改进的。因此,转换因子的这些不足天然导致不同可交割券之间的转换并不完美公平,必然会出现交割时相对合算和不合算的债券。

相应产生的问题是,交割时如何在多个可能的可交割券中进行选择? 买卖双方的合算与不合算显然是刚好相反的。由于债券市场的流动性较差,期货空方在现货市场上买券进行期货交割的难度较大,因而在国债期货合约中相对处于劣势,容易出现空方被逼仓的现象。基于这一现象,我国与国际市场一致,都规定在交割时由期货空方决定用哪一个券进行交割。换言之,在国债期货中,空方获得了一个"择券期权"①。

(二) CTD 券

由于拥有择券期权,在到期交割时,国债期货空方必然会选择对其来说交割最合算的债券,就是交割成本最低(交割收益最大)的债券。其中交割成本用公式表达为

交割成本=交割券现券报价+现券应计利息-(期货结算价×交割券转换因子+期货应计利息)
　　　　=交割券现券报价-期货结算价×交割券转换因子　　　　　　　　　　(4.12)

在期货交割时,现券和期货的应计利息是(基本)相等的,因此式(4.12)第一行中的两个应计利

---

① 又叫质量期权(quality options)。

息可以相互消去,从而得到第二行的公式。只要对所有可交割券计算式(4.12),具有最小交割成本的债券将是期货空方选择用于交割的债券,因此常常也被称为交割最合算券(the cheapest-to-deliver,或直译为交割最便宜券,简称 CTD 券)。

(三) 准 CTD 券与 IRR

式(4.12)的计算并不复杂,但问题在于,只有到期货交割时我们才能获知交割时的现券报价和期货结算价。这意味着在国债期货交割前,哪个券是真正的 CTD 券,是无法预知的。我们只能退而求其次,根据当时的信息条件判断哪个券未来交割时最可能成为 CTD 券;也就是说,在国债期货到期交割前,我们只能确定准 CTD 券。市场情况变化,准 CTD 券也可能发生变化。

在准 CTD 券的判断上,最常用的规则是:具有最高隐含回购利率(implied repo rate,IRR)的券就是当时条件下的准 CTD 券。如果期货剩余期限内没有遇到债券付息日,t 时刻可交割券 j 的 $IRR_{j,t}$ 被定义为

$$IRR_{j,t} = \frac{t\text{ 时刻锁定的债券 } j \text{ 期货交割全价} - t \text{ 时刻债券 } j \text{ 现货全价}}{t \text{ 时刻债券 } j \text{ 现货全价}} \times \frac{365 \text{ 或 } 366}{T-t} \qquad (4.13)$$

式中:T 表示期货交割日。

可以看出,对期货空方来说,$IRR_{j,t}$ 实际上是这样一种"持有到期策略"的年化收益率:在 t 时刻购买 1 单位现券 j,同时卖空同样数量的国债期货,然后将可交割券 j 持有到 T 时刻交割。在这一策略下,初始投资为 t 时刻的现券全价,交割时收入的是 t 时刻锁定的期货全价[1]

$$t\text{ 时刻锁定的债券 } j \text{ 期货交割全价} = t \text{ 时刻国债期货报价} \times \text{债券 } j \text{ 的转换因子} +$$
$$\text{债券 } j \text{ 在配对缴款日应计利息}$$

对所有可交割券均计算其 IRR,IRR 最大者意味着在 t 时刻的条件信息下,期货空头能锁定的年化收益率最大,因而是 t 时刻条件信息下的最合算债券。事实上,如果 t 等于 T,式(4.13)就与式(4.12)一致了。

在现实中,可交割券在期货剩余期限内经常会遇上付息日,这时 IRR 的计算公式需要加入支付的利息,还需要考虑利息的再投资收入。如果假设期货期限内收到的利息现金流发生在 τ_i 时刻(可能不止一次),并仍以 $IRR_{j,t}$ 利率再投资到期末,IRR 的计算公式应为

$$IRR_{j,t} = \frac{t\text{ 时刻锁定的债券 } j \text{ 期货交割全价} - t \text{ 时刻债券 } j \text{ 现货全价} + \text{期货剩余期限内债券 } j \text{ 付息}}{t \text{ 时刻债券 } j \text{ 现货全价} \times \dfrac{T-t}{365 \text{ 或 } 366} - \sum_i \text{期货剩余期限内债券 } j \text{ 付息}_i \times \dfrac{T-\tau_i}{365 \text{ 或 } 366}}$$

$$(4.14)$$

显然,不同的再投资假设得到的 IRR 公式不会完全相同,但大多情况下差异不太大[2]。

例 4.6 给出了一个计算 IRR 并据此推断准 CTD 券的实际例子。

---

[1]　注意,每日盯市结算的制度使得我们在计算最后期货交割需支付的现金时只需要考虑交割日的结算价(见例 4.5)。但在计算整个持仓期间的期货盈亏时,仍然应从开仓日开始计算盈亏。

[2]　关于式(4.14)的推导以及其他再投资假设下的 IRR 公式,我们放在课后习题中供读者思考和练习。

例 4.6 IRR 与准 CTD 券

2019 年 2 月 18 日,5 年期国债期货合约 TF1906 报价为 99.415 元,共有 5 只可交割券,分别为国债 160020、160025、170006、180016 和 180023(均为一年支付一次利息)。若假设 2019 年 6 月 14 日申请交割,用 IRR 准则判断,哪个券为 2 月 18 日条件信息下的准 CTD 券?

根据当时的市场状况,可以计算各可交割券的 IRR 如表 4.6 所示。

表 4.6　各可交割券的 IRR

债券代码	到期日	息票率	转换因子	现券报价 (元)	期货报价×转换因子 (元)	IRR
160020	2023 年 9 月 1 日	2.75%	0.990 1	99.549 6	98.430 791 5	-0.65%
160025	2023 年 11 月 17 日	2.79%	0.991 3	99.597 4	98.550 089 5	-0.39%
170006	2024 年 3 月 16 日	3.20%	1.008 6	101.174 8	100.269 969 0	+0.43%
180016	2023 年 7 月 12 日	3.30%	1.011 3	101.664 5	100.538 389 5	-0.12%
180023	2023 年 10 月 18 日	3.29%	1.011 5	101.796 5	100.558 272 5	-0.46%

可以看出,在 5 个可交割券中,国债 170006 的 IRR 最高(0.43%),其余可交割券的 IRR 均小于零。因此以 IRR 标准衡量,国债 170006 是 2019 年 2 月 18 日 TF1906 合约的准 CTD 券。

从例 4.6 可以看出,IRR 是事前判断准 CTD 券的重要指标。但在应用时,需要注意以下几个问题:首先,从其计算公式可以看出,IRR 在本质上只是刻画了在 t 时刻条件信息下执行"持有到期"这一特定策略所得到收益最高的债券特征,与该债券未来是否成为真正的 CTD 券并无完全必然的关联,但因为人类在事前无法准确预知未来的实际情况,只能在条件信息下进行分析和预判,IRR 为我们提供了一种逻辑上可接受的判断标准;其次,IRR 仅仅从收益率角度进行筛选,在现实中流动性等也是影响准 CTD 券选择的可能因素,这一点在中国市场上尤其明显。事实上,除了 IRR,还存在着其他判断指标[①]。因此在现实市场中,可能存在不同投资者对准 CTD 券有不同看法的现象。即使到最后交割时,不同空方根据自身具体情况提交的交割券也可能是不同的。

最后,我们来说明 IRR 因何得名。仔细体会前述分析和例子可以看出,如果 $IRR_{i,t}$ 高于交易者的资金成本,理论上就存在套利机会:借钱买入现券 j,卖出期货,锁定收益率为 $IRR_{j,t}$,由于资金成本相对较低,可以获得无风险套利利润。因此在无套利情况下,$IRR_{j,t}$ 应等于 t 时刻的资金成本。由于金融机构的短期资金成本常为回购利率,IRR(隐含回购利率)因此而得名。

---

① 相关分析比较复杂,本书就不再详述。感兴趣的读者可参见陈蓉和葛骏(2015)。该文深入分析了国债期货"准 CTD 券"的两大判断准则:IRR 最大和择券期权价值最小,并对其进行了改进。

（四）准 CTD 券的经验法则

随着市场状况的变化和时间的推移,基于条件信息判断的准 CTD 券可能会随之变化。市场中存在一些经验法则,帮助投资者快速(但不精确)地判断准 CTD 券。其中最常见的包括[1]:

久期法则:到期收益率相同的两个可交割券,如果到期收益率高于 3%,久期大的更可能成为准 CTD 券;反之,如果到期收益率低于 3%,久期小的更可能成为准 CTD 券。

收益率法则:久期相同的两个可交割券,到期收益率高的更可能成为准 CTD 券。

久期法则可以用 IRR 公式来近似帮助理解。久期是刻画债券价格对利率(如到期收益率)变化敏感性的指标[2]。久期越大,利率敏感性越高。对 IRR 的计算公式(4.13)略做整理,可以得到

$$
\begin{aligned}
\text{IRR}_{j,t} &= \frac{t \text{ 时刻锁定的债券 } j \text{ 期货交割全价} - t \text{ 时刻债券 } j \text{ 现货全价}}{t \text{ 时刻债券 } j \text{ 现货全价}} \times \frac{365 \text{ 或 } 366}{T-t} \\
&= \left(\frac{t \text{ 时刻国债期货报价} \times \text{债券 } j \text{ 转换因子} + \text{期货应计利息}}{t \text{ 时刻债券 } j \text{ 现货净价} + \text{现货应计利息}} - 1 \right) \times \frac{365 \text{ 或 } 366}{T-t} \\
&\approx \left(\frac{t \text{ 时刻国债期货报价}}{\dfrac{t \text{ 时刻债券 } j \text{ 现货净价}}{\text{债券 } j \text{ 转换因子}}} - 1 \right) \times \frac{365 \text{ 或 } 366}{T-t}
\end{aligned} \tag{4.15}
$$

对于所有的可交割券来说,t 时刻国债期货报价都是一样的,因此如果认可 IRR 最大准则,则 t 时刻拥有最小的"现货报价/转换因子"的可交割券很可能是当时的准 CTD 券。进一步在坐标轴上画出债券的"现货报价/转换因子"与其到期收益率的关系,如图 4.1 所示。

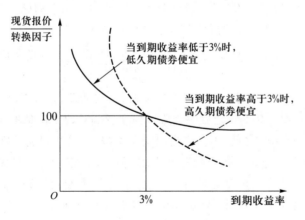

图 4.1 "准 CTD 券"的久期法则

从图 4.1 可以看出,如果两个债券的到期收益率都是 3%,前述转换因子的第一个不足将不再存在,转换后的"现货报价/转换因子"都将等于 100,转换是公平等价的[3]。但如果两个

---

[1] 戎志平(2017)基于中国实际情况补充提出流动性法则:准 CTD 券应在一篮子可交割券的可交易子集中。

[2] 我们将在第九章详细介绍久期。

[3] 事实上转换因子的后两点不足仍将使得转换后的现货报价不完全等于 100,但此处近似分析忽略不计。

债券的到期收益率不是 3%，转换后的净价显然就不再等价。那么对于拥有择券期权的国债期货空方来说，交割哪个债券看起来更合算呢？从图 4.1 可以看出：如果两个债券的到期收益率相等，并且都大于 3%，也就是在图的右半边，价格曲线较为陡峭（久期较大）的债券①的"现货报价/转换因子"较低，从而相对合算；反之，如果两个债券的到期收益率相等，但都小于 3%，也就是在图的左半边，价格曲线较为平缓（久期较小）的债券"现货报价/转换因子"较低，相对合算。

理解久期法则之后，收益率法则也就相对易于理解了。在控制久期的影响之后，到期收益率越大，价格越便宜，自然更可能成为准 CTD 券。

需要再次说明的是，经验法则仅供快速判断使用，并不精确，使用需谨慎。

五、国债期货价格的确定与讨论

由于期货实施每日盯市结算，每日结算后期货合约的价值都会归零，因此期货定价通常不讨论期货合约价值的确定，而着重于确定合理的期货价格。由于每天市场上报出的都是标准券的期货净价，因此更确切地说，我们要确定的，是合理的标准券期货净价。

对式（4.11）略加变换，我们可以得到

$$标准券期货净价=\frac{可交割券\,j\,的期货全价-可交割券\,j\,的期货应计利息}{转换因子\,j} \tag{4.16}$$

但要真正计算得到合理的标准券期货净价，我们还需要考虑三个问题：

第一，应该选择哪个券计算期货全价、期货应计利息和转换因子呢？显然，应该选择定价时刻的准 CTD 券，因为在定价时刻看来，它最可能成为国债期货的交割标的，国债期货的交易和定价必然都围绕其展开，因此更准确的国债期货定价公式应为

$$标准券期货净价=\frac{准\,CTD\,券的期货全价-准\,CTD\,券的期货应计利息}{转换因子_{准CTD券}} \tag{4.17}$$

第二，国债期货合约赋予了期货空方以择券期权，不仅如此，在择券期权之外，为使交割能够顺利进行，与国际做法一致，2015 年之后中金所国债期货额外给予国债期货空头以"择时期权"：合约进入交割月至最后交易日之前，由空方提出交割申报，交易所根据一定的规则抽取多方进行匹配交割，从而使得国债期货空头在交割时间上也有选择的权利。也就是说，买入一份国债期货，实际上等于买入一份不含权的普通期货合约，卖出一份择券期权和一份择时期权，这意味着准 CTD 券的期货全价应该在普通期货定价基础上减去这两个期权的价值。因此，国债期货的真正合理定价应该在式（4.17）的基础上进一步修正为

$$标准券期货净价=\frac{准\,CTD\,券的期货全价-择券期权价值-择时期权价值-准\,CTD\,券的期货应计利息}{转换因子_{准CTD券}}$$

$$\tag{4.18}$$

---

① 价格曲线较为陡峭，意味着利率变化引起的债券价格变化较大，也就是价格敏感性较高；反之价格敏感性较低。

但是,由于择券期权和择时期权价值的确定难度大,超过本书的范围①,因此本节仅介绍不考虑期权价值情形下的国债期货价格公式,即式(4.17)的计算,之后再对期权的影响加以讨论。

第三,如何计算得到准 CTD 券的期货全价? 如果不考虑期权和交易税费,并且假定准 CTD 券和交割日期已知,国债期货价格公式中“期货全价”部分与债券远期价格的定价原理和公式是一样的,都遵循“持有成本(cost of carry)模型”,即式(4.5)至式(4.9)。

(一)国债期货价格的确定:不考虑期权

综合上述考量,在不考虑期权的情况下,假设准 CTD 券和交割日期已知,可以通过以下 4 个步骤来确定国债期货价格:

(1)根据准 CTD 券现货报价,计算得到该券的现货全价;

(2)运用持有成本模型,基于准 CTD 券的现货全价,算出准 CTD 券对应的纯期货价格②(等于式(4.11)中期货空方收到的现金),其中最常用的是支付已知现金收益的期货定价公式(4.8);

(3)反向运用式(4.11),从准 CTD 券纯期货价格倒算出准 CTD 券的期货净价;

(4)将第 3 步计算得到的准 CTD 券期货净价除以其转换因子,即为标准券期货的合理报价。

下面我们用例 4.7 来帮助理解国债期货的定价。

例 4.7　国债期货的定价

2019 年 2 月 18 日,假设某投资者认为对于 2019 年 6 月到期的中期国债期货 TF1906 而言,准 CTD 券为前述的国债 170006,并预期申请交割日为该合约的最后交易日(2019 年 6 月 14 日),合约剩余期限 116 天。假设当天的 26 天和 116 天期无风险利率分别为 2.4% 和 2.81%(连续复利)。试求 TF1906 期货的理论报价。

第一步:计算准 CTD 券现券全价。从例 4.3 可知,2019 年 2 月 18 日当天国债 170006 的全价为 104.146 9 元。

第二步:计算准 CTD 券纯期货全价。由于 TF1906 合约期限内,准 CTD 券 170006 将于 26 天后(2019 年 3 月 16 日)支付利息 3.2 元,因此对应期货定价的持有成本模型式(4.8),分别有

$$S_t = 104.146\,9, \quad I_t = 3.2\mathrm{e}^{-2.4\% \times \frac{26}{365}}, \quad R_t^T = 2.81\%, \quad T-t = \frac{116}{365}$$

从而得到国债 170006 对应的纯期货全价为

---

① 一般认为择时期权影响不大,主要侧重考虑择券期权。感兴趣的读者可以阅读陈蓉和葛骏(2017)。

② 注意这一特定债券的期货并不真实存在,计算这一期货价格的目的是推算出标准券期货的合理价格。

$$F_t^T = 101.857\ 904\ 1\ 元$$

第三步：计算准 CTD 券期货净价。由于在 2019 年 6 月 14 日申请交割，相应的配对缴款日为 2019 年 6 月 18 日。由例 4.3 可知，国债 170006 在该日每 100 元面值的应计利息为 0.821 857 9 元。因此反向运用式(4.11)，可得国债 170006 对应的期货净价为

$$101.857\ 904\ 1 - 0.821\ 857\ 9 = 101.036\ 046\ 2(元)$$

第四步：计算国债期货报价，即标准券期货净价。将以上价格除以转换因子，即可得到国债期货的理论报价为

$$\frac{101.036\ 046\ 2}{1.008\ 6} \approx 100.175(元)$$

（二）隐含期权的影响

虽然本书不介绍国债期货中的期权价值如何确定，但隐含期权对国债期货价格的影响值得深入思考和讨论。

1. 隐含期权降低国债期货价格

从式(4.17)可以看出，用远期/期货的持有成本模型(4.5)至式(4.9)计算得到的国债期货价格偏高，因为没有考虑国债期货中隐含的择券期权和择时期权。

2. 隐含期权使得反向套利无法实施

进一步来看，持有成本模型(4.5)至式(4.9)是基于无套利原则得到的。但对于国债期货来说，只有在国债期货市场价格过高时，实施"买现货卖期货"的正向套利策略才有可能盈利，所获得的毛收益其实就是前文介绍过的 IRR，如果相应现货能以合理价格买到，并在扣除资金成本和交易费用后仍有正的净利润，此套利就是可行的。但在国债期货市场价格偏低时，投资者并不能像普通期货那样进行"买期货卖现货"的套利交易，因为未来期货交割时间和交割券种的选择权都在期货空方手中，套利者无法确定是否能赚取无风险利润。从例 4.6 和例 4.7 可以看到，TF1906 在 2019 年 2 月 18 日的市场价格低于我们计算得到的理论价格，这与当天 5 只可交割券中最高的 IRR 只有 0.43% 的结论是一致的，IRR 远低于市场资金成本，不存在期货高估带来的无风险套利机会。

3. 隐含期权对国债期货升贴水的影响

期货升(贴)水是指期货价格高(低)于同期现货价格。在例 4.6 中，大多数可交割券的 IRR 是负的。这在国债期货市场上是相当常见的。回忆 IRR 的计算公式，小于零的 IRR 大致对应着期货价格小于现货价格。也就是说，国债期货经常贴水。隐含期权和现券付息是国债期货贴水的主要原因：首先，由于标的债券在期货期限内经常会支付现金票息，这意味着式(4.8)中的 I_t 是正数，而且这一票息经常大于式(4.8)中的短期利率 R_t^T，很容易使得式(4.8)中的 $F_t^T < S_t$，其次，根据式(4.17)，国债期货的价格还要在式(4.8)结果的基础上减去择券期权和择时期权的价格，这进一步降低了国债期货的价格水平。

4. 隐含期权对国债期货价格凸性的影响

在第三章第一节，我们已经知道债券现货价格具有正凸性：价格-到期收益率曲线非线性且

凸向原点,到期收益率变动同样基点数,利率下降导致的债券价格上升幅度大于利率上升导致的债券价格下降幅度。

但是,由于存在隐含期权,国债期货价格呈现的是与之相反的特征:负凸性。下面我们用图4.2来加以阐释。

图4.2将图4.1从2种可交割券的情形拓展至3种可交割券,从而可以展现准 CTD 券切换以及相应的国债期货价格变化的特征[1]。首先,根据我们已经学过的准 CTD 券的知识,$\frac{现货净价}{转换因子}$ 越低的债券,越可能成为准 CTD 券,因此在图4.2中,随着到期收益率[2]逐步上升,准 CTD 券逐步由"低久期"切换至"中久期""高久期"债券;其次,根据我们已经学过的国债期货定价的知识,期货价格主要与其准 CTD 券价格同步,因此期货价格的形状与图4.1的现券价格形状相反,呈现出负凸性特征。显然,这正是由隐含的择券期权带来的。

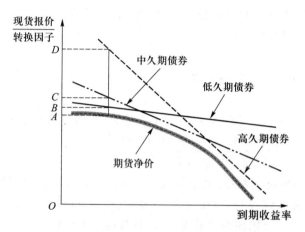

图 4.2　国债期货的负凸性与基差

关于图4.2有两点需要额外说明:第一,图4.2给出的是期货贴水的情形,期货净价位于现货净价的下方。这一方面因为贴水是期货市场上的常见情形;另一方面则是因为贴水的图形分析相对清晰易于理解。升水的情形可以简单推广得到。第二,图4.2关于准 CTD 券切换的结论是基于到期收益率得出的粗糙结论,我们在第二章中已经知道,到期收益率的变化其实是假设了整个利率期限结构的平均变化,如果整条利率期限结构并不平移,而是发生了斜率或曲度的变化,上述准 CTD 券在"低久期""中久期"和"高久期"债券之间切换的规律可能就会发生变化。要判断准 CTD 券,还是用式(4.13)或(4.14)相对准确。

5. 隐含期权对国债期货基差的影响

与期货升贴水有着密切关系的一个概念是期货"基差"。在大多数期货合约中,期货基差就是现货与期货价格之差。但国债期货的基差有所不同。

首先,在国债期货中,在任意时刻 t,对于每个可交割券 j,其对应的基差都不同,具体定义为

$$国债期货基差_{j,t} \equiv 可交割券现货净价_{j,t} - 国债期货价格_t \times 转换因子_j \tag{4.19}$$

换言之,国债期货的基差是现货净价与期货净价之差,不同可交割券的基差是不同的。例如,在图4.2中,当三种债券的到期收益率同样在低位时,线段 AB、AC 和 AD 分别是低久期、中久期和高久期可交割券的基差除以各自的转换因子;

其次,仔细观察图4.2可以看出,准 CTD 券的基差总是最小,因为国债期货价格与其价格的关联最为密切,越不可能成为 CTD 券的可交割券的基差越大。既然准 CTD 券的切换是隐含择券期权引起的,那么国债期货的基差是否也与择券期权有关呢?

的确如此。如果可交割券 i 是准 CTD 券,根据债券净价的计算公式和国债期货定价公式(4.17),分别有

$$可交割券现货净价_{j,t} = 现货全价_{准CTD,t} - 现货应计利息_{准CTD,t} \qquad (4.20)$$

$$国债期货价格_t \times 转换因子_j = 纯期货价格_{准CTD,t} - 隐含期权价值_{准CTD,t} - 期货应计利息_{准CTD,t} \qquad (4.21)$$

而根据持有成本定价模型,准 CTD 券的纯期货价格可以表达为

$$纯期货价格_{准CTD,t} = 现货全价_{准CTD,t} + t 到 T 之间的融资成本 - t 到 T 之间的债券派息终值 \qquad (4.22)$$

将以上三式代入式(4.19),并近似约去现货和期货的应计利息,式(4.19)的国债期货基差也可以表达为

$$国债期货基差_{准CTD,t} \approx t 到 T 之间准 CTD 券利息收入 - 现券融资成本 + 隐含期权价值_{准CTD,t}$$
$$= 持有收益_{准CTD,t} + 隐含期权价值_{准CTD,t} \qquad (4.23)$$

因此隐含期权价值的确是国债期货基差的重要组成部分。

对于不是准 CTD 券的可交割券,由于其现货价格与国债期货价格之间缺乏理论关系,不能进行如上推导,通常借鉴式(4.19),直接将它们的基差做如下恒定分解:

$$国债期货基差_{j,t} = 持有收益_{j,t} + BNOC_{j,t} \qquad (4.24)$$

所谓 BNOC 是 basis net of carry 的缩写,即基差减去持有收益后剩下的部分。有时为了表达一致,将式(4.23)中的隐含期权价值也统一称为 BNOC,BNOC 被统一理解为可交割券中隐含的期权价值。

第五节　利率远期与利率期货的应用

与其他衍生品一样,利率远期与利率期货的主要应用有三种:套期保值(hedging)、套利(arbitrage)和投机(speculation)。

套期保值就是用利率远期和利率期货来对冲客观存在的利率风险,进行风险管理。例如,通过签订远期利率协议可以锁定未来贷款的利率(如例4.1);交易债券远期可以锁定未来买卖债券的价格;如果担心手中已经持有的债券价格下跌,卖出数量匹配的国债期货,在未来债券现货与期货价格一起下跌时,国债期货空头上的盈利可以对冲现货多头的亏损。

套利则是利用标的资产和衍生品价格之间定价相对不合理的机会,买低卖高获取价差。例如前文表4.1就清晰列示了通过 FRA 套利的过程,在国债期货 IRR 部分和隐含期权中对国债期货套利也进行了讨论。可以看到,套利来源于定价的相对不合理。尽管出发点是自身获利,套利

者对社会和市场的贡献和意义却是极为重要的:套利行为如果能够顺利实施,就能够推动市场价格向合理的相对关系转变,对提高市场效率具有不可替代的基础性作用。

投机就是运用利率远期和利率期货基于对未来的利率和债券价格走势判断进行交易,判断正确盈利,判断错误则亏损。投机行为是市场波动和风险的来源。但投机并非一无是处:首先,如果没有投机,衍生品市场就会缺乏流动性,相应的套利和套保无法顺利实施,衍生品的正面功能也就无法发挥;其次,现货实际上也是投机工具的一种,从投机的角度来看,衍生品是现货投机的替代工具,其主要特点在于方向灵活(可做多做空)、交易费用相对低廉和高杠杆。如果衍生品投机过度,肯定会带来风险的放大和市场波动。但投机过度的根本症结显然在于人,而非金融产品本身。

本 章 小 结

1. 远期利率协议中合理的协议利率就是第二章中介绍过的远期利率,

$$R_t^{T,T^*} = \frac{R_t^{T^*} \cdot (T^* - t) - R_t^T \cdot (T - t)}{T^* - T}$$

对远期利率协议多头来说, FRA 的价值公式为

$$\frac{M}{m} \cdot (R_t^{T,T^*} - R_K) \cdot B_t^{T^*}$$

或

$$M \cdot (e^{R_t^{T,T^*} \cdot (T^* - T)} - e^{R_K \cdot (T^* - T)}) \cdot B_t^{T^*}$$

2. 欧洲美元期货是约定未来特定时刻的 3 个月期美元 LIBOR 利率水平的期货合约,其 IMM 指数每变动 0.01 元,期货利率变动 1 个基点,合约价值变动 25 美元。

3. 除了标的的利率和基点价格值有所差异,SOFR 期货的基本机制与欧洲美元期货相同。

4. 在无套利条件下,债券远期价格遵循"持有成本"定价模型,远期存续期内标的债券不付利息、支付现金利息和连续利息情形下的远期价格定价公式分别为

$$F_t^T = S_t e^{R_t^T \times (T-t)}$$

$$F_t^T = (S_t - I_t) e^{R_t^T \times (T-t)}$$

$$F_t^T = S_t e^{(R_t^T - q) \times (T-t)}$$

相应地,债券远期的合约价值公式分别为

$$f_t^T = S_t - K e^{-R_t^T \times (T-t)}$$

$$f_t^T = S_t - I_t - K e^{-R_t^T \times (T-t)}$$

$$f_t^T = S_t e^{(-q) \times (T-t)} - K e^{-R_t^T \times (T-t)}$$

5. 国债期货有三个特点使其理解起来相对复杂:第一,国债期货的标的资产不唯一,合约设计赋予了期货空方择券期权和择时期权;第二,国债期货采用净价交易、全价交割,但其应计利息的计算与债券现货有所不同;第三,国债期货的标的债券经常出现在期货合约期限内付息的现象,容易与应计利息问题交织在一起,产生混淆。

6. 在中金所国债期货中,特定可交割券的转换因子等于该券面值 1 元的未来现金流按 3%的年

到期收益率贴现到交割月的价值,再扣掉该债券在交割月的应计利息(按月计算)后的余额。

7. 国债期货的交割全价公式为

国债期货空方交割时收到的现金(期货交割全价)= 期货交割结算价×交割券转换因子+
交割券配对缴款日应计利息

8. 交割成本最小(交割收益最大)的可交割券被称为"交割最合算券"(CTD 券)。

9. 在期货到期前,IRR 是比较好的判断准 CTD 券的标准,如果期货剩余期限内没有遇到债券付息日,t 时刻可交割券 i 的 $\text{IRR}_{j,t}$ 被定义为

$$\text{IRR}_{j,t} = \frac{t \text{ 时刻锁定的债券 } j \text{ 期货交割全价} - t \text{ 时刻债券 } j \text{ 现货全价}}{t \text{ 时刻债券 } j \text{ 现货全价}} \times \frac{365 \text{ 或 } 366}{T-t}$$

10. 一个判断准 CTD 券的经验法则是久期法则:到期收益率相同的两个可交割券,如果到期收益率高于3%,久期大的更可能成为准 CTD 券;反之,如果到期收益率低于3%,久期小的更可能成为准 CTD 券。

11. 国债期货的定价公式为

$$国债期货价格 = \frac{纯期货价格 - 择券期权价值 - 择时期权价值 - 期货应计利息}{转换因子}$$

12. 国债期货中隐含择券期权和择时期权的存在会降低国债期货价格,使得反向套利无法实施,使得国债期货价格倾向于贴水,导致国债期货价格具有负凸性,并且是国债期货基差的一个重要组成部分。

13. 利率远期和利率期货的应用主要包括三个方面:套期保值、套利与投机。

习　题

1. 某银行在 3 个月前签订了一份 6×12 的远期利率协议多头,名义本金为 1 000 万元,协议利率为 4.8%(3 个月计一次复利),假设当前市场 3 个月和 9 个月期利率分别为 4.5% 和 4.6%(连续复利),请计算当前银行所持有该远期利率协议头寸的价值。

2. 如果当前你可以零成本签订 6×12 的远期利率协议多头或空头,名义本金为 1 000 万元,协议利率为 4.5%(半年计一次复利),当前市场 6 个月和 12 个月的无风险利率分别为 4.4% 和 4.6%(连续复利)。请问该协议利率的设置是否合理? 如果不合理,请设计一个套利方案。

3. 假设某投资者以 97.45 的价格卖出 5 份欧洲美元期货合约,并持到期才平仓,若到期时的 3 个月 LIBOR 利率为 3.2%。忽略持有期间的盯市结算与保证金要求,请计算该投资者的盈亏。

4. 2019 年 5 月 30 日 TS1909 的报价为 99.000(元),活跃的可交割券如表 4.7 所示。

表 4.7　TS1909 的活跃可交割券(2019 年 5 月 30 日)

编号	到期日	息票率 (%)	转换因子	现券报价 (元)
1	2021 年 4 月 12 日	3.42	1.006 3	101.00
2	2021 年 4 月 14 日	2.58	0.993 5	99.51
3	2021 年 7 月 5 日	3.24	1.004 2	100.82

（1）以上 3 只债券均为一年支付一次利息。假设期货交割日为 2019 年 9 月 13 日（周五），试计算各可交割债券的全价和各券对应的期货全价。

（2）计算每个可交割券的 IRR，相应确定准 CTD 券。

（3）不考虑内嵌期权和其他因素，假设 106 天的无风险利率为 3%（连续复利），试计算 TS1909 理论报价。

5. 试推导式（4.14）。如果假设再投资利率为当前对应期限远期利率，IRR 公式会是怎么样的？

6. 在实务中国债期货有何具体运用？试分别举出其在投机、套期保值和套利运用上的三个案例。

第五章 利率互换

学习目标：

在学习完本章之后,你应该能够理解和掌握:

◇ 利率互换的基本市场机制

◇ 利率互换的种类

◇ 利率互换的定价

◇ 利率互换的损益分解

◇ 利率互换的常见应用

作为全球交易量最大、交易最活跃的利率衍生品和利率风险管理的利器,利率互换是固定收益证券学习中不可或缺的一部分。在这一章,你将了解利率互换的基本原理、定价方法、损益分析方法和应用。第一节介绍利率互换的内涵、种类、市场运行机制,帮助读者看懂利率互换报价;第二节介绍利率互换定价的基本原理,讨论一些拓展情形;第三节讨论如何进行利率互换损益分析;第四节则探讨了利率互换的一些应用场景。

第一节　利率互换概述

一、利率互换的定义

如第一章所述,利率互换(IRS)是一种约定在未来的一定期限内根据同种货币的相同名义本金定期交换利息现金流的场外合约,最常见的做法是一方根据合约约定的某一浮动利率计算,另一方根据合约约定的固定利率计算。[①] 从全球来看,利率互换的常见期限包括 1 年、2 年、3 年、4 年、5 年、7 年与 10 年,30 年与 50 年的互换也时有发生,常见的互换频率包括季度、半年和年度。例 5.1 介绍了我国首笔基于 SHIBOR 的一年期利率互换,可以帮助读者较好地理解利率互换的基本运作原理。

---

① 如果互换双方交换的现金流币种不同,属于交叉货币互换(cross currency swaps,CCS),本章暂不对此进行讨论。

2007 年 1 月 22 日,花旗银行宣布与兴业银行于 1 月 18 日完成了中国国内银行间第一笔基于 SHIBOR 的标准利率互换。公开披露的协议主要内容如表 5.1 所示。

表 5.1　花旗银行与兴业银行基于 **SHIBOR** 的标准利率互换协议主要内容

期限	1 年
名义本金	未透露
互换频率	季度
固定利率支付方	兴业银行
固定利率	2.98%
浮动利率支付方	花旗银行
浮动利率	3 个月期 SHIBOR

利率互换是一种场外交易的金融产品,具体细节由双方商定,交易双方也没有披露的义务。但从已披露的协议内容来看,此次利率互换的基本设计是:从 2007 年 1 月 18 日起的一年内,在每 3 个月计息期初,花旗银行与兴业银行按照最新的 3 个月期 SHIBOR 重置确定当期的浮动利率,计息期末双方根据名义本金交换利息净额。基本流程如图 5.1 所示。

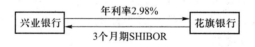

图 5.1　利率互换示意图

利率互换合约会事先确定具体的浮动利率观察日和现金流交换日,且固定利率和浮动利率的天数计算惯例通常有所不同。由于交易细节不可得,同时为了集中说明利率互换的利息现金流交换本质,我们简化假设该协议的 4 个浮动利率重置日分别为 2007 年 1 月 18 日、4 月 18 日、7 月 18 日和 10 月 18 日,现金流交换日是浮动利率确定日之后的三个月(0.25 年)。表 5.2 给出了事后观察到的 4 次 3 个月期 SHIBOR 和兴业银行在此互换中的 4 次实际现金流。

表 5.2　兴业银行在合约中的现金流(每 1 元本金)

时点	3 个月期 SHIBOR	收到的浮动利息（元）	支付的固定利息（元）	净现金流（元）
2007 年 1 月 18 日	2.808 0%	—	—	—
2007 年 4 月 18 日	2.904 9%	$\frac{2.808\ 0\%}{4}=0.007\ 02$	$\frac{2.98\%}{4}=0.007\ 45$	-0.000 43
2007 年 7 月 18 日	3.142 1%	$\frac{2.904\ 9\%}{4}=0.007\ 26$	$\frac{2.98\%}{4}=0.007\ 45$	-0.000 19

时点	3 个月期 SHIBOR	收到的浮动利息（元）	支付的固定利息（元）	净现金流（元）
2007 年 10 月 18 日	3.875 7%	$\dfrac{3.142\ 1\%}{4}=0.007\ 86$	$\dfrac{2.98\%}{4}=0.007\ 45$	0.000 41
2008 年 1 月 18 日	—	$\dfrac{3.875\ 7\%}{4}=0.009\ 69$	$\dfrac{2.98\%}{4}=0.007\ 45$	0.002 24

5-1 二维码链接

中国人民银行关于开展人民币利率互换业务有关事宜的通知

二、利率互换的种类

利率互换主要分为两类:普通利率互换(plain vanilla swap)和基差互换(basis swap)。

(一)普通利率互换

例 5.1 介绍的固定-浮动利率互换(fixed-floating swap)就是普通的利率互换,也称为息票互换(coupon swap),是主流的利率互换品种。表 5.3 列出了美元、欧元和人民币利率互换中主要的浮动利率指标。近年来,随着 LIBOR 即将退出市场,以隔夜利率为标的的互换在国际市场上逐渐崭露头角,例如以隔夜联邦基金有效利率为浮动端的隔夜指数互换(overnight index swap, OIS)、以 SOFR 为浮动端的互换等。

表 5.3 利率互换中的常见浮动利率

美元利率互换	美元 LIBOR:1 个月期、3 个月期等
	隔夜利率:联邦基金有效利率(effective federal funds rate)、SOFR
	到期收益率:CMT 利率、CMS 利率
欧元利率互换	EURIBOR 利率:1 个月期、3 个月期等
	隔夜利率:隔夜指数均值(euro overnight index average,EONIA)
人民币利率互换	银行间质押式回购利率:FR007、FDR007
	上海银行间同业拆借利率:隔夜、1 周和 3 个月期 SHIBOR 等
	存贷基础利率:1 年期 LPR、5 年期 LPR、1 年期定期存款利率、1 年期贷款基准利率等
	债券到期收益率:10 年期中债国债到期收益率(GB10)、10 年期中债国开债到期收益率(CDB10)
	到期收益率之差:10 年期中债国开债到期收益率与 10 年期中债国债到期收益率之差(D10/G10)、3 年期中债 AAA 中短期票据到期收益率与 3 年期中债国开债到期收益率之差(AAA3/D3)

注:CMT 利率是常期限国债(constant maturity treasury)到期收益率,即美联储每天公布的不同期限的美国国债到期收益率。CMS 利率是常期限互换(constant maturity swap)利率,是由国际互换与衍生产品协会(ISDA)每天公布的不同期限的互换利率。

（二）基差互换

基差互换是浮动-浮动互换,也就是互换两端都是由浮动利率计算的现金流。图 5.2 展示了美元利率互换市场上的一个 CMS-CMT 基差互换。可以看出,基差互换实际上是两个具有相同期限、相同名义本金、相同交换频率的普通互换的组合。

图 5.2　互换期限为 2 年的 3 年期 CMS-CMT 基差互换

注:互换期限为 2 年,互换频率为季度,挂钩浮动利率为 3 年期 CMS 和 CMT 利率。

（三）其他互换

除了普通互换和基差互换,市场上还有一些包含特殊设定的利率互换,主要包括以下几类。

1. 名义本金可变:增长型互换、减少型互换、指数化本金互换、滑道型互换

增长型互换(accreting swaps)的本金在开始时较小,之后随着时间的推移逐渐增大;减少型互换(amortizing swaps)则正好相反,其本金随时间的推移逐渐变小。近年来,互换市场出现了一种特殊的减少型互换,即指数化本金互换(indexed principal swaps),其本金的减少幅度取决于利率水平,利率越低,名义本金减少幅度越大。滑道型互换(roller-coaster swaps)的本金则在互换期内时而增大,时而变小。

2. 固定利率可变:阶梯式利率互换

阶梯式利率互换的固定利率随付息次数增加而变化,常见的有阶梯式上升利率互换(step up swaps)和阶梯式下降利率互换(step down swaps)。

3. 期限可变:可延长互换和可赎回互换

可延长互换(extendable swaps)的一方有权在一定限度内延长互换期限。可赎回互换(puttable swaps)的一方则有权提前终止互换。

4. 不同支付方式:零息互换

零息互换(zero-coupon swaps)是指固定利息的多次支付流量被一次性的支付所取代,该一次性支付可以在互换期初也可在期末。

5. 浮动利率确定方式:后期确定互换

利率互换中的浮动利率通常是在利率重置期初(in advance)确定,后期确定互换(back-set swaps)的浮动利率则是在计息期末(in arrears)确定。

（四）互换衍生品

互换衍生品包括远期互换和互换期权。其中远期互换(forward swaps)又称延迟生效互换(delayed-start swaps),是指互换生效日是在未来某一确定时间的互换。互换期权(swaption)则是指赋予期权多头未来买进或卖出利率互换的合约①。

---

①　利率互换期权将在第六章介绍。

三、利率互换市场的基本机制

世界上的第一个利率互换于 1981 年出现在伦敦,1982 年被引入美国。此后利率互换市场发展极为迅速。从第一章的图表可以看到,根据国际清算银行的统计数据,目前在全球 OTC 衍生产品交易总额中,利率互换约占 60%,其重要性和市场地位可见一斑。除了客观市场需求的推动,良好的市场机制设计也是利率互换快速发展的原因之一。下面介绍利率互换市场的基本机制。

(一) 做市商制度

利率互换属于 OTC 产品,早期的金融机构通常在利率互换交易中充当经纪人,帮助客户寻找交易对手并协助互换协议谈判,赚取佣金。但事实证明,在短时间内找到完全匹配的交易对手往往是相当困难的。因此许多金融机构开始作为做市商参与交易,同时报出其作为利率互换多头和空头所愿意支付和接受的价格,这些机构被称为互换交易商或互换银行(swap bank)。现在,利率互换市场的做市商制度非常发达,主要原因在于:第一,利率互换的同质性很强,比较容易形成标准化的交易和报价;第二,固定收益证券的现货和衍生品市场都相当发达,利率互换的做市商进行利率风险的套期保值相对便利。做市商为利率互换市场提供了流动性,成为推动其发展的重要力量。

从另一个角度来看,从经纪制度到做市制度的转变,也反映了利率互换市场的变迁与发展。在互换市场发展早期,强调的是经纪商对互换交易的安排和匹配,而不是去承担交易风险,因此早期的经纪商多为投资银行;做市制度发展起来以后,金融机构通过承担和管理风险为市场提供流动性,商业银行以其资金规模优势以及在管理大规模和标准化固定收益产品方面的优势,成为利率互换市场的中坚力量。相应地,利率互换也从个性化的公司财务管理工具转变为金融市场中的一种大宗批发交易。

(二) 主协议制度

与做市商制度发展密切相关的是利率互换市场的标准化进程,其中最重要的就是主协议制度。OTC 产品的重要特征之一就是产品的非标准化,但利率互换中包含的多个现金流交换使得非标准化协议的协商和制定相当复杂费时,这促使交易者尽可能地寻求标准化。1984 年,一些主要的互换银行开始推动互换协议标准化的工作。1985 年,这些银行成立了国际互换商协会(International Swaps Dealers Association,ISDA),并主持制定了互换交易的行业标准、协议范本和定义文件等。时至今日,由于在互换市场取得的成功和巨大影响,ISDA 所做的工作已经推广到了包括互换在内的多种场外衍生产品交易,其制定、修改和出版的衍生产品交易主协议(ISDA Master Agreement)已经成为全球金融机构签订互换和其他多种 OTC 衍生产品主协议的范本,ISDA 也于 1993 年更名为国际互换与衍生产品协会(International Swaps and Derivatives Association,ISDA)。ISDA 是目前全球规模和影响力最大、最具权威性的场外衍生产品行业组织。

具体来看,ISDA 主协议主要包括协议主文、附件(schedule)和交易确认书(confirmations)三部分。在开展场外衍生产品交易之前,交易双方需就主文部分签署主协议,就释义条款、支付条款、先决条件条款、净额结算条款、陈述与承诺条款、违约事件和终止事件条款、管辖法律与司法管辖权等条款等达成一致,明确交易可能涉及的所有定义和双方的权利义务。主协议签署后,每次交易只需对价格、数量等具体条款进行谈判并签订协议附件和交易确认书。附件的作用是让交易双方对主协议的主文条款进行修改与补充,以适应双方当事人之间的特定交易情形。交易确认书则是对主协议项下每项具体交易的交易条款进行确认,是每笔交易中最重要的法律文件。值得注意的是,主协议的此种制度安排使得每项交易并不构成当事人双方之间的独立合同关系,而仅是在主协议这一合同关系下的一笔交易,故此每份交易确认书中总会说明 ISDA 主协议条款适用于该交易。

ISDA 所建立的整套标准化文件已经成为国际互换市场的基础性制度安排和互换交易的重要发展平台。除了减少交易所需的时间与成本,提高市场运作的效率,标准化的文件与协议体系实际上还为市场参与者提供了一个重要承诺:市场是在共同认可的标准下进行运作的。这大大降低了市场参与者的风险。因此,ISDA 文件标准化进程与做市商制度的发展相互促进,对互换市场的迅速发展起到了非常重要的作用。

与国际市场类似,2009 年 3 月,中国银行间市场交易商协会在《中国银行间市场金融衍生产品交易主协议(2007 年版)》和《全国银行间外汇市场人民币外汇衍生产品主协议》基础上发布了《银行间市场金融衍生产品交易主协议(2009 年版)》,建立起了针对中国市场的标准化文件系统。

(三) 次贷危机之后的进一步标准化和集中清算

2007 年美国次贷危机之后,加强庞大场外衍生品市场的对手方风险管理、降低危机传染效应成为全球金融监管的重点。与利率互换市场有关的举措主要包括:

2010 年 5 月,美国国会通过《恢复美国金融稳定法案》(Restoring American Financial Stability Act of 2009),推行衍生产品集中交易与清算,首次建立衍生产品的全国监管制度。

2010 年 6 月,美国国会通过《多德-弗兰克法案》(Dodd-Frank Act),规定所有标准化的场外衍生品交易必须在交易所或互换执行平台(Swap Execution Facilities,SEFs)交易,受到美国证券交易委员会(Securities and Exchange Commission,SEC)和商品期货交易委员会(Commodity Futures Trading Commission,CFTC)共同监管;场外衍生品需通过中央清算所集中清算,要求特定的市场参与者向 CFTC 或 SEC 进行交易报备,将相对不透明的场外衍生产品交易纳入集中监管范畴。

2013 年 4 月,在美国证券行业与金融市场协会(Securities Industry and Financial Markets Association,SIFMA)的支持下,ISDA 发布了一个利率互换确认书的标准条款模板,将互换期限、起息日、报价方式、报价间距等进行了标准化,称为市场一致合约(market agreed coupon,MAC),为利率互换的中央清算和交易场内化奠定基础。

2013 年 6 月,ISDA 发布标准信用支持文件(standard credit support annex,SCSA),对原先主协议下的信用支持文件(CSA)进行了标准化,对原先的担保品计算方式进行了修订,对利率互换担保品的技术和经济学机理进行统一,鼓励使用隔夜指数互换利率曲线(OIS 曲线),通过构建统一的估值框架来减少争议,并提出了一些新的净额结算流程。

除此之外,次贷危机之后利率互换市场上的集中冲销服务(multilateral unwind service)发展迅速。所谓的集中冲销,就是利率互换头寸持有者以收付相应款项为代价,通过一个集中冲销服务机构,达成多边协议,提前终止利率互换合约。这一操作从微观层面看可以消除不希望承担的净市场风险、降低对手方信用风险、节省运营成本、减少额度占用、提高资本使用效率,从宏观层面看有助于减少系统性风险,因此广受欢迎。2013 年之后全球利率互换未平仓合约名义本金连续 3 年下降,集中冲销是一个很大的原因。

5-2 二维码链接
ISDA 研究报告:利率互换的集中清算与个性化定制

中国利率互换市场同样也因应了国际市场的上述标准化和集中清算趋势。2009 年 11 月,中国银行间市场清算所股份有限公司(简称上海清算所)在上海成立。上海清算所是中国场外金融市场第一家中央对手清算机构,对符合要求的利率互换进行中央清算。从 2011 年 3 月开始,利率互换电子化交易确认和冲销业务就已经在中国银行间市场开始试运行,并于 2012 年 4 月正式开始利率互换的定期集中冲销业务。从 2014 年开始,中国银行间同业拆借中心就一直在推动利率互换等场外衍生产品的标准化交易。

(四) 其他市场惯例

1. 利率重置惯例

如例 5.1 中所展示的,"前端重置,后端支付"是绝大多数利率互换合约采用的设计,在每个重置周期的期初根据当时的浮动利率确定利率,期末支付利息。如果在重置周期的期末才重置确定利息的,就是后期确定互换。

2. 天数计算惯例

不同利率有着不同的天数计算惯例。在浮动端,LIBOR,美国联邦基金有效利率、SOFR,中国的 SHIBOR、定期存贷款利率、LPR 等都以 A/360 报出,回购利率如中国的 FR007 和 FDR007 是以 A/365 报出,债券到期收益率如中债国债到期收益率、中债国开债到期收益率等以 A/A 报出。在固定端,美元利率互换的固定利率则通常以 30/360 或 A/365 报出,而人民币利率互换市场上的固定利率,除了以债券到期收益率(之差)互换的固定利率以 A/A 报出之外,其他利率互换的固定利率均采用 A/365 的天数计算惯例。

3. 支付频率

支付频率是利息支付周期的约定。如 S. A. 是 Semi-Annually 的缩写,即每半年支付一次。人民币利率互换大多采用季度频率,浮动端和固定端频率一致。美元利率互换市场上则经常存在浮动端和固定端频率不一致的现象,例如固定端半年支付一次利息,浮动端则每个季度支付一次,具体根据合约确定。

4. 名义本金与净额结算

如例 5.1 中所展示,利率互换在实际结算时并不发生本金的交换,本金主要用于计算所需交换的利息,因而利率互换中的本金通常也被称为"名义本金"。同时,利率互换通常尽可能地使用利息净额结算。显然,不交换本金与净额结算能很大地降低交易双方的风险敞口头寸,从而降低信用风险。

5. 互换头寸的提前结清

提前结清互换头寸,有助于提高互换头寸的流动性。具体方式主要包括以下三种:

(1) 转让原互换合约。通过转让,将原先利息收付的权利与义务完全转移给新的交易对手。

但由于信用风险不同,该交易只有经过互换原对手方的同意才能进行。互换合约转让后,等同于原先的利率互换已经终止,原来的交易对手与新对手之间签订了一份与剩余合约完全相同的新协议。

(2)对冲原互换合约。结清互换头寸的另一种方式是在市场上进行对冲交易,签订一份与原互换合约的本金、到期日和互换利率等条款均相同,但收付利息方向相反的互换协议。如果该对冲交易是与原先的互换交易对手进行的,被称为"镜子互换",等价于终止了原先的利率互换。如果对冲交易是与其他交易对手进行的,从利息的现金流来说的确能够实现对冲,但由于交易对手不同,仍然无法完全抵消对手方违约的风险。除此之外,交易互换期货、互换期权等互换衍生产品也是对冲原有互换头寸的一种方法。

(3)冲销原有的互换合约。结清互换头寸的第三种方式是通过协议提前结束互换,即冲销互换合约,具体又分为双边冲销和多边冲销。双边冲销是原来的交易双方直接冲销,而效率更高的集中多边冲销无论在中国还是在国际市场上越来越流行。与前两种结清方式相比,冲销方式的优点在于,冲销了原先的信用风险,也不会再产生新的信用风险。

此外,利率互换合约通常还需要对起息日、营业日准则等进行约定,具体规定通常遵循特定的市场惯例,或由签约双方具体确定。这里就不再赘述。

例 5.2 给出了一个人民币利率互换的交易要素案例。

例 5.2 基于 FR007 的 5 年期利率互换交易

图 5.3 给出了一笔成交于 2019 年 6 月 6 日、基于 FR007 的 5 年期利率互换合约要素:

产品名称	FR007_5Y	期限	5Y	名义本金(万元)	2000	计息天数调整	实际天数
起息日	2019-06-10	首期起息日	2019-06-10	到期日	2024-06-10	支付日调整	经调整的下一营业日
计算机构	交易双方		清算方式	上海清算所清算			

固定利率明细		浮动利率明细	
固定利率(%) 2.9350 支付周期 季		参考利率 FR007 利差(bps) 0.00	
首期定期支付日 2019-09-10 计息基准 实际/365		首期定期支付日 2019-09-10 支付周期 季	
		首次利率确定日 2019-06-06 重置频率 周	
		计息方法 复利 计息基准 实际/365	

图 5.3 某利率互换合约要素

可以看到这个互换合约的名义本金是 2 000 万元,在从起息日 2019 年 6 月 10 日到 2024 年 6 月 10 日为期 5 年的期限内,合约双方每个季度交换一次利息。固定利率为 2.935%,浮动利率为中国银行间 7 天回购定盘利率 FR007,浮动利息采用复利计算。具体而言,浮动利息 C_{float} 采用如下公式计算:

$$C_{\text{float}} = 名义本金 \times \left\{ \prod_{i=1}^{N} \left(1 + \frac{\text{FR }007_i \times d_i}{365} \right) - 1 \right\}$$

其中 $i = 1, 2, \cdots, N$ 表示重置期,3 个月计息期通常包含 13 周左右,因此会有 13 个左右的利息重置期,d_i 表示第 i 个重置期的天数,一般为 7 天,最后一个重置期可能不满 7 天,按实际天数算。

四、利率互换报价

图 5.4 给出了来自万得(Wind)的人民币利率互换报价和来自彭博(Bloomberg)的美元利率互换报价示例,有助于进一步了解利率互换。

代码	期限	最优买量(万元)	最优买价	最优卖价	最优卖量(万元)	现价
FR007S1M	1M	0	-	-	0	-
FR007S2M	2M	0	-	-	0	-
FR007S3M	3M	350	2.1300	2.1600	200	2.1525↓
FR007S6M	6M	100	2.1550	2.1825	150	2.1650
FR007S9M	9M	100	2.1575	2.1850	150	2.1800
FR007S1Y	1Y	250	2.1900	2.2000	150	2.1900
FR007S2Y	2Y	100	2.2325	2.2525	50	2.2350
FR007S3Y	3Y	100	2.3050	2.3200	100	2.3150
FR007S4Y	4Y	50	2.4025	2.4175	50	2.4100
FR007S5Y	5Y	100	2.4925	2.4980	20	2.4900↓
FR007S6Y	6Y	0	-	-	0	-
FR007S7Y	7Y	20	2.6325	2.6825	20	
FR007S10Y	10Y	20	2.7775	2.8375	40	
FR007S1Y5Y	5Y	40		30.5000	20	
FR007S6M9M	9M	400		1.7500	300	
FR007S9M1Y	1Y	750	1.2500	1.7500	450	
FR007S1Y2Y	2Y	500	4.5000	4.7500	50	
FR007S2Y5Y	5Y	20		26.0000	20	

(a) 人民币FR007互换利率报价

USD FF Swaps				USD SOFR Fixed/Float Swaps			
期限	买价	卖价	中价	期限	买价	卖价	中价
1) 1 WK	1.073 / 1.087		1.080	1) 1 WK	1.056 / 1.096		1.092
2) 2 WK	0.847 / 0.877		0.862	2) 2 WK	0.871 / 0.912		0.891
3) 3 WK	0.709 / 0.739		0.724	3) 3 WK	0.767 / 0.799		0.783
4) 1 MO	0.671 / 0.691		0.681	4) 1 MO	0.699 / 0.743		0.721
5) 2 MO	0.566 / 0.588		0.577	5) 2 MO	0.585 / 0.633		0.612
6) 3 MO	0.506 / 0.516		0.511	6) 3 MO	0.517 / 0.563		0.540
7) 4 MO	0.447 / 0.465		0.456	7) 4 MO	0.455 / 0.505		0.485
8) 5 MO	0.405 / 0.425		0.415	8) 5 MO	0.419 / 0.468		0.443
9) 6 MO	0.376 / 0.396		0.386	9) 6 MO	0.388 / 0.437		0.412
10) 9 MO	0.297 / 0.353		0.325	10) 9 MO	0.332 / 0.380		0.356
11) 12 MO	0.276 / 0.304		0.290	11) 10 MO	0.318 / 0.373		0.346
12) 18 MO	0.256 / 0.282		0.269	12) 11 MO	0.306 / 0.361		0.334
13) 2 YR	0.250 / 0.276		0.263	13) 1 YR	0.299 / 0.349		0.322
14) 3 YR	0.277 / 0.300		0.289	14) 18 MO	0.267 / 0.326		0.297
15) 4 YR	0.298 / 0.342		0.320	15) 2 YR	0.287 / 0.333		0.310
16) 5 YR	0.338 / 0.377		0.358	16) 3 YR	0.298 / 0.348		0.323
17) 10 YR	0.514 / 0.552		0.533	17) 4 YR	0.326 / 0.383		0.354
				18) 5 YR	0.360 / 0.411		0.386
				19) 10 YR	0.502 / 0.558		0.530
				20) 20 YR	0.636 / 0.689		0.663

(b) 美元OIS与SOFR互换利率报价

图 5.4 2020 年 3 月 6 日的人民币和美元利率互换报价
数据来源:万得、彭博。

从图 5.4 可以看出:

第一,如前所述,尽管属于场外交易,利率互换已经成为一个标准化程度相当高的金融市场,这一点也表现在互换的报价中。互换合约本来需要同时报出浮动利率和固定利率,但在实际中同种货币的利率互换报价都是基于特定的浮动利率给出的。对于给定的浮动利率,报价和交易就只需针对特定期限与特定支付频率的固定利率一方进行,从而大大提高了市场效率。例如,

图 5.4(a)就是浮动端为人民币 FR007 的各个期限利率互换报价,互换频率均为季度;图 5.4(b)左部是浮动端为有效联邦基金利率的各个期限美元 OIS 报价,右部则是浮动端为 SOFR 的各个期限美元互换利率报价。从图中可以看到,人民币 FR007 利率互换和美元 OIS 利率互换的最长期限均为 10 年,SOFR 利率互换的最长期限则为 20 年。人民币利率互换市场上还可以直接交易期限利差,如 FR0071Y5Y 的交易标的就是 5 年期 FR007 互换和 1 年期 FR007 互换利率之差。

第二,与远期利率协议相同,市场通常将利率互换交易中固定利率的支付者(fixed rate payer)称为互换买方或互换多方,而将固定利率的收取者(fixed rate receiver)称为互换卖方或互换空方。在做市商制度下,做市商每天都会进行双边互换报价,买价(bid rate)就是做市商在互换中收到浮动利率时愿意支付的固定利率,卖价(ask rate)则是做市商在互换中支付浮动利率时要求收到的固定利率,显然互换卖价应高于买价。

买价与卖价的算术平均为中间价(middle rate),就是通常所说的互换利率(swap rate)。以图 5.3(a)中的 5 年期 FR007 利率互换为例,最优买价和最优卖价分别为 2.492 5% 和 2.498 0%,相应可以计算得到中间价为 2.495 3%。这意味着做市商愿意每季度以 2.492 5% 的年利率支付固定利息,换取每季度收到按 FR007 滚动的复利利息;或者支付按 FR007 滚动的复利利息,换取每季度收到年利率为 2.498 0% 的固定利息。而 2.495 3% 就是支付频率为季度的 5 年期互换利率。图中的现价则是指最新成交价。

5-3 相关链接
中国货币网利率互换曲线

第二节　利率互换的定价

在利率互换的定价中,因为利率互换合约的未来现金流是不确定的,对未来现金流进行贴现定价的绝对定价法是难以实施的。但由于利率互换可以分解为简单金融产品的组合,所以可以采用相对定价法中的复制定价法为利率互换定价。与远期利率协议一样,利率互换的定价包括两个方面:确定互换合约的价值、确定公平的互换利率。[①]

一、利率互换的分解与复制定价原理

考虑一个 2 年期、浮动利率为 3 个月期 SHIBOR 的利率互换合约,名义本金为 1 亿元。甲公司支付给乙银行年利率 2.8% 的固定利息,收取 3 个月期 SHIBOR 浮动利息,每 3 个月交换一次,如图 5.5 所示。

图 5.5　甲公司与乙银行的利率互换

---

① 　为集中讲解原理,我们忽略天数计算等细节,简单以 0.25 年、0.5 年等表示期限。

互换合约签订时,交易双方并不知道未来的一系列 3 个月期 SHIBOR 利率。假设事后的 3 个月期 SHIBOR 如表 5.4(a)中的列(1)所示,就可以算出甲公司在此互换中每 3 个月应收到的浮动利息、应支付的固定利息与净现金流,分别如表 5.3(a)中的列(2)、列(3)与列(4)所示。

表 5.4 利率互换中甲公司的现金流量表

(a) 不考虑名义本金 单位:万元

时间	3 个月期 SHIBOR(%) (1)	浮动利息 (2)	固定利息 (3)	净现金流 (4)
期初	2.13			
第 1 次(Ⅰ)	2.47	+53	−70	−17
第 2 次(Ⅱ)	2.67	+62	−70	−8
第 3 次(Ⅲ)	2.94	+67	−70	−3
第 4 次(Ⅳ)	3.27	+74	−70	+4
第 5 次(Ⅴ)	3.64	+82	−70	+12
第 6 次(Ⅵ)	3.86	+91	−70	+21
第 7 次(Ⅶ)	4.12	+97	−70	+27
第 8 次(Ⅷ)		+103	−70	+33

(b) 考虑名义本金 单位:万元

时间	3 个月期 SHIBOR(%) (5)	浮动利息加本金 (6)	固定利息加本金 (7)	净现金流 (8)
期初	2.13	−10 000	+10 000	0
第 1 次(Ⅰ)	2.47	+53	−70	−17
第 2 次(Ⅱ)	2.67	+62	−70	−8
第 3 次(Ⅲ)	2.94	+67	−70	−3
第 4 次(Ⅳ)	3.27	+74	−70	+4
第 5 次(Ⅴ)	3.64	+82	−70	+12
第 6 次(Ⅵ)	3.86	+91	−70	+21
第 7 次(Ⅶ)	4.12	+97	−70	+27
第 8 次(Ⅷ)		+103	−70	+33
		+10 000	−10 000	0

观察表 5.4(a),我们可以从三个角度来理解该利率互换:

首先,该利率互换由列(4)的净现金流序列组成,这是互换的本质,即未来系列现金流的组合。

其次,利率互换可以视为债券的头寸组合。如果对列(4)的现金流按列进行拆分,该利率互换可以看作由列(2)和列(3)的现金流序列组成。为了更好地理解,我们假设在互换期初与到期日增加 1 亿元的本金现金流,列(2)和列(3)转化为表 5.4(b)的列(6)与列(7)。从列(8)可见,由于相互抵销,增加的本金现金流并未改变互换最终的现金流和互换的价值,但列(6)却可以被视为甲公司向乙银行购买了一份本金 1 亿元的以 3 个月期 SHIBOR 为浮动利率的债券,列(7)则可以被看作甲公司向乙银行发行(出售)了一份本金 1 亿元的固定利率为 2.8% 的债券,3 个月支付一次利息。这样,对甲公司这个互换合约多头而言,该利率互换可以视为一个浮息债多头与固息债空头的组合,这个利率互换合约的价值就是浮息债与固息债价值之差。由于互换为零和游戏,对于乙银行这个互换合约空头来说,该利率互换的价值就是固息债与浮息债价值之差。也就是说,利率互换可以通过分解成一个债券的多头与另一个债券的空头来定价。

最后,利率互换还可以视为远期利率协议的组合。如果对列(4)的现金流按行进行拆分,该利率互换又可以看作由从行(Ⅰ)至行(Ⅷ)共 8 次的现金流组成。观察各行,除了行(Ⅰ)的现金流在互换合约签订时就已经确定,其他各行的现金流都类似远期利率协议(FRA)的现金流。回忆我们在第四章已经学过的知识,一个 FRA 是这样一笔合约:交易双方事先约定将来某一时间的贷款利率。但在该 FRA 到期的时候,支付的只是市场利率与约定利率的利差净额。因此 FRA 可以看成一个用事先约定的固定利率交换浮动利率的合约。很明显,利率互换可以看成是一系列用固定利率交换浮动利率的 FRA 的组合。例如行(Ⅱ)的利息交换可以看作是一笔事先约定 6 个月后,以 2.8% 交换浮动利率的 FRA,这个浮动利率是在 3 个月后观察到的 3 个月期 SHIBOR 利率 2.47%。因此,除了可以视为债券的组合,利率互换还可以分解为一系列远期利率协议的组合。这样,只要我们知道组成利率互换的每笔 FRA 的价值,就可以计算得到利率互换的价值。

因此,利率互换既可以分解为债券组合,也可以分解为 FRA 的组合进行定价,利率互换定价问题就转化为了债券定价或 FRA 定价问题。由于都是列(4)现金流的不同分解,在无摩擦的理想状态下,这两种定价结果应该是等价的。

在具体定价中,根据合约设计和具体情形的不同,利率互换的定价也会有所不同。下面着重介绍普通利率互换中最基本的情形,然后再对其进行拓展讨论。

二、浮动利率与合理贴现率一致[①]:最简单的利率互换定价情形

如果互换合约中的浮动利率与定价时使用的贴现率一致,债券定价或 FRA 定价都易于实现,利率互换定价也就相对简单。为了专注介绍核心原理,加上没有本质影响,我们先讨论交换频率和利率复利频率相同的情形。人民币 3 个月期 SHIBOR 利率互换就是这样的合约,其固定端利息和浮动端利息的支付频率、固定端利率和浮动端利率的复利频率均为 3 个月。下面就以此为例,假设该互换定价时的合理贴现率曲线就是 SHIBOR 利率曲线,介绍如何确定利率互换的

---

① 实际上这个部分介绍的简单定价方法还要求利率互换是前端重置,后端支付。但后端重置利率的利率互换比较少见,也超出了本教材的难度,在此不进行讨论。

合约价值和公平的互换利率。

（一）基于债券组合视角的利率互换定价

1. 确定利率互换合约价值：基于债券组合的视角

我们已经知道，对于利率互换多头（如上例中的甲公司）来说，互换合约的价值（$V_t^{互换}$）等于浮息债价值（$V_t^{浮}$）减去固息债价值（$V_t^{固}$），即

$$V_t^{互换} = V_t^{浮} - V_t^{固} \tag{5.1}$$

利率互换空头的合约价值正好与之相反。

这样，利率互换合约的定价就转化为了债券定价。对于固息债来说，只要知道贴现率，直接运用第二章中介绍的现金流贴现定价原理，就可以计算得到其价值，具体公式为

$$V_t^{固} = \sum_{i=1}^{N} \frac{SR}{m} \times M \times B_t^{t_i} + M \times B_t^{t_N} \tag{5.2}$$

式中：SR 和 M 分别为互换利率和名义本金，m 为互换利率的一年计息次数，t_i 为利率互换合约的交换时刻（$i = 1, 2, \cdots, N$），$B_t^{t_i}$ 为 t 时刻 $t_i - t$ 期限的贴现因子。

再根据第二章中所学的浮息债定价原理，只要浮动利率始终等于该债券的合理贴现率，并且浮动利率都是前端确定的，浮息债定价公式应为

$$V_t^{浮} = \left(1 + \frac{最新浮动利率}{m} \right) \times M \times B_t^{t_1} \tag{5.3}$$

式中：m 为浮动利率的一年计息次数[①]。也就是说，浮息债的价值由名义本金和下一期即将支付的浮动利息从下一个支付日（t_1）贴现而得。由于普通利率互换的浮动利率都是前端确定的，因此在 t 时刻，t_1 时刻即将支付的浮动利息是已知的。

例 5.3 展示了运用公式（5.1）至公式（5.3）计算普通利率互换价值的过程。

例5.3　运用债券组合方法确定利率互换合约价值

假设在一笔利率互换协议中，乙银行支付 3 个月期的 SHIBOR，同时收取 2.8% 的年利率（3 个月计一次复利），名义本金为 1 亿元，3 个月互换一次。互换还有 8 个月的期限，最新的重置浮动利率为 2.88%（3 个月计一次复利）。试计算此笔利率互换对乙银行的价值。

根据上述信息，我们有 $SR = 2.8\%$，$m = 4$，$M = 1$ 亿元，这意味着每次固定利息为

$$10\ 000 \times \frac{2.8\%}{4} = 70（万元）$$

从浮动端来看，下一个支付日应支付的浮动利息为

$$10\ 000 \times \frac{2.88\%}{4} = 72（万元）$$

---

① 注意在这个部分我们假设浮动利率和固定利率的复利频率相同。

互换频率为季度,且剩余期限为 8 个月,意味着还有 3 次交换,将分别发生在 2 个月后、5 个月后和 8 个月后。因此我们需要了解对应期限的即期利率用以贴现。假设目前 2 个月、5 个月和 8 个月的 SHIBOR 分别为 2.61%、2.82% 和 2.90%(连续复利)。可以计算得到

$$B_t^{t_1} = e^{-2.61\% \times \frac{2}{12}} \approx 0.995\ 659, \quad B_t^{t_2} = e^{-2.82\% \times \frac{5}{12}} \approx 0.988\ 319, \quad B_t^{t_3} = e^{-2.9\% \times \frac{8}{12}} \approx 0.980\ 852$$

由于乙银行为互换空头,因此有

$$V_t^{固} \approx 70 \times 0.995\ 659 + 70 \times 0.988\ 319 + 70 \times 0.980\ 852 + 10\ 000 \times 0.980\ 852 \approx 10\ 016.058(万元)$$

$$V_t^{浮} \approx (10\ 000 + 72) \times 0.995\ 659 \approx 10\ 028.277(万元)$$

$$V_t^{互换} = V_t^{固} - V_t^{浮} = -12.219(万元)$$

因此乙银行在此互换中目前处于亏损状态,而其对手的互换价值为正,等于 12.219 万元。

作为一个零和博弈,在刚开始签约时,利率互换合约的价值应该为零,交易双方都不盈不亏,才是一个公平合约。我们通常将价值为零的互换合约称为"平价互换"。但合约条款确定以后(主要是固定利率确定),随着市场状况变化,已经签订的合约价值就会产生盈亏,如例 5.3 所展示。

2. 确定合理的互换利率:基于债券组合的视角

所谓合理的互换利率,就是使得利率互换合约价值为零的固定利率水平。显然,在签约时,交易双方的主要工作就是确定合理的互换利率,以实现合约公平。在合约签订以后,已然确定的互换利率与当时合理互换利率的差异,就决定了所持有的利率互换合约的价值高低。我们先通过例 5.4 体会其中的含义,再总结出合理互换利率的计算公式。

例 5.4　运用债券组合方法确定合理互换利率

假设甲公司和乙银行正在签订一份 1 年期的 3 个月 SHIBOR 利率互换,名义本金 1 亿元,3 个月互换一次。假设当前时刻的 3 个月、6 个月、9 个月、1 年期 SHIBOR 利率分别为 2.3%、2.4%、2.6% 和 2.79%(连续复利),试问互换利率应该定在多少,该利率互换合约才是公平的?

一份公平利率互换合约的价值为零,即 $V_t^{固} = V_t^{浮}$。在签约时,由于正处于第一个利率设置日,浮息债价值等于其面值,因此有

$$V_t^{固} = \sum_{i=1}^{N} \frac{SR}{4} \times 1 \times B_t^{t_i} + 1 \times B_t^{t_N} = 1(亿元)$$

我们的目标就是寻找使得上式成立的互换利率 SR。根据 SHIBOR 利率期限结构的信息,我们有

$$B_t^{t_1} = e^{-2.3\% \times 0.25} \approx 0.994\ 266, \quad B_t^{t_2} = e^{-2.4\% \times 0.5} \approx 0.988\ 072,$$

$$B_t^{t_3} = e^{-2.6\% \times 0.75} \approx 0.980\ 689, \quad B_t^{t_4} = e^{-2.79\% \times 1} \approx 0.972\ 486$$

代入后即可求得

$$SR \approx 2.8\%$$

因此若不考虑其他摩擦因素，甲乙双方应把互换利率订在 2.8%（3 个月计一次复利）。

假设 4 个月后，该互换还有 8 个月期限时，情况如例 5.3 所示，最新的重置浮动利率为 2.88%（3 个月计一次复利），2 个月、5 个月和 8 个月的 SHIBOR 分别为 2.61%、2.82% 和 2.90%（连续复利），此时该合约的合理互换利率应该是多少？

合理互换利率始终是使得 $V_t^{\text{固}} = V_t^{\text{浮}}$ 的固定利率，但由于此时不在利率重置日，浮息债价值并不为面值，而是等于

$$V_t^{\text{浮}} \approx (10\,000 + 72) \times 0.995\,659 \approx 10\,028.277 (\text{万元})$$

则互换利率（SR）应为 2.965%，才能使得

$$V_t^{\text{固}} \approx \frac{SR}{4} \times 10\,000 \times (0.995\,659 + 0.988\,319 + 0.980\,852) + 10\,000 \times 0.980\,852$$

$$\approx 10\,028.277 (\text{万元})$$

可以看到，随着市场利率上升，该合约对应的合理互换利率上升到 2.965%，但由于乙银行作为互换卖方，将收到的固定利率锁定为 2.8%，由此带来 16.5 个基点的亏损，折算成现值，等于

$$-10\,000 \times \frac{0.165\%}{4} \times (0.995\,659 + 0.988\,319 + 0.980\,852) \approx -12.23 (\text{万元})$$

这与例 5.3 中计算得到的乙银行亏损大体一致。因此计算合理互换利率与实际互换利率的差异现值，也是估算利率互换盈亏的一个途径。

从例 5.4 中，可以看出，合理互换利率是使得

$$V_t^{\text{固}} = V_t^{\text{浮}}$$

即

$$\sum_{i=1}^{N} \frac{SR}{m} \times M \times B_t^{t_i} + M \times B_t^{t_N} = \left(1 + \frac{\text{最新重置浮动利率}}{m}\right) \times M \times B_t^{t_1} \tag{5.4}$$

的固定利率 SR。对式（5.4）简单整理可得

$$SR = \frac{\left(1 + \dfrac{\text{最新重置浮动利率}}{m}\right) \times B_t^{t_1} - B_t^{t_N}}{\dfrac{1}{m} \times \sum_{i=1}^{N} B_t^{t_i}} \tag{5.5}$$

如果计算时刻为利率重置时刻，由于浮息债价值等于面值，式（5.4）可以进一步简化为

$$SR = \frac{1 - B_t^{t_N}}{\dfrac{1}{m} \times \sum_{i=1}^{N} B_t^{t_i}} \tag{5.6}$$

在实际中，式（5.6）是利率互换签订时最常用的互换利率计算公式。

（二）基于 FRA 组合视角的利率互换定价

1. 确定利率互换合约价值：基于 FRA 组合的视角

如前所述，利率互换合约定价的另一个视角，是将其分解为 FRA 组合。根据第四章中的式（4.2）与式（4.3），FRA 多头（fixed-rate payer）的合约价值等于合理远期利率 R_t^{T,T^*} 与约定利率 R_K 的息差的现值。因此，要运用 FRA 给利率互换定价，首先需要从利率期限结构中估计出对应的远期利率，计算出各个 FRA 的价值，加总即为利率互换合约的价值。例 5.5 就例 5.3 中的相同情形给出了运用 FRA 定价的计算过程。可以看到，两种方法确定的互换价值相同。

例 5.5 运用 FRA 组合方法确定利率互换合约价值

假设在一笔利率互换协议中，乙银行支付 3 个月期的 SHIBOR，同时收取 2.8% 的年利率（3 个月计一次复利），名义本金为 1 亿元，3 个月互换一次。互换还有 8 个月的期限，最新的重置浮动利率为 2.88%（3 个月计一次复利）。2 个月、5 个月和 8 个月的 SHIBOR 分别为 2.61%、2.82% 和 2.90%（连续复利）。试计算此笔利率互换对乙银行的价值。

首先，由 SHIBOR 即期利率期限结构，可以算出 2×5 和 5×8 的远期利率分别为

$$\frac{2.82\% \times \frac{5}{12} - 2.61\% \times \frac{2}{12}}{0.25} = 2.960\ 0\%$$

$$\frac{2.9\% \times \frac{8}{12} - 2.82\% \times \frac{5}{12}}{0.25} = 3.033\ 3\%$$

折算为 3 个月计一次复利的年化利率分别约为 2.971 0% 和 3.044 8%。

表 5.5 列示了运用 FRA 组合确定乙银行的利率互换合约价值的计算过程。

表 5.5　运用 FRA 组合确定利率互换合约价值

时刻	固定利率	浮动利率/远期利率	贴现因子（见例 5.3）	现金流或 FRA 价值（息差现值）
2 个月后	2.8%	2.880 0%	0.995 659	$10\ 000 \times \dfrac{2.8\% - 2.880\ 0\%}{4} \times 0.996\ 659 = -1.991$（万元）
5 个月后	2.8%	2.971 0%	0.988 319	$10\ 000 \times \dfrac{2.8\% - 2.971\ 0\%}{4} \times 0.988\ 319 = -4.225$（万元）
8 个月后	2.8%	3.044 8%	0.980 852	$10\ 000 \times \dfrac{2.8\% - 3.044\ 8\%}{4} \times 0.980\ 852 = -6.003$（万元）
互换总价值				-12.219（万元）

这个结果与例 5.3 中运用债券组合计算得到的合约价值相等。注意在表 5.5 中,2 个月后的浮动利率是已经确定的,因此计算的是确定现金流的现值;而 5 个月后和 8 个月后的浮动利率是未知的,我们通过远期利率计算的是对应的 FRA 价值。

用公式总结例 5.5 中利率互换合约价值的计算公式,多头价值可以表达为

$$V_t^{互换} = \frac{(R_\tau^{t_1} - SR)}{m} \times M \times B_t^{t_1} + \sum_{i=1}^{N-1} \frac{(R_t^{t_i, t_{i+1}} - SR)}{m} \times M \times B_t^{t_{i+1}} \tag{5.7}$$

式中:t 是定价时刻,τ 是 t 时刻之前的最近一次利率重置时刻[1],$R_\tau^{t_1}$ 表示最新一期的重置浮动利率水平(t 时刻为已知值)。式(5.7)右边第一项刻画的是下一个交换日(t_1)的已知现金流现值;右边第二项则是后面所有 FRA 价值之和,FRA 价值总等于,对应远期利率 $R_t^{t_i, t_{i+1}}$ 与固定互换利率 SR 的息差从相应交换日($t_1, \cdots, t_N$)贴现至 t 时刻的现值。

2. 确定合理的互换利率:基于 FRA 组合的视角

同样地,我们也可以通过令 FRA 组合的总价值为零,倒求出合理的互换利率。考虑篇幅起见,我们就不再阐述具体案例,而是直接给出公式。读者可以在习题中熟悉相关的计算。

通过令式(5.7)等于零,可以得到合理互换利率的另一个表达式为

$$SR = \frac{R_\tau^{t_1} \times B_t^{t_1} + \sum_{i=1}^{N-1} (R_t^{t_i, t_{i+1}} \times B_t^{t_{i+1}})}{\sum_{i=1}^{N} B_t^{t_i}} \tag{5.8}$$

也就是说,互换利率 SR 是当前时刻对应期限远期利率的某种加权平均,每个远期利率的权重是对应贴现因子占全部贴现因子之和的比重 $\left(\dfrac{B_t^{t_i}}{\sum\limits_{i=1}^{N} B_t^{t_i}} \right)$。

运用普通复利的远期利率与贴现因子的关系式[2]

$$R_t^{t_i, t_{i+1}} = \left(\frac{B_t^{t_i}}{B_t^{t_{i+1}}} - 1 \right) \times m \tag{5.9}$$

可以发现式(5.5)和式(5.6)是一致的。

(三)互换利率是什么利率?

观察式(5.5)、式(5.6)和式(5.8)可以看出,互换利率 SR 不是即期利率,而是利率互换合约中涉及的多个即期利率的某种复杂加权平均。由于互换利率 SR 总是在签约时确定,进一步观察式(5.4)可知,此时式(5.4)两边的固息债和浮息债价值都应等于面值,互换利率 SR 是一个平价附息债的票面利率。由于平价附息债券的票面利率等于其到期收益率。所以互换利率 SR

---

① 如果 t 时刻就是利率重置时刻,则 $\tau = t$。

② 式(5.9)与第二章中的式(2.18)基本原理一致,但式(2.18)是连续复利的远期利率与贴现因子的关系。

实际上就是我们在第二章介绍过的平价到期收益率(par yield)。因此,从本质上说,互换利率是到期收益率,而非即期利率。

在以 LIBOR 为浮动端的美元利率互换中,互换报价除了报出互换利率,通常还同时报出互换利率与同样期限的美国国债到期收益率之差,正是因为这两者在经济含义上具有内在一致性,都是到期收益率。由于国债没有信用风险,流动性较好,一般认为这一利差反映了银行间市场的信用风险与流动性风险。

(四)互换利率对应的即期利率与远期利率

正如我们在第二章所介绍的,由于到期收益率可比性较差,其作为现金流贴现率的适用性不广,通常需要从到期收益率中再推得对应的即期利率,甚至远期利率。由于互换交易量巨大且交易活跃,从互换利率中提取得到的即期利率是全球市场即期利率的重要来源之一。

例如,中国银行间同业拆借中心每日公布的 SHIBOR 即期利率最长期限不超过 1 年。如果想要获得更长期限的 SHIBOR 即期利率,就可以从 SHIBOR 为浮动端的利率互换每天在市场上可观测到的 SHIBOR 互换利率中提取。

从互换利率中提取即期利率主要通过息票剥离法。由于每天市场上能观测到的都是新签合约中的互换利率,因此我们应用的是式(5.6)来剥离即期利率。首先,如果 $N=1$,我们有

$$B_t^{t_1} = \frac{1}{1 + \dfrac{SR_t^{t_1}}{m}} \qquad (5.10)$$

由于贴现因子与对应期限的即期利率一一对应,从式(5.10)可以看出,如果互换仅发生一次,则互换利率就是期限为 t_1 的即期利率。这也很容易理解,因为此时的互换利率等于是一个零息债的到期收益率,就是对应期限的即期利率。当然,在现实市场中一般不存在仅有一期的利率互换合约,但这可以进一步帮助我们理解互换利率的本质特征。

当 $N=2$ 时,从式(5.6)可得

$$B_t^{t_2} = \frac{1 - \dfrac{SR_t^{t_2}}{m} \times B_t^{t_1}}{\dfrac{SR_t^{t_2}}{m} + 1} \qquad (5.11)$$

因此,只要 $B_t^{t_1}$ 已知,就可以通过市场上互换期限为 t_2 的互换利率 $SR_t^{t_2}$ 推知期限为 t_2 的贴现因子,进而得到期限为 t_2 的即期利率。以此类推,就可逐一剥离出多个更长期限的即期利率,从而形成互换利率对应的即期利率期限结构。

在得到即期利率期限结构之后,运用第二章的式(2.15)或第四章的式(4.1),就可以推得各个期限的远期利率。

例 5.6 可以帮助读者更好地理解如何从互换利率中提取即期利率。

假设以 3 个月期 SHIBOR 为浮动端的各期限互换利率(一年复利 4 次)如表 5.6 所示,试求得对应期限的即期利率和远期利率。

表 5.6　以 3 个月期 SHIBOR 为浮动端的各期限互换利率

期限(年)	0.25	0.50	0.75	1	1.25	1.5
互换利率	2.30%	2.40%	2.56%	2.66%	2.80%	2.90%

对于以 3 个月 SHIBOR 为浮动端的利率互换,如果互换本身期限才 3 个月,显然该互换只交换一次,因此期限为 0.25 年的互换利率 2.30% 就是期限为 0.25 年的即期利率。

接下来,我们可以运用式(5.10)剥离出期限为 0.5 年的贴现因子

$$B_t^{0.5} = \frac{1 - \dfrac{SR_t^{0.5}}{m} \times B_t^{0.25}}{\dfrac{SR_t^{0.5}}{m} + 1} = \frac{1 - \dfrac{2.4\%}{4} \times \dfrac{1}{1 + 2.3\%/4}}{\dfrac{2.4\%}{4} + 1} = 0.9881$$

运用第二章中贴现因子和即期利率的关系式(2.13),相应可以求得 $R_t^{0.5} \approx 2.4015\%$(一年复利 4 次)。

以此类推,运用式(5.6)和式(2.13),可以推知 0.75 年、1 年、1.25 年和 1.5 年的 SHIBOR 即期利率(一年复利 4 次)分别为 2.5612%、2.6620%、2.8036% 和 2.9050%。

5-4 二维码链接
中国外汇交易中心利率互换估值手册

(五)一些基本的拓展情形[①]

在前述利率互换定价公式的推导中,为了便于理解,除了假设浮动利率与合理贴现率一致,我们实际上还额外假设交换频率和利率复利频率相同。在现实中,存在固定端和浮动端支付频率不同的情形,例如美元 LIBOR 利率互换中常有浮动端 3 个月支付一次、固定端 6 个月支付一次的情形;还存在浮动利率的重置频率高于支付频率的情形,例如在人民币 FR007 利率互换、美元 OIS 和 SOFR 互换中,每个季度支付一次,但是浮动端利率却是 7 天或隔夜重置一次,最后支付的浮动利息是 3 个月中高频滚动复利的结果。但这些频率不同的情形都不影响前述定价结论。下面分别加以简单讨论。

首先,如果浮动端和固定端的支付频率不同(如美元 LIBOR 利率互换),从债券组合的角度来看,这并不影响固息债和浮息债的分别定价,只要浮动利率和贴现率是同一种利率,前述定价

---

① 这部分内容较难,但在实务中很重要,感兴趣的读者可以自学。

公式都仍然成立。从 FRA 的角度来看,此时的利率互换可以分解为一个固定现金流的贴现,和一系列特殊 FRA 的组合,这些 FRA 的协议利率为 0,前述定价公式仍然成立。

其次,如果浮动利率的重置频率高于支付频率,看起来利率互换已经无法再拆成普通 FRA 的组合,也不再是固息债和普通浮息债的多空组合。但是略加推敲,对于一个以未来高频滚动复利利息作为浮动利息的债券,只要票面利率与贴现率是同一种利率,该债券仍然是一个公平的可达证券,重置时刻的债券合理价格应始终等于本金,重置时刻之间的债券价值仍然等于下一重置时刻的价值的贴现。也就是说,我们仍然可以将利率互换中高频滚动的浮动端视为一个普通的浮息债来定价,计息频率上的变化并没有本质性的影响。由于拆分为债券组合和拆分为 FRA 组合是等价的,因此我们也可以继续采用 FRA 组合定价的思路来定价。

例如,一个剩余期限还有 9 个月、本金 1 亿元、3 个月交换一次的 FR007 利率互换,当天观察到的 FR007 为 1.2%,其中隐含的浮息债价值此刻应该等于本金 1 亿元;7 天之后,利率互换中隐含的浮息债价值应该等于 1 亿元加上第一个 7 天的利息,即 $1 \times \left(1 + \dfrac{1.2\% \times 7}{365}\right)$ 亿元,因为此时该浮息债的本金应该包含第一期的滚动利息;假设第二个 7 天的 FR007 为 1.3%,则 3 天后利率互

换中隐含的浮息债价值应该等于 $\dfrac{1 \times \left(1 + \dfrac{1.2\% \times 7}{365}\right) \times \left(1 + \dfrac{1.3\% \times 7}{365}\right)}{1 + 4\text{ 天贴现率}}$ 亿元。因此,浮动端为 FR007

的利率互换,虽然表面看起来复杂,但前文介绍的定价公式仍然适用,也可以从市场上的互换利率中提取得到相应的即期利率和远期利率。

(六)远期互换的定价

另外一个可以简单拓展得到的是远期互换的定价公式。在本章第一节中我们已经介绍过远期互换的定义,它与即期互换的唯一差别就在于:即期互换合约马上开始,而远期互换合约则是未来才开始定期交换。因此前述所有互换定价的原理都可以直接应用于远期互换,只是在定价时将未来的现金流贴现至当前定价时刻,而非合约开始时刻。

例如,对于一个未来 t_0 时刻开始的远期互换合约多头来说,当前 t 时刻互换合约价值仍然可以视为固息债和浮息债价值之差,因而类似于式(5.1)和式(5.2),有

$$V_t^{\text{远期互换}} = V_t^{\text{远期浮}} - V_t^{\text{远期固}} \tag{5.12}$$

$$V_t^{\text{远期固}} = \sum_{i=1}^{N} \frac{\text{FSR}}{m} \times M \times B_t^{t_i} + M \times B_t^{t_N} \tag{5.13}$$

式中:系列贴现因子 $B_t^{t_i}$ 不是贴现至互换合约开始的 t_0 时刻,而是贴现至定价的 t 时刻;FSR 为远期互换合约中约定的互换利率,称为"远期互换利率"。同时,在互换合约开始的 t_0 时刻,$V_{t_0}^{\text{浮}}$ 应该等于面值 M,在定价 t 时刻的浮息债价值则为

$$V_t^{\text{远期浮}} = M \times B_t^{t_0} \tag{5.14}$$

类似于互换利率的确定,远期互换利率 FSR 是使得远期互换合约价值(5.12)为零的利率,代入式(5.13)和式(5.14),可以得到

$$\text{FSR} = \frac{B_t^{t_0} - B_t^{t_N}}{\dfrac{1}{m} \times \sum_{i=1}^{N} B_t^{t_i}} \tag{5.15}$$

三、浮动利率与合理贴现率不一致情形下的利率互换定价[①]

在现实市场中,利率互换中浮动利率与合理贴现率不一致的情形主要有以下两种。

(一) 信用风险不一致

例如,在实施保证金每日盯市制度之后,一般认为利率互换的信用风险实际上是隔夜风险,合适的贴现率是隔夜拆借利率这一信用等级的即期利率,如美元利率互换市场上目前广泛采用OIS 互换中提取的隔夜拆借利率的即期利率期限结构作为利率互换的贴现率。以此类比,也有观点认为人民币利率互换市场也应该统一采用隔夜拆借利率这一信用等级的贴现率。这样,诸如 FR007、3 个月期 SHIBOR 利率互换的浮动利率与合理贴现率就不再是同一种利率。在这样的情况下,浮动利率与贴现率不同,重置时刻的浮息债价格不再是面值,相应地利率互换也不能再拆分为普通 FRA 的组合,前述介绍的整套定价方法都不能继续适用。

在实际中,大家通常近似地采用 FRA 方法为这样的互换定价。也就是说,从浮动利率的即期利率期限结构中算出相应期限的远期利率,然后用隔夜拆借利率曲线进行贴现定价。从本质上说,这并不符合定价原理[②],但是一个相对易于实施的定价方法,因此被广泛使用。

(二) 浮动利率不是即期利率,而是到期收益率

在人民币利率互换市场上,国债、国开债到期收益率等互换的浮动利率就不是即期利率,而是到期收益率,这样的互换完全无法分解为债券组合和 FRA 组合,因为市场上不存在利息是某个债券的到期收益率的浮息债,也没有约定未来到期收益率的 FRA。实际中仍然是近似地采用FRA 方法,通过计算远期到期收益率和固定利率之差来定价。但由于远期到期收益率并不是未来真实到期收益率的某种期望,所以定价中需要凸性调整项。这部分内容由于超过本书难度,不再展开讨论。

(三) 对信用风险的进一步讨论

2007 年美国次贷危机之后,对利率互换的定价越来越精细。由于次贷危机中大量金融机构的信用风险上升,信用风险也进入了衍生品定价中,相应产生了 CVA、DVA、FVA、MVA 等概念,被统称为"XVA"。由于仍然处于实践发展过程中,本书对此不做过多的讨论,仅介绍相关的概念,供读者进一步学习。

所谓的 CVA(credit valuation adjustment)是指交易对手违约可能给自己带来的损失的现值,DVA(debit valuation adjustment)则是指自己违约可能给自己带来的收益现值。如果考虑这两者的影响,t 时刻衍生品的价值 V_t 应表示为

$$V_t = V_{ND,t} - \mathrm{CVA}_t + \mathrm{DVA}_t \tag{5.16}$$

[①] 这部分难度也较大,仅作原理讨论,供感兴趣的读者自学。

[②] 从定价原理来说,远期利率是特定远期测度下对未来即期利率的期望值,其采用的贴现率必须是同一个即期利率,用其他即期利率来贴现是不正确的。

式中：$V_{ND,t}$ 是使用无风险利率计算得到的衍生品价值。

在衍生品交易中，如果由于缴纳初始保证金导致额外的资金成本，这一成本也会导致衍生品价值下降，这就是 MVA（margin valuation adjustment）。另外，由于一个衍生品的价值在其存续期内会涨跌，相应也可能会产生资金占用成本，这部分资金成本的现值就被称为 FVA（funding valuation adjustment）。最后，衍生品交易可能会增加额外的资本要求，相应产生的成本叫作 KVA（capital valuation adjustment）。MVA、FVA 和 KVA 也是衍生品价值的调整项。

第三节　利率互换交易的损益分解

第三章债券损益分析中的 carry 和 rolldown 等概念同样可以用于分析利率互换的投资损益。

对利率互换合约的交易者来说，在特定期限内该合约为其带来的现金收益就是这一期限所对应的 carry。不考虑保证金的影响，利率互换的 carry 显然就等于该期限内的互换现金流。利率互换的 rolldown 则是指在一定期限后，即期利率曲线保持不变或远期利率曲线实现情形下利率互换合约的价值变动。

例 5.7 可以帮助读者更好地理解利率互换 carry 和 rolldown 的计算和内涵。

例 5.7　利率互换合约的 carry 和 rolldown 分析

假设零时刻的 SHIBOR 即期利率曲线和 3 个月期 SHIBOR 利率互换曲线如表 5.7 所示。甲公司和乙银行刚刚签订一份 1 年期的 3 个月期 SHIBOR 利率互换，名义本金 1 亿元，3 个月互换一次。乙银行支付 3 个月期 SHIBOR，同时收取 2.796 5% 的年利率（3 个月计一次复利）。对于乙银行来说，3 个月期限的 carry 和 rolldown 分别是多少？

表 5.7　零时刻的市场利率曲线（3 个月计一次复利、远期期限 3 个月）

期限	即期利率	贴现因子	远期利率	互换利率
3 个月	2.306 6%	0.994 3		
6 个月	2.407 2%	0.988 1	2.507 8%	2.406 9%
9 个月	2.608 5%	0.980 7	3.011 3%	2.606 9%
1 年	2.799 8%	0.972 5	3.374 2%	2.796 5%

对于乙银行来说，由于第一期（3 个月）的浮动利率已知为 2.306 6%，3 个月期限的 carry 就是约 49 个基点（2.796 5% - 2.306 6% = 0.489 9%），折算为金额

$$10\ 000 \times \frac{2.796\ 5\% - 2.306\ 6\%}{4} \approx 12.25（万元）$$

这笔价值 12.25 万元的 carry 可以视为乙银行在该笔利率互换交易在前 3 个月中的损失保护垫。运用前面所学的利率互换价值公式可以计算得到,3 个月后的即期利率曲线要朝不利方向平移 35.5 个基点以上,乙银行的损失才会超过 12.25 万元,才会在该笔利率互换交易中出现亏损。表 5.8 展示了运用 FRA 定价法的估值过程。需要注意以下 3 点:① 3 个月后该笔利率互换只剩下 9 个月期限;② 此处的 35.5 个基点是指 3 个月后整条即期利率曲线平移的基点数,与前面简单用互换利率 2.796 5% 和 3 个月期利率 2.306 6% 之差得到的 49 个基点具有不同的经济内涵;③ 由于零时刻利率互换价值为 0,因此 3 个月后的利率互换价值就等于此期间利率互换的价值变动。

表 5.8　3 个月后的市场利率曲线和利率互换合约价值

（假设利率曲线平移上行 35.5 个基点,3 个月计一次复利,远期期限 3 个月）

期限	即期利率	贴现因子	远期利率	现金流或 FRA 价值
3 个月	2.662 0%	0.993 4	2.662 0%	3.34 万元
6 个月	2.762 6%	0.986 3	2.863 2%	−1.65 万元
9 个月	2.963 9%	0.978 1	3.366 7%	−13.94 万元
利率互换合约价值				−12.25 万元

如果 3 个月后市场利率曲线完全不变,即所有曲线的即期利率都与表 5.5 一样,只是乙银行手中的利率互换合约剩余期限变为 9 个月。运用利率互换的价值公式,可以算出利率互换价值变化约为 14.04 万元。这就是该利率互换合约在 3 个月后利率曲线不变情形下的 rolldown 价值。

另一种观点认为,零时刻的远期利率更接近市场对未来即期利率的预期。假设 3 个月后的市场利率曲线等于零时刻的远期利率,即 3 个月期、6 个月期和 9 个月期即期利率分别为 2.507 8%、2.759 5% 和 2.964 3%,可以算出利率互换的合约价值变化约为 −12.25 万元。这是在远期利率实现情形下的 rolldown 价值。注意表 5.5 和表 5.6 里给出的是 3×6、6×9 和 9×12 远期利率,而此处使用的是 3×6、3×9 和 3×12 远期利率,两者是不同的。

细心的读者可能会产生疑问,为何假设远期利率实现时的 rolldown 刚好与 carry 互为相反数?事实上,这两者一定互为相反数。以一定的期限为界,利率互换的所有现金流总可以分为两个部分:① 该期限内获得的现金收益(carry);② 该期限之后利率互换的剩余现金流,这实际上是一个远期互换合约的现金流。由于利率互换的价值等于未来所有现金流现值之和,因此有

利率互换价值 = carry 的现值 + 剩余互换的现值

= carry 的现值 + 远期互换价值　　　　　　　　(5.17)

对于一个平价互换来说,由于其合约价值为零,因此 carry 现值与隐含的远期互换价值总互为相反数,即

$$\text{carry 的现值} = -\text{远期互换价值} \tag{5.18}$$

这样,给定期限(如 3 个月后)之后远期互换变为即期互换,如果远期利率实现,carry 的实际值必然等于剩余互换价值的相反数。

第四节 利率互换的应用

与利率远期和利率期货一样,利率互换的三大应用也是套期保值、套利和投机。

一、运用利率互换管理利率风险

利用利率互换进行利率风险管理的基本原理,可以通过图 5.6 中的 4 幅图直观地加以理解。

图 5.6 运用利率互换转换资产或负债的利率属性

从图 5.6(a)可以看到,对于拥有固定利率资产的交易者来说,如果担心市场利率上升导致资产价值下跌,可以通过购买利率互换,其在利率互换中支付的固定利率与资产中的固定利率收入相抵销,同时收到浮动利率,从而转换为浮动利率资产,规避利率上升带来的风险。

图 5.6(b)则表明,一个拥有浮动利率资产的交易者,如果认为利率可能下行,会导致收入减少,可以通过卖出利率互换,其在利率互换中支付的浮动利率与资产中的浮动利率收入相抵销,同时收到固定利率,从而转换为固定利率资产,享受利率下行带来的好处。

类似地,图 5.6(c)说明,一个拥有浮动利率负债的交易者,可以买入利率互换,其在利率互换中收到的浮动利率与负债中的浮动利率支付相抵销,同时支付固定利率,从而转换为固定利率负债。

最后,图 5.6(d)意味着,一个拥有固定利率负债的交易者,可以卖出利率互换,其在利率互换中收到的固定利率与负债中的固定利率支付相抵销,同时支付浮动利率,从而转换为浮动利率负债。

总结上述分析,买入利率互换(支付固定收到浮动)可以对冲利率上升带来的风险,其风险管理效果与买入 FRA、卖出国债期货类似;卖出利率互换(收到固定支付浮动)可以对冲利率下行带来的风险,其效果与卖出 FRA、买入国债期货类似。

第九章将对利率风险管理作更为深入的介绍。

二、运用利率互换进行套利

所谓套利,就是利用标的资产和衍生品价格之间相对定价不合理的机会,买低卖高获取价差。常见的利率互换套利包括信用套利和利率套利。

(一)运用利率互换进行信用套利

例5.8是运用利率互换进行信用套利的一个经典例子。从这个例子中,我们可以看到,只要下述条件成立,交易者就可以利用互换进行套利:① 双方对对方的资产或负债均有需求;② 双方在两种资产或负债上存在比较优势,更确切地说,市场上存在着信用定价差异。也就是说A、B两家公司在固定利率市场和浮动利率市场上的信用差价不同。

例5.8 信用套利

假设A公司和B公司都想借入5年期的1 000万元借款,A公司想借入与6个月期SHIBOR相关的浮动利率借款,B公司想借入固定利率借款。但两家公司信用等级不同,故市场向它们提供的利率也不同,如表5.9所示。

表5.9 市场提供给A公司与B公司的借款利率(一年计两次复利)

公司	固定利率	浮动利率
A公司	6.00%	6个月期SHIBOR+0.30%
B公司	7.20%	6个月期SHIBOR+1.00%

从表5.7可以看出,A公司的借款利率均比B公司低。在固定利率市场上A公司比B公司低1.2个百分点,而在浮动利率市场上A公司仅比B公司低0.7个百分点,我们将这种情形称为A公司在两个市场上均具有绝对优势,但A公司在固定利率市场上有比较优势,而B公司则在浮动利率市场上具有比较优势。这样,双方就可利用各自的比较优势借款,然后互换,达到共同降低筹资成本的目的。

具体来看,基本的合作与互换机制为:A公司在其具有比较优势的固定利率市场上以6%的固定利率借入1 000万元,而B公司则在其具有比较优势的浮动利率市场上以SHIBOR+1%的浮动利率借入1 000万元,然后进行互换。由于本金相同,故双方不必交换本金,而只交换利息的现金流:A公司向B支付浮动利息,而B公司向A公司支付固定利息。如图5.7所示。

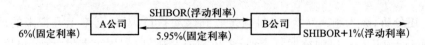

图5.7 运用利率互换进行信用套利

对于 A 公司来说,由于在市场上定期支付 6% 的固定利率,而在互换中支付浮动利率,因此实际上借的是浮动利率贷款。对于 B 公司来说,由于在市场上定期支付 SHIBOR+1% 的浮动利率,而在互换中支付固定利率,从而实际上借的是固定利率贷款。两家公司均借到自己意愿的借款品种。

在明确基本的合作和互换机制之后,具体的利率互换应如何设计,以达到套利效果呢?可以通过以下步骤计算:

(1) 计算套利收益:如果 A 公司与 B 公司不合作,他们的总筹资成本为 7.20%+SHIBOR+0.30%=SHIBOR+7.5%;而如果彼此合作,总筹资成本则为 6.00%+SHIBOR+1.00%=SHIBOR+7%,比不合作的情形降低了 0.5 个百分点,这就是合作与互换带来的套利收益。

(2) 分配套利收益:套利收益是双方合作的结果,理应双方分享。具体分享比例由双方谈判决定。假定各分享一半,则双方都将使筹资成本降低 0.25 个百分点,即双方最终实际筹资成本目标分别为:A 公司支付 SHIBOR+0.05%,实质上融入浮动利率贷款;B 公司支付 6.95%,实质上融入固定利率贷款。

(3) 根据上述目标设计利率互换合约:

对 A 公司来说,由于已经对外借入固定利率 6% 的贷款,设利率互换为 X,最终希望达到借入浮动利率为 SHIBOR+0.05% 贷款的目的,即

$$-6\%+X=-(\text{SHIBOR}+0.05\%)$$

因此有

$$X=-\text{SHIBOR}+5.95\%$$

也就是说,在利率互换中,A 公司支付 6 个月期 SHIBOR,收入 5.95%,就可以实现其借入低成本浮动利率贷款的目的。

检查此时 B 公司的状况,可以发现 B 公司在利率互换中收入 6 个月期 SHIBOR,支付 5.95%,对外支付浮动利率 SHIBOR+1%,最后效果是借入 6.95% 的固定利率贷款,比自己直接贷款节省 0.25%。

整个利率互换设计如图 5.7 所示。

---

20 世纪 80 年代,基于上述比较优势与信用套利的互换分析非常流行。很多交易者认为,互换各方以各自在不同融资领域的比较优势为基础进行合作与交换,从而能够降低成本、提高收益。然而,随着市场的发展,人们逐渐对此种比较优势与信用套利的说法有了新看法:随着市场的发展,这样的套利机会应该是逐渐减少乃至消失的。最新的观点认为,例 5.8 中 B 公司之所以在浮动利率贷款市场上具有比较优势,是因为在浮动利率贷款中,债权人在每隔半年重定利率时,在调整利差和贷款金额上有较多的灵活性和选择权,这样浮动利率贷款代表的实际上是半年的信用风险,所以 B 公司在浮动利率市场上信用价差较低是合理的。因此,上述利率互换可能本质上并不是在进行信用套利,而是通过承担信用风险获取收益。

如果通过其他途径能够对冲相关的信用风险,还能获取超额套利利润,上述信用套利过程才真正成立。

（二）运用利率互换进行利率套利

我们已经知道,在理想状态下,利率互换可以拆分为债券组合或 FRA 组合,在相应的债券或 FRA 可交易的情况下,如果出现相对定价不合理,就可以进行套利。图 5.8 展示了一个在利率互换和债券组合之间进行套利的案例。

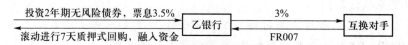

图 5.8　利率互换与债券组合间的利率套利

可以看到,乙银行在买入一个固定利率为 3% 的 2 年期 FR007 利率互换的同时,在市场上通过滚动 7 天回购融入 2 年资金,用于买入 2 年期无风险债券,获得 3.5% 的固定票息收入(中国市场上称之为"回购养券")。可以看到,由于浮动端基本抵消,乙银行在 2 年中每年获取了 50 个基点的套利收益。这就是利用"利率互换多头 = 固息债空头 + 浮息债多头"的性质,通过在债券市场上卖出 2 年期浮息债、买入 2 年期固息债,赚取市场差价的套利操作。

这一理论上的套利操作是否确实成立,会受到市场摩擦的影响。首先,滚动 7 天回购的实际成交利率与定盘利率 FR007 并不完全相等,因为后者是满足一定条件的回购利率的中位数;其次,尽管利率互换理论上可以视为债券组合,但利率互换是零初始成本、净额结算、缴纳保证金的衍生品,使得其在信用风险、信用风险和交易成本上都与债券交易存在差异。因此一个谨慎的套利交易者会先考虑上述因素之后再进行操作。

尽管套利交易可能存在各种摩擦,但其存在保证了利率互换定价保持在合理的水平,因而套利交易是市场正常运作必不可少的前提条件。

三、运用利率互换进行投机

与利率远期和利率期货一样,利率互换同样可用于投机,根据判断进行交易,通过承担风险获取收益。合理程度的投机为市场提供流动性,是一个市场正常运作的重要组成部分。

利率互换可以用于投机浮动利率的升跌。例如作为收取固定利息、支付浮动利息的一方,FR007 利率互换的空头将在 FR007 利率下行时获利;反之,如果预判 FR007 利率会上行,FR007 利率互换的多头可以获利。

利率互换还可以用于进行期限价差交易。例如,在买入 1 年期 FR007 利率互换的同时,卖出 2 年期 FR007 利率互换,就可以在期限价差缩小时获利,但在期限价差扩大时亏损。

四、运用利率互换构造新产品

利率互换的第四个用途是构造新的金融产品。例 5.9 给出了一个运用利率互换构造反向浮动利率债券的典型案例。

从图 5.6 中可以看出,如果一笔名义本金为 M 的浮动利率资产与一份名义本金相同的利率互换空头组合在一起,将构造出一份合成的固定利率资产。现在,设想一下如果该笔利率互换空头的名义本金是 $2M$ 而非 M,会发生什么?

假设乙公司拥有一份 2 年期的本金为 M、利率为 1 年期 SHIBOR 的浮动利率资产(为简要起见,这里设定浮动期限为 1 年)。现在乙公司签订一份名义本金为 $2M$ 的 2 年期利率互换,支付 1 年期 SHIBOR,收到互换利率 SR(SHIBOR 和 SR 均为一年复利 1 次),利息每年交换一次,如图 5.9 所示。

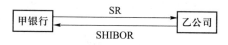

图 5.9　甲银行与乙公司的利率互换

在签订了此笔利率互换协议后,乙公司面临 3 个利息现金流:① 从资产中获得 $M \times$ SHIBOR 的浮动利息收入;② 从互换中收入 $2M \times SR$ 固定利息;③ 在互换中支付 $2M \times$ SHIBOR 的浮动利息。这样乙公司的利息现金流就转化为 $M \times (2 \times SR - \text{SHIBOR})$。也就是说,当市场利率上升的时候,该资产的利息收入下降,这样的资产被称为反向浮动利率债券。因此,一笔名义本金为 M 的浮动利率资产与一份名义本金为 $2M$ 的利率互换空头组合在一起,将构造出一份合成的反向浮动利率债券。

由于利率互换既可以分解为债券头寸的组合,也可以拆为远期协议的组合,在现实中,随实际市场状况、投资者预期与需要的不同,它与其他金融资产可以再组合,构造出符合投资者需要的新金融产品。

本 章 小 结

1. 利率互换主要分为两类:普通利率互换和基差互换。

2. 除了客观市场需求的推动,做市商制度、主协议制度和一些标准化设计等市场机制也是利率互换快速发展的原因。

3. 2007 年美国次贷危机之后,包括利率互换市场在内的全球场外衍生品市场出现了进一步标准化和集中清算的趋势。

4. 在利率互换的浮动利率与合理贴现率一致时,可以将普通利率互换分解为债券组合或 FRA 的组合来计算利率互换的合约价值。在无摩擦的理想状态下,这两种定价结果应该是等价的。

5. 合理的互换利率就是使得利率互换合约价值为零的固定利率水平。在利率互换的浮动利率与合理贴现率一致时,签约时合理的互换利率公式为

$$SR = \frac{1 - B_t^{t_N}}{\frac{1}{m} \times \sum_{i=1}^{N} B_t^{t_i}}$$

6. 互换利率的本质是平价到期收益率。利用息票剥离法可以从中提取出对应的即期利率，进而计算得到相应的远期利率。

7. 在利率互换的浮动利率与合理贴现率不一致时，采用债券组合或 FRA 组合法得到的估值并不准确。

8. 对于利率互换合约的交易者来说，在特定期限内该合约为其带来的现金收益就是这一期限所对应的 carry。利率互换的 rolldown 则是指在一定期限后，即期利率曲线保持不变或远期利率曲线实现情形下利率互换合约的价值变动。

9. 利率互换可用于管理利率风险、套利、投机和构造新产品等。

习 题

1. 在市场中分别找到一个基于 FR007 的利率互换合约和基于 3 个月期 SHIBOR 的利率互换合约，分别为其制作如表 5.1 所示的现金流表格，并讨论这两种利率互换合约的差异所在。

2. 由于担心未来短期融资成本上升，某公司与银行签订了一份期限为 1 年的利率互换，互换名义本金为 1 亿元，互换利率为 2.85%（3 个月计一次复利），参考浮动利率为 3 个月期 SHIBOR，每 3 个月互换一次利息。

（1）假设签约时 SHIBOR 的期限结构如表 5.10 所示（年化连续复利），试用债券组合的方法计算期初互换价值。

表 5.10 SHIBOR 期限结构

期限	3 个月	6 个月	9 个月	1 年
即期利率	2.70%	2.80%	2.90%	3.00%

（2）假设半年后 SHIBOR 期限结构整体上移 50 个基点，试用 FRA 组合的方法计算半年后互换对于公司的价值。

（3）分别用式（5.6）和式（5.8）计算半年后合理的互换利率水平。

3. 2020 年 8 月 12 日，中国银行间基于 3 个月期 SHIBOR 的互换利率报价如表 5.11 所示。

表 5.11 3 个月期 SHIBOR 互换利率报价

互换期限	3 月	6 月	9 月	1 年
互换利率	2.75%	2.749 5%	2.752 7%	2.908 8%

试求出其中隐含的即期利率和远期利率，并阐述其含义和用途。

4. 现有一个 3 个月后开始的浮动端为 3 个月期 SHIBOR 的 1 年期利率互换，假设当前的即期利率（连续复利）如表 5.12 所示。

表 5.12 即 期 利 率

期限	3 个月	6 个月	9 个月	1 年	15 个月
即期利率	2.70%	2.80%	2.90%	3.00%	3.2%

试求得合理的远期互换利率。

5. 试解释图 5.4(a)中 FR007S1Y5Y 所对应的交易策略。

6. 查阅相关资料,列出 2 个利率互换的运用案例。

第六章　利率期权与信用违约互换

学习目标：

在学习完本章之后,你应该能够理解和掌握:
◇ 复杂衍生品定价的基本原理
◇ 欧式债券期权的定价方法
◇ 利率上(下)限期权的定价方法
◇ 利率互换期权的定价方法
◇ 含权债的定价方法
◇ 信用违约互换的基础分析方法

在第四章和第五章中,读者已经熟悉了利率远期、利率期货和利率互换这三类基础的利率衍生品。在这些产品之外,国内外金融市场上还存在着更为复杂的利率与信用衍生品。本章希望能够帮助读者建立起对这些复杂衍生品的初步理解。第一节介绍复杂衍生品的基本分析原理,第二节到第五节讨论常见的利率期权产品,包括债券期权、利率上(下)限期权、利率互换期权、含权债的定价与分析方法,第六节则介绍了最基础的信用衍生品——信用违约互换的分析逻辑。本章所涉及的内容相对复杂,超出了本书的难度,因此仅对其中最基本的原理加以介绍。

第一节　复杂衍生品定价的基本原理

在第一章中我们已经知道,以利率或债券价格为标的的期权,都属于利率期权。市场上最为常见的利率期权包括债券期权、利率上下限期权、利率互换期权,以及嵌入债券的利率期权(由此形成可赎回债和可回售债)等。在以信用为标的的衍生品中,信用违约互换则是最为常见的。

无论是利率期权还是信用衍生品,这些复杂固定收益衍生品的定价通常不在现实测度下进行,而是切换至其他等价概率测度①进行定价。下面对切换测度定价的相关原理加以简要阐述。

---

① 所谓概率测度,是定义在样本空间的事件域上的一个满足非负性、正则性和互不相容事件可数可加性的实值函数,用于刻画随机事件的发生概率。对于同样的样本空间和事件域,可能有不同的概率测度。例如,对于明天是否下雨,判断的概率可以是不一样的。定义在相同样本空间和事件域上的两个概率测度,如果对同样的事件赋予零概率,则为等价测度。换言之,在两个等价测度下,样本空间和事件域首先必须是相同的,一定会发生(概率为1)和一定不发生(概率为0)的事件是一致的,两个测度的差异只是对可能发生事件赋予的概率不同。在进行概率测度转换时,等价测度可以保证数学上的良好定义。

首先,切换测度定价是可行的。在传统的现金流贴现定价法下,金融产品的合理价值是其未来现金流按合理收益率贴现至今的现值。当未来现金流不确定时,这一定价过程需要基于概率计算期望值,贴现率则需反映相应的风险溢酬。以金融产品下期到期、下期有三种可能的状态为例,在传统的现金流贴现定价法下,金融产品定价公式应表达为[①]

$$V = P_1 B_1 X_1 + P_2 B_2 X_2 + P_3 B_3 X_3 = E(\boldsymbol{B}\boldsymbol{X}) \tag{6.1}$$

式中,V 为金融产品的当前合理价值,X_1、X_2 和 X_3 分别为下期到期时金融产品的三种可能回报,B_1、B_2 和 B_3 分别为下期三种状态下的贴现因子,P_1、P_2 和 P_3 则分别是三种状态的现实概率,$E(\cdot)$ 为现实概率测度下的期望值算子,B 表示贴现因子向量,X 表示回报向量。

对式(6.1)略加变换可以得到(B_1^Q、B_2^Q 和 B_3^Q 均不为 0)

$$V = \frac{P_1 B_1}{B_1^Q} \cdot B_1^Q \cdot X_1 + \frac{P_2 B_2}{B_2^Q} \cdot B_2^Q \cdot X_2 + \frac{P_3 B_3}{B_3^Q} \cdot B_3^Q \cdot X_3$$

可以证明,只要 $\frac{P_1 B_1}{B_1^Q}$、$\frac{P_2 B_2}{B_2^Q}$ 和 $\frac{P_3 B_3}{B_3^Q}$ 均大于 0 小于 1,$\frac{P_1 B_1}{B_1^Q} + \frac{P_2 B_2}{B_2^Q} + \frac{P_3 B_3}{B_3^Q}$ 就等于 1,满足概率测度的基本性质。分别用 Q_1、Q_2、Q_3 表示 $\frac{P_1 B_1}{B_1^Q}$、$\frac{P_2 B_2}{B_2^Q}$ 和 $\frac{P_3 B_3}{B_3^Q}$,式(6.1)可以等价变换为

$$V = Q_1 B_1^Q X_1 + Q_2 B_2^Q X_2 + Q_3 B_3^Q X_3 = E^Q(\boldsymbol{B}^Q \boldsymbol{X}) \tag{6.2}$$

也就是说,我们可以切换到等价测度 Q 下为金融资产定价,对于同样的回报向量 X,每个状态发生的概率和所采用的贴现因子都相应变换,Q_1、Q_2、Q_3 分别是三种状态的新概率,$\boldsymbol{B}^Q$ 表示新测度下 Q 使用的贴现因子向量,得到的定价 V 与式(6.1)在现实测度下定出来的价格是一致的。

在了解切换测度定价的可行性和等价性之后,我们来讨论为何要切换测度进行定价。在运用式(6.1)为利率期权和信用衍生品等复杂固定收益证券定价时,最大的挑战是在现实测度下的合理贴现率(或贴现因子)难以估计,因为有风险现金流的贴现率应该等于无风险利率加上风险溢酬,前者是对资金时间价值的补偿,后者是对风险的补偿。但风险溢酬依赖于主观的风险偏好,不易估计,导致贴现率难以客观确定。切换到另一个测度定价,则有可能巧妙地规避这一问题,利用式(6.2)在另一个测度下直接算出 V。也就是说,转换到其他测度定价,完全是为了定价方便。

那么,究竟要转换至哪个测度定价呢?首先我们要明确,这些概率测度可能并不真实存在,而是人为的技术测度。转换到哪个测度,取决于对于特定的资产,哪个测度定价最为便利。在本章所涉及的固定收益衍生品中,所涉及的测度包括风险中性测度、远期测度和互换测度。由于测度转换和相应衍生品定价的具体推导过程相当复杂,超出本书的范围,本章的目的是帮助读者建立起对这些复杂衍生品定价和分析的初步理解,因此本节仅从文字上论述定价的基本原理,后续各节则直接给出最基本的定价模型及其运用案例[②]。

---

① 在金融领域长期存在着一种说法:金融资产价格是未来现金流期望值的合理贴现。更正确的表达应当是:金融资产价格是未来现金流合理贴现的期望值。也就是说,应该先对不同状态下的现金流进行贴现再计算期望值。这是因为未来发生的状态不同,不仅现金流不同,贴现因子也是不同的。从本质上说,投资者的风险偏好与风险厌恶是针对不同状态而言的(例如经济繁荣和经济衰退的状态),而不是针对特定证券而言的。因此更准确的应该是对不同状态采用不同的贴现因子,而不是针对不同证券采用不同的贴现因子。

② 对相关理论分析和模型推导感兴趣的读者可以参阅陈蓉和郑振龙(2011)、Munk(2011)。

最后,需要说明的是,要想得到衍生品定价的唯一解,在经济上有一定的前提条件:无套利和可复制。无套利是指人们对钱财的态度是多多益善,因此如果存在无风险套利的机会,套利活动就会出现,直到这种机会消失为止。所谓可复制,是指需要定价的产品可以由市场上现有产品复制出来。

第二节　欧式债券期权

债券是最基础的利率产品。相应地,债券期权也是最基础的利率期权产品之一[①]。事实上,市场上常见的其他利率期权产品往往都与债券期权有关。例如可赎回和可回售债券实际上是在普通的不含权债券中内嵌债券期权,利率上限和利率下限也可以转换成零息债期权的组合。因此,我们首先介绍债券期权的基本特征和定价方法。

6-1 二维码链接
芝加哥商品交易所的利率期权产品

一、债券期权的基本特征

在第一章中已经介绍了债券期权的基本含义,这里直接给出欧式债券看涨期权到期回报 c_T 和看跌期权到期回报 p_T 的公式,分别为

$$c_T = \max(S_T - K, 0) \tag{6.3}$$
$$p_T = \max(K - S_T, 0) \tag{6.4}$$

式中:K 为期权行权价,S_T 则为期权到期 T 时刻的标的债券价格[②]。定价时刻统一定为 t。

二、债券期权的定价

债券期权定价中最常用的模型之一是布莱克模型(称 Black 模型),其由费雪·布莱克(Fischer Black)于 1976 年提出,最早用于欧式期货期权定价。后来人们发现其可以应用于更广范围的产品,包括欧式债券期权。

在债券期权中运用的 Black 模型的最重要特征有两个:

第一,切换至一个远期测度为债券期权定价,该测度与贴现因子 B_t^T 有关,我们称之为"T 远期测度"[③]。这个测度有以下两个性质:

$$V_t = B_t^T \cdot E_t^T(V_T) \tag{6.5}$$

---

① 在国际的交易所市场(例如 CME)中,大部分的债券期权实际上是以债券期货为期权的标的资产,但其基本原理是一样的。

② 为易于理解,此处使用 S_T 表示到期时刻的债券价格。事实上,如果标注完整,到期时刻的债券价格应该是 $S_T^{T^*}$ 而非 S_T,其中 T^* 为标的债券的到期时刻,$T^* > T$;也就是说,在期权到期时刻,标的债券仍存续。

③ 这一测度转换以及相应的两个性质的推导超出本书范围,感兴趣的读者可以参阅陈蓉和郑振龙(2011)、Munk(2011)。

$$F_t^T = E_t^T[S_T] \tag{6.6}$$

式(6.5)的含义是:在 T 远期测度下,任意一个欧式金融资产在 t 时刻的价格 V_t,等于其到期回报 V_T 在该测度下的条件期望值 $E_t^T(V_T)$ 用贴现因子 B_t^T 贴现的现值①。式(6.6)则意味着在 T 远期测度下,未来 T 时刻现货价格 S_T 的条件期望值等于 t 时刻将于 T 到期的远期价格 F_t^T。

第二,假设标的债券价格 S_T 在期权到期 T 时刻服从对数正态分布。对于对数正态分布来说,只需要均值和方差两个参数即可刻画整个分布。式(6.6)意味着 S_T 在 T 远期测度下的条件期望值就等于当前市场上该债券的远期价格 F_t^T;S_T 的方差则是需要估计的参数,根据对数正态分布的性质,一般估计价格对数的方差 $\text{Var}(\ln S_T)$ 即可。

要运用 Black 模型为欧式债券期权定价,直接将上述两个特征运用于特定产品即可。例如,若要为欧式债券看涨期权定价,推导如下:

首先,欧式看涨期权价值应满足式(6.5),即

$$c_t = B_t^T \cdot E_t^T(c_T) \tag{6.7}$$

第二步,将欧式债券看涨期权的到期回报公式(6.3)代入式(6.7),可以得到

$$c_t = B_t^T \cdot E_t^T[\max(S_T - K, 0)] \tag{6.8}$$

第三步,利用对数正态分布的性质和式(6.6),可以进一步推得欧式债券看涨期权的价值公式为②

$$c_t = B_t^T \cdot E_t^T(S_T) \cdot N(d_1) - B_t^T \cdot K \cdot N(d_2) = B_t^T \cdot F_t^T \cdot N(d_1) - B_t^T \cdot K \cdot N(d_2)$$

$$d_1 = \frac{\ln\left(\dfrac{E_t^T(S_T)}{K}\right) + \dfrac{\text{Var}(\ln S_T)}{2}}{\sqrt{\text{Var}(\ln S_T)}} = \frac{\ln\left(\dfrac{F_t^T}{K}\right) + \dfrac{\text{Var}(\ln S_T)}{2}}{\sqrt{\text{Var}(\ln S_T)}} \tag{6.9}$$

$$d_2 = d_1 - \sqrt{\text{Var}(\ln S_T)}$$

依此类推,欧式债券看跌期权的价值公式为

$$p_t = B_t^T \cdot K \cdot N(-d_2) - B_t^T \cdot F_t^T \cdot N(-d_1) \tag{6.10}$$

其中,式(6.10)的符号与式(6.9)相同,$N(\cdot)$ 是标准正态分布的累积概率分布函数,F_t^T 是标的债券在 t 时刻的远期价格(该远期合约到期日为 T),是 t 时刻的已知信息,可以从市场上观察而得或是由第四章中的式(4.8)计算得到;债券价格对数的方差 $\text{Var}(\ln S_T)$ 则需要估计③。

应该注意的是,如果不接受标的债券在 T 时刻服从对数正态分布的假设,Black 模型就不能使用。另外,Black 模型仅适用于欧式期权或不会提前行权的美式期权,其他类型的债券期权不宜使用 Black 模型。

---

① 注意,如果 V_T 的现金流有信用风险,则 B_t^T 应该是与该信用风险匹配的贴现因子。本节讨论的是无风险债券期权的定价,因此这里的 B_t^T 是无风险贴现因子。

② 运用概率论中关于对数正态分布期望值的相关知识即可推导出式(6.9)。我们将推导放在习题中,供读者练习。

③ 需要强调的是,距离债券自身到期时刻越近,债券价格的波动越小。因此方差 $\text{Var}(\ln S_T)$ 实际上只是确定了债券价格对数在期权期限 $T-t$ 期间的总方差,并不一定意味着此期间任意瞬间的方差都是一样的。

第三节　利率上(下)限期权

在第一章中,我们已经介绍了利率上限、利率下限和利率双限的基本概念。在这一节,读者将进一步深入理解这三种产品的本质特征,并学习如何为其定价。利率上限和利率下限的基本原理是一致的,利率双限则由利率上限和利率下限合成,因此我们主要以利率上限为例介绍相关内容,其结论可拓展至利率下限和利率双限的情形。同时,由于中国市场上的利率期权刚刚起步,本节以国际市场上目前交易量最大的基于 LIBOR 的利率上(下)限期权为例来加以讲解。

一、利率上限的基本特征

在第一章中,我们已经知道利率上限实际上是一系列具有相同行权价,但具有不同到期期限和不同标的利率的欧式看涨子期权(caplet)的组合。例如,一个以 3 个月期美元 LIBOR 为标的,2020 年 6 月 1 日起至 2021 年 6 月 1 日结束,重置频率为季度的利率上限期权,实际上是由 4 个利率的欧式看涨子期权组成的[①]。它们分别将于 2020 年 9 月 1 日、2020 年 12 月 1 日、2021 年 3 月 1 日和 2021 年 6 月 1 日到期,标的利率分别为上述 4 个日期的 3 个月期 LIBOR。

因此,单个欧式看涨子期权的到期回报可以统一用公式表达为

$$c_{i,T_{i+1}} = M \cdot (T_{i+1}-T_i) \cdot \max(R_{T_i}^{T_{i+1}}-R_K,0) \tag{6.11}$$

式中:M 为名义本金,T_i 和 $R_{T_i}^{T_{i+1}}$ 分别表示第 i 个子期权的到期日和标的利率,$T_{i+1}-T_i$ 则是标的利率 $R_{T_i}^{T_{i+1}}$ 的计息期长度(以年为单位),R_K 是整个利率上限期权的行权价。注意 $R_{T_i}^{T_{i+1}}$ 和 R_K 均为每年计息 $1/(T_{i+1}-T_i)$ 次的年利率。同时,第 i 个子期权虽然在 T_i 时刻到期,但根据"期初确定利率、期末支付利息"的借贷惯例,息差现金流发生在 T_{i+1} 时刻。

对式(6.11)进行简单变换,可以将利率上限中第 i 个子期权的回报写为

$$\max\left[M-\frac{M[1+R_K\cdot(T_{i+1}-T_i)]}{1+R_{T_i}^{T_{i+1}}\cdot(T_{i+1}-T_i)},0\right] \tag{6.12}$$

因此,由于利率与债券的反向函数关系,利率上限也可以理解为一系列零息债欧式看跌期权的组合。其中,M 可以被看成是零息债期权的行权价,$\dfrac{M[1+R_K\cdot(T_{i+1}-T_i)]}{1+R_{T_i}^{T_{i+1}}\cdot(T_{i+1}-T_i)}$ 则代表标的零息债在 T_i 时刻的价格,该债券的本金为 $M[1+R_K\cdot(T_{i+1}-T_i)]$,到期日为 T_{i+1}。

然而,值得注意的是,在现实中,利率上限的每一个子期权和普通的债券看跌期权还是有所差别的。因为利率上限的真实标的往往是 LIBOR 等市场交易者报出的利率,而债券看跌期权的标的则为市场上交易的某种债券价格。从理论上看它们对利率的敏感性是相同的,但单个债券的价格很有可能受到市场上的其他因素的影响,比如流动性因素、信用风险以及该债券自身的特征。所以,和债券看跌期权相比,利率上限的价格中只反映了利率变动的市场风险,这就为那些

---

① 这里暂时不考虑起息日和结算日等具体规定。实际中的具体到期日通常会由于惯例、周末或节假日等原因略有提前或推后。

只需要对冲利率风险的交易者提供了重要的对冲工具。正因如此,利率上限在国际利率衍生品市场上的交易量巨大,远远超过债券期权。

二、利率上限的定价

由于利率上限可以拆分为一系列欧式利率看涨期权的组合,因此利率上限的价值 cap_t 就是单个子期权 $c_{i,t}$ 价值之和,

$$\mathrm{cap}_t = \sum_i c_{i,t} \tag{6.13}$$

只要分别计算出单个子期权的价值,加总即可得到整个利率上限的价值。

在很长一段时间里,为利率上(下)限期权定价的主流模型就是本章第二节中介绍过的 Black 模型,其主要特征是在特定的远期测度下,假设到期时的标的利率(普通复利)[①]服从对数正态分布;但随着 2007 年美国次贷危机之后负利率的出现,巴舍利耶模型(简称 Bachelier 模型)流行起来,其与 Black 模型的主要区别在于假设到期时的标的利率服从正态分布,而非对数正态分布,从而可以描述负利率的情形。下面我们分别对其加以介绍。

(一)利率上限定价:基于 Black 模型

在为利率上限第 i 个子期权定价时,Black 模型切换至一个与贴现因子 $B_t^{T_{i+1}}$ 有关的远期测度定价,我们称之为"T_{i+1} 远期测度"[②]。这个测度有以下两个性质:

$$V_t = B_t^{T_{i+1}} \cdot E_t^{T_{i+1}}(V_{T_{i+1}}) \tag{6.14}$$

$$R_t^{T_i, T_{i+1}} = E_t^{T_{i+1}}(R_{T_i}^{T_{i+1}}) \tag{6.15}$$

比较式(6.5)和式(6.14)可以看出,这两个式子在本质上具有一致性,只是一个是"T 远期测度",一个是"T_{i+1} 远期测度";相应地,一个是 T 时刻变量 V_T 的条件期望值 $E_t^T(V_T)$ 用 B_t^T 贴现,一个则是 T_{i+1} 时刻变量 $V_{T_{i+1}}$ 的条件期望值 $E_t^{T_{i+1}}(V_{T_{i+1}})$ 用 $B_t^{T_{i+1}}$ 贴现。

比较式(6.6)和式(6.15)则可以看出,这两个式子在本质上也具有一致性,式(6.6)意味着在 T 远期测度下,未来 T 时刻现货价格 S_T 的条件期望值等于 t 时刻将于 T 时刻到期的远期价格 F_t^T;式(6.15)则意味着在 T_{i+1} 远期测度下,未来即期利率 $R_{T_i}^{T_{i+1}}$ 在 T_{i+1} 远期测度下的条件期望等于当前时刻的远期利率 $R_t^{T_i, T_{i+1}}$。需要强调的是,式(6.15)中的远期利率和即期利率都必须是普通复利计息的。

基于上述性质和期权到期时标的利率服从对数正态分布的假设,我们可以推导得到第 i 个利率上限子期权的定价公式:

首先,第 i 个利率上限子期权的价值应满足式(6.14),即

$$c_{i,t} = B_t^{T_{i+1}} \cdot E_t^{T_{i+1}}(c_{T_{i+1}}) \tag{6.16}$$

---

① Hogan and Weintraub(1993)发现如果假设连续复利的瞬时利率服从对数正态分布,会导致未来一段时间内的货币市场账户价值的风险中性期望趋于正无穷,欧洲美元期货价格趋于负无穷,这显然是存在问题的。但 Miltersen,Sandmann and Sondermann(1997)的研究表明,如果假设普通复利利率服从对数正态分布,并不会存在类似的问题。

② 这一测度转换以及相应的两个性质的推导超出本书范围,感兴趣的读者可以参阅陈蓉和郑振龙(2011)、Munk(2011)。

第二步,将利率上限子期权的到期回报公式(6.11)代入式(6.16),可以整理得到

$$c_{i,t} = M \cdot (T_{i+1} - T_i) \cdot B_t^{T_{i+1}} \cdot E_t^{T_{i+1}} [\max(R_{T_i}^{T_{i+1}} - R_K, 0)] \tag{6.17}$$

第三步,利用对数正态分布的性质和式(6.15),可以推得第 i 个利率上限子期权的价值公式为[1]

$$
\begin{aligned}
c_{i,t} &= M \cdot (T_{i+1} - T_i) \cdot B_t^{T_{i+1}} \cdot [E_t^{T_{i+1}}(R_{T_i}^{T_{i+1}}) \cdot N(d_1) - R_K \cdot N(d_2)] \\
&= M \cdot (T_{i+1} - T_i) \cdot B_t^{T_{i+1}} \cdot [R_t^{T_i, T_{i+1}} \cdot N(d_1) - R_K \cdot N(d_2)]
\end{aligned}
$$

$$d_1 = \frac{\ln\left(\dfrac{E_t^{T_{i+1}}(R_{T_i}^{T_{i+1}})}{R_K}\right) + \dfrac{\mathrm{Var}(\ln R_{T_i}^{T_{i+1}})}{2}}{\sqrt{\mathrm{Var}(\ln R_{T_i}^{T_{i+1}})}} = \frac{\ln\left(\dfrac{R_t^{T_i, T_{i+1}}}{R_K}\right) + \dfrac{\mathrm{Var}(\ln R_{T_i}^{T_{i+1}})}{2}}{\sqrt{\mathrm{Var}(\ln R_{T_i}^{T_{i+1}})}}, \tag{6.18}$$

$$d_2 = d_1 - \sqrt{\mathrm{Var}(\ln R_{T_i}^{T_{i+1}})}$$

与债券期权定价公式类似,$N(\cdot)$ 是标准正态分布的累积概率分布函数,$R_t^{T_i, T_{i+1}}$ 是 t 时刻的远期利率,是 t 时刻已知的信息,可以从市场上观察而得或是由第二章的式(2.15)计算得到;未来即期利率对数的方差 $\mathrm{Var}(\ln R_{T_i}^{T_{i+1}})$ 则需要估计。我们通常将方差的开方项 $\sqrt{\mathrm{Var}(\ln R_{T_i}^{T_{i+1}})}$ 称为波动率。

需要说明的是,上述运用于利率上(下)限期权的 Black 模型有很多名字。由于其最早是由 Brace, Gatarek and Musiela(1997)和 Miltersen, Sandmann and Sondermann (1997)等人提出的,因此有人称其为 BGM 模型。其重要特征之一是假设到期标的利率服从对数正态分布,在定价测度下到期标的利率的期望值等于当前的远期利率,因此也常常被称为 LFM 模型(对数正态远期利率模型,lognormal forward-LIBOR model);其建模对象是市场上可直接观测的利率,因此也常被称为市场模型(the market model);在国际金融市场上的利率上(下)限期权主要以 LIBOR 利率为主,因此这一模型又常被称为 LMM 模型(LIBOR market model)。

(二) 利率上限定价:基于 Bachelier 模型

与 Black 模型一样,Bachelier 模型同样在 T_{i+1} 远期测度下为利率上限期权定价,因此到式(6.17)为止,两个模型都是相同的。但 Bachelier 模型假设到期的利率服从正态分布而非对数正态分布,因此在求期望时与 Black 模型出现了差异,最终的期权定价公式为[2]

$$
\begin{aligned}
c_{i,t} &= M \cdot (T_{i+1} - T_i) \cdot B_t^{T_{i+1}} \cdot E_t^{T_{i+1}}[\max(R_{T_i}^{T_{i+1}} - R_K, 0)] \\
&= M \cdot (T_{i+1} - T_i) \cdot B_t^{T_{i+1}} \cdot \{E_t^{T_{i+1}}[R_{T_i}^{T_{i+1}} 1_{|R_{T_i}^{T_{i+1}} > R_K|}] - R_K \cdot E_t^{T_{i+1}}[1_{|R_{T_i}^{T_{i+1}} > R_K|}]\} \\
&= M \cdot (T_{i+1} - T_i) \cdot B_t^{T_{i+1}} \cdot [(R_t^{T_i, T_{i+1}} - R_K) \cdot N(d) + \sqrt{\mathrm{Var}(R_{T_i}^{T_{i+1}})} \cdot \varphi(d)]
\end{aligned} \tag{6.19}
$$

$$d = \frac{R_t^{T_i, T_{i+1}} - R_K}{\sqrt{\mathrm{Var}(R_{T_i}^{T_{i+1}})}}$$

式中:$N(d)$ 和 $\varphi(d)$ 分别是标准正态分布的累积概率分布函数和密度函数。Bachelier 模型下的波动率是利率方差的开方,而非利率对数方差的开方。

---

[1] 运用概率论中关于对数正态分布期望值的相关知识即可推导出式(6.18)。

[2] 运用概率论中关于正态分布期望值的相关知识即可推导出式(6.19),我们将推导放在习题中,供读者练习。

三、利率下限和利率双限的定价

和利率上限刚好相反,利率下限是一系列利率的欧式看跌子期权(floorlet)的组合。由于基本原理相同,推导细节相似,我们直接给出利率下限的一些结论性的特征和定价公式。利率下限的标的变量同样为市场上的某种浮动利率,其每一个子期权的回报可以写成

$$p_{i,T_{i+1}} = M \cdot (T_{i+1} - T_i) \cdot \max(R_K - R_{T_i}^{T_{i+1}}, 0) \tag{6.20}$$

基于与利率上限同样的原理,利率下限也能够表示成一系列零息债欧式看涨期权的组合,单个期权的回报公式为

$$\max\left[\frac{M[1 + R_K \cdot (T_{i+1} - T_i)]}{1 + R_{T_i}^{T_{i+1}} \cdot (T_{i+1} - T_i)} - M, 0 \right] \tag{6.21}$$

同时,利率下限的价值也可以表示为每个子期权价值之和:

$$floor_t = \sum_i p_{i,t} \tag{6.22}$$

在 Black 模型和 Bachelier 模型下,每个利率下限子期权的定价公式分别为

$$p_{i,t} = M \cdot (T_{i+1} - T_i) \cdot B_t^{T_{i+1}} \cdot [R_K \cdot N(-d_2) - R_t^{T_i, T_{i+1}} \cdot N(-d_1)] \tag{6.23}$$

和

$$p_{i,t} = M \cdot (T_{i+1} - T_i) \cdot B_t^{T_{i+1}} \cdot \left[(R_K - R_t^{T_i, T_{i+1}}) \cdot N(-d) + \sqrt{\mathrm{Var}(R_{T_i}^{T_{i+1}})} \cdot \varphi(-d) \right] \tag{6.24}$$

其中变量含义与式(6.18)和式(6.19)相同。

此外,正如第一章所介绍的,一个利率双限多头就是在买进一个利率上限的同时卖出一个利率下限,因此利率双限的定价可以先分别为利率上限和利率下限定价,再组合而成。

四、关于利率上(下)限期权定价的一些讨论

在利率上(下)限期权定价的讨论中,有以下几个问题值得注意:

第一,在一个利率上(下)限期权中,每个子期权可以在各自不同的远期测度下分别定价后再加和,无须选择同一个测度。

第二,在估计得到波动率 $\sqrt{\mathrm{Var}(\ln R_{T_i}^{T_{i+1}})}$ 或 $\sqrt{\mathrm{Var}(R_{T_i}^{T_{i+1}})}$ 后,运用式(6.18)至式(6.24)等定价公式,我们可以为利率上(下)限定价;如果这些产品交易活跃,我们可以将其市场价格作为输入变量,利用这些定价公式校准得到隐含波动率,再用于其他产品的定价。

第三,在利率上(下)限期权的定价中,如果各个子期权使用的波动率不同,我们称之为使用点波动率(spot volatilities);如果对一个利率上(下)限合约下的所有子期权都统一使用同一个波动率,就称为使用水平波动率(flat volatilities)。前者相对准确,但同时也增加了参数和模型的复杂性;后者忽略了单个子期权的定价信息,相对粗糙,但较为简单,整个利率上(下)限合约的价值与该波动率存在一一对应关系,方便了利率上(下)限整体的报价与比较,也容易求得一个统一的隐含波动率。如果使用点波动率,还要考虑随着时间的推移,同一个子期权的波动率是始终不变,还是要逐渐变化?如果要逐渐变化,又以何种规律演变?最终使用哪种波动率结构,取决于使用者的偏好和需求。

第四节　利率互换期权

利率互换期权也是在国际市场上交易活跃的利率衍生产品。但与利率上(下)限期权是一系列子期权的组合不同,利率互换期权是以一系列现金流组合为标的。因此,利率互换期权与利率上(下)限期权的定价尽管在原理上有一致之处,但并不相同。在第一章,我们曾简要介绍过利率互换期权。在这一节里,读者将对欧式利率互换期权[①]的基本特征有更深入的了解,并学习如何为其定价。同样由于中国市场上的利率互换期权刚刚起步,本节以国际市场上目前交易量最大的基于 LIBOR 的利率互换期权为例来加以讲解。

一、利率互换期权的基本特征

首先,让我们简要回顾一下第一章中关于利率互换期权的介绍。欧式利率互换期权赋予其多头一个未来的权利,其在期权到期日有权决定是否开始一个事先设定好合约内容的互换。根据互换方向的不同,利率互换期权可以分为支付方互换期权和接收方互换期权。以支付方互换期权为例,在期权到期时刻,期权多头有权决定自己是否要成为标的互换的多头(即支付约定的固定利率,收到浮动利率)。显然,如果到期时刻的市场互换利率高于双方约定的固定利率(即行权价),多头就行权买入互换合约,否则就弃权。假设期权到期时刻为 T_0,支付方互换期权多头到期回报 c_{T_0} 的公式为

$$
\begin{aligned}
c_{T_0} &= M \cdot \sum_{i=0}^{N-1} \left[B_{T_0}^{T_{i+1}} \cdot (T_{i+1} - T_i) \cdot \max(\mathrm{SR}_{T_0} - \mathrm{SR}_K, 0) \right] \\
&= M \cdot A_{T_0}^{T_0, T_n} \cdot \max(\mathrm{SR}_{T_0} - \mathrm{SR}_K, 0)
\end{aligned}
\tag{6.25}
$$

式中:M 为合约名义本金,N 为互换的总次数,$T_i(i=1,2,\cdots,N)$ 表示每次的互换时刻,$T_{i+1}-T_i$ 表示每次的互换间隔(以年为单位),SR_{T_0} 表示期权到期 T_0 时刻标的互换合约的市场互换利率(每年计息 $1/(T_{i+1}-T_i)$ 次的年利率,下同),SR_K 则为期权行权利率。无论 i 是多少,$\max(\mathrm{SR}_{T_0}-\mathrm{SR}_K,0)$ 都是一样的,因此 $\max(\mathrm{SR}_{T_0}-\mathrm{SR}_K,0)$ 可以提出来,而 $A_{T_0}^{T_0,T_N}$ 则是对应的年金现值因子:

$$
A_{T_0}^{T_0, T_N} = \sum_{i=0}^{N-1} \left[B_{T_0}^{T_{i+1}} \cdot (T_{i+1} - T_i) \right]
\tag{6.26}
$$

我们用一个实际的例子来帮助理解式(6.25)。假设一个 1 年后到期的支付方互换期权,标的为 2 年期、每半年互换一次、名义本金为 1 000 万元的利率互换,事先约定的行权利率为 3%。假设 1 年后期权到期时这样一个互换的市场互换利率为 4%,对于期权多头来说,如果行权,需要支付的利率是 3%而非 4%,因此必然选择行权。行权的结果是,互换期限内的每半年末,对于每 1 元名义本金,期权多头都会获益

$$
(T_{i+1}-T_i) \cdot (\mathrm{SR}_{T_0}-\mathrm{SR}_K) = \frac{1}{2} \times (4\%-3\%) = 0.5\%
$$

---

① 在本书中我们只讨论欧式利率互换期权。

当然,如果 1 年后的到期互换利率是 2%,期权多头必然弃权,从而回报为 0。将每期的回报乘以名义本金,并贴现至 T_0 时刻,就得到了式(6.25)。

基于类似的分析可以推出,在期权到期 T_0 时刻,接收方互换期权多头的回报 p_{T_0} 为

$$p_{T_0} = M \cdot \sum_{i=0}^{N-1} \left[B_{T_0}^{T_{i+1}} \cdot (T_{i+1} - T_i) \cdot \max(SR_K - SR_{T_0}, 0) \right]$$

$$= M \cdot A_{T_0}^{T_0, T_N} \cdot \max(SR_K - SR_{T_0}, 0) \tag{6.27}$$

可以看出,支付方互换期权是互换利率的看涨期权,而接收方互换期权则是互换利率的看跌期权。

二、互换期权的定价

与利率上(下)限期权类似,早年人们主要采用 Black 模型为利率互换期权定价,其主要特征是在特定的互换测度下,假设到期时的互换利率服从对数正态分布;近年来则主要采用假设到期时的互换利率服从正态分布的 Bachelier 模型。下面我们分别对这些模型在互换期权中的运用加以介绍。

(一)互换期权定价:基于 Black 模型

在 t 时刻为互换期权定价时,Black 模型切换至一个与 t 时刻年金现值因子 $A_t^{T_0, T_N}$ 有关的测度为互换期权定价,其中

$$A_t^{T_0, T_N} = \sum_{i=0}^{N-1} \left[B_t^{T_{i+1}} \cdot (T_{i+1} - T_i) \right] \tag{6.28}$$

注意该年金现值因子的期限和频率与互换合约定期现金流的期限和频率是匹配的,与式(6.26)定义的 $A_{T_0}^{T_0, T_N}$ 的期限和频率也是一致的,只是贴现时刻不是 T_0 时刻,而是 t 时刻。我们称这个与 $A_t^{T_0, T_N}$ 有关的测度为"A^{T_0, T_N} 互换测度"[1](简写为"A 互换测度"[2])。这个测度有以下两个性质:

$$V_t = A_t^{T_0, T_n} \cdot E_t^A \left(\frac{V_{T_0}}{A_{T_0}^{T_0, T_n}} \right) \tag{6.29}$$

$$SR_t^{T_0, T_n} = E_t^A (SR_{T_0}^{T_0, T_n}) \tag{6.30}$$

式(6.29)意味着在 A 互换测度下,任意一个欧式金融资产在 t 时刻的价格 V_t,等于其到期回报 V_{T_0} 与 T_0 时刻年金现值因子 $A_{T_0}^{T_0, T_N}$ 之商在该测度下的条件期望值用 t 时刻年金现值因子 $A_t^{T_0, T_N}$ 贴现的现值。式(6.30)则意味着在 A 互换测度下,未来 T_0 时刻互换利率 $SR_{T_0}^{T_0, T_n}$ 的条件期望值等于 t 时刻的远期互换利率 $SR_t^{T_0, T_n}$[3]。

基于上述性质和期权到期时标的互换利率 $SR_{T_0}^{T_0, T_N}$ 服从对数正态分布的假设,可以推导得到互换期权的定价公式。以看涨期权(支付方互换期权)为例:

第一步,支付方互换期权的价值应满足式(6.29),即

---

[1]　这一测度转换以及相应的两个性质的推导超出本书范围,感兴趣的读者可以参阅陈蓉和郑振龙(2011)、Munk(2011)。

[2]　事实上,不同的年金现值因子对应不同的互换测度。例如,A^{T_0, T_N} 和 A^{T_1, T_N} 这两个互换测度是不同的。但由于本节只涉及一个互换测度,为了便于表达,本文简写为"A 互换测度"。

[3]　第五章第二节中曾经介绍过远期互换利率的确定,其公式为式(5.15)。

$$c_t = A_t^{T_0, T_N} \cdot E_t^A \left(\frac{c_{T_0}}{A_{T_0}^{T_0, T_N}} \right) \tag{6.31}$$

第二步,将支付方互换期权的到期回报公式(6.25)代入式(6.31),可以整理得到

$$c_t = A_t^{T_0, T_N} \cdot E_t^A \left[\frac{M \cdot A_{T_0}^{T_0, T_N} \cdot \max(\mathrm{SR}_{T_0} - \mathrm{SR}_K, 0)}{A_{T_0}^{T_0, T_N}} \right] = M \cdot A_t^{T_0, T_N} \cdot E_t^A \left[\max(\mathrm{SR}_{T_0} - \mathrm{SR}_K, 0) \right]$$

$$\tag{6.32}$$

第三步,利用对数正态分布的性质和式(6.30),可以推得支付方互换期权的价值公式为[①]

$$c_t = M \cdot A_t^{T_0, T_N} \cdot \left[\mathrm{SR}_t^{T_0, T_N} \cdot N(d_1) - R_K \cdot N(d_2) \right]$$

$$d_1 = \frac{\ln\left(\dfrac{\mathrm{SR}_t^{T_0, T_N}}{R_K} \right) + \dfrac{\mathrm{Var}(\ln \mathrm{SR}_{T_0}^{T_0, T_N})}{2}}{\sqrt{\mathrm{Var}(\ln \mathrm{SR}_{T_0}^{T_0, T_N})}}$$

$$d_2 = d_1 - \sqrt{\mathrm{Var}(\ln \mathrm{SR}_{T_0}^{T_0, T_N})} \tag{6.33}$$

式中:$N(\cdot)$是标准正态分布的累积概率分布函数;$\mathrm{SR}_t^{T_0, T_N}$是 t 时刻的远期互换利率,是 t 时刻已知的信息,可以从市场上观察而得或是由式(5.15)计算得到;未来互换利率对数的波动率 $\sqrt{\mathrm{Var}(\ln \mathrm{SR}_{T_0}^{T_0, T_N})}$ 则需要估计。

依此类推,接受方互换期权的定价公式为

$$p_t = M \cdot A_t^{T_0, T_N} \cdot \left[R_K \cdot N(-d_2) - \mathrm{SR}_t^{T_0, T_N} \cdot N(-d_1) \right] \tag{6.34}$$

(二)互换期权定价:基于 Bachelier 模型

与 Black 模型一样,Bachelier 模型同样在 A 互换测度下为互换期权定价,因此到式(6.24)为止都是相同的。但由于 Bachelier 模型假设到期的互换利率服从正态分布而非对数正态分布,因此在求期望时与 Black 模型出现了差异,最终的互换期权定价公式为

$$c_t = M \cdot A_t^{T_0, T_N} \cdot \left[(\mathrm{SR}_t^{T_0, T_N} - R_K) \cdot N(d) + \sqrt{\mathrm{Var}(\mathrm{SR}_{T_0}^{T_0, T_N})} \cdot \varphi(d) \right]$$

$$p_t = M \cdot A_t^{T_0, T_N} \cdot \left[(R_K - \mathrm{SR}_t^{T_0, T_N}) \cdot N(-d) + \sqrt{\mathrm{Var}(\mathrm{SR}_{T_0}^{T_0, T_N})} \cdot \varphi(-d) \right]$$

$$d = \frac{\mathrm{SR}_t^{T_0, T_N} - R_K}{\sqrt{\mathrm{Var}(\mathrm{SR}_{T_0}^{T_0, T_N})}} \tag{6.35}$$

式中:$N(d)$ 和 $\varphi(d)$ 分别是标准正态分布的累积概率分布函数和密度函数。

第五节　可赎回债和可回售债

除了在市场上直接交易,也有不少利率期权或债券期权是内嵌在其他金融产品中的,其中最为常见的就是可赎回债和可回售债。在第一章中我们已经知道,可赎回债就是一个普通债券嵌

---

① 运用概率论中关于对数正态分布期望值的相关知识即可推导出式(6.33)。

入了一个发行人拥有的债券看涨期权(利率看跌期权),可回售债则是一个普通债券嵌入了一个投资者拥有的债券看跌期权(利率看涨期权)。在这一节,我们主要介绍如何用树图方法为可赎回债和可回售债定价。

一、可赎回债与可回售债的基本特征

可赎回债是嵌入赎回条款的债券,规定债券发行人在债券到期前有权以事先约定的价格将债券买回;可回售债中内嵌的回售条款则规定债券持有者到期前有权按照约定的价格将债券卖还。若在约定的行权期间未行权,则这些债券都与普通不含权债券一样按合同约定还本付息。

我们首先来分析可赎回债的基本特征。假设当前时刻为 t,可赎回的时刻为 T[①],债券到期日为 T^*,约定的赎回价为 K。在可赎回时刻 T,用 $S_T^{T^*}$ 表示不含权普通债券的价值,债券发行者的回报可以表达为

$$\max\left[-S_T^{T^*}, -K\right] = -S_T^{T^*} + \max\left(S_T^{T^*} - K, 0\right) \tag{6.36}$$

式(6.36)的左边表示发行者有权选择较低的负债水平;右边则表示对于债券发行者而言,发行一份可赎回债,等价于发行一份普通的不含权债券,并持有一份以该债券为标的资产、以赎回价 K 为行权价、T 时刻到期的看涨期权多头。基于债券价格与到期收益率之间的反向函数关系,也可以看作发行者持有一份利率的看跌期权多头。利率下跌时,发行者便可借新债还旧债,将旧债提前赎回,降低利息负担;利率上升时发行者可以弃权。可赎回债的投资者则刚好与之相反,等于持有一份普通不含权债券,并拥有该债券看涨期权(或利率看跌期权)的空头。

类似地,在可回售时刻 T,可回售债投资者的回报为

$$\max\left[S_T^{T^*}, K\right] = S_T^{T^*} + \max\left(K - S_T^{T^*}, 0\right) \tag{6.37}$$

也就是说,可回售债赋予了投资者选择较高资产价值的权利,因此对于投资者来说,投资一份可回售债,等价于拥有一份普通的不含权债券,并持有一份以该债券为标的资产、以回售价 K 为行权价、T 时刻到期的看跌期权多头,相应地就是利率看涨期权的多头。利率上升时,持有者有权提前回售债券,再将拿回的资金进行再投资,获取更高的收益;利率下跌时则可弃权。反之,可回售债的发行者则等于发行一份普通的不含权债券,并拥有该债券看跌期权(或利率看涨期权)的空头。

由于获得期权多头需要支付期权费,所以可赎回债的价格通常低于同等条件的不含权债券的价格,而可回售债的价格则通常高于同等条件的不含权债券的价格。换个角度说,可赎回债的到期收益率通常高于同等条件的不含权债券的到期收益率,而可回售债的到期收益率则通常低于同等条件的不含权债券的到期收益率。

6-2 二维码链接

中国可赎回债和可回售债一览(2019 年 1 月—2020 年 6 月)

---

① 在实际当中可能有多个赎回日,本节以仅有一个赎回机会为例进行分析,结论可拓展至多次赎回的情形。

二、含权债的定价

如前所述,含权债可以拆分成不含权债券和债券期权的组合,因此含权债的定价就是计算不含权债券和债券期权的价值之和。从理论上说,运用我们已经学过的债券定价和债券期权定价方法,就可以为含权债定价。然而,市场中的含权债往往嵌入一些较为复杂的条款,例如可赎回时刻不是一个时刻,而是一系列赎回日程,且不同时刻的赎回价格不一致,导致在很多情况下很难甚至无法得到含权债的解析解。因此,在实际中,对含权债定价的最常用方法是数值方法,尤其以树图方法最常见。下面首先介绍一个树图模型——BDT 树图,然后用一个可赎回债的简单例子,阐述用 BDT 树图为含权债定价的基本原理。

(一) BDT 模型

BDT 模型由 Black、Derman and Toy(1990)提出,其基本思路是:

(1) 转换至风险中性测度为含权债定价,风险中性测度的基本性质是:第一,无论面临的客观风险有多大,在该测度下定价时,任意可交易资产的预期收益率都等于无风险利率;第二,在风险中性测度下定价,先求得风险中性期望,再以无风险利率进行贴现。

(2) 在风险中性测度下,假设利率服从对数正态分布。二项分布的极限是正态分布,因此用大量离散的小幅度二值运动来模拟连续的利率变化。具体而言,在对数正态分布的假设下构造树图时,运用市场已有信息来倒推得到未来的利率风险中性分布树图,从而为利率产品定价。

下面用一个具体的例子来帮助读者理解 BDT 模型。

1. 单期树图

我们的标的利率是 1 年期利率,从单期模型开始。假设当前时刻为 0,离散时间间隔为 1 年[1]。在 0 时刻,1 年期即期利率是已知的,用 R_0 表示。BDT 模型假设 1 年期利率在 1 年后只有两个可能的取值,或以 0.5 的概率上升至 R_u,或以 0.5 的概率下降至 R_d[2],如图 6.1 所示。

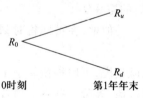

图 6.1 1 年期即期利率
的单期树图

BDT 模型的核心工作是运用市场已有信息倒推树图。假设当前市场上零息债的到期收益率(即期利率)及其波动率期限结构的信息如表 6.1 所示。

表 6.1 零息债到期收益率及其波动率期限结构

剩余期限(年)	到期收益率(%)	波动率(%)
1	10	—
2	11	19
3	12	18

---

① 此处为方便说明起见,使用 1 年期利率,并将离散间隔设定为 1 年,实际中可以根据需要设定。标的利率的期限和离散间隔越短越精确。

② 在较长的时间间隔内假设下一期只有两种可能,显然不符合实际。但是当时间间隔非常小(例如每个瞬间)的时候,标的变量只有两个运动方向的假设是可以接受的,当间隔数量趋于无穷时,由此生成的分布可以涵盖未来利率的绝大多数可能取值。因此,BDT 树图是在用大量离散的小幅度二值运动来模拟连续的利率变化。此处只是为了方便理解,采用 1 年的离散间隔。

首先,我们知道树图起点处的 1 年期即期利率 R_0 等于市场上 1 年期零息债的到期收益率 10%。接下来的工作是估计 R_u 和 R_d。在 BDT 模型中,R_u 和 R_d 是通过求解两个方程得到的:拟合当前利率期限结构的方程和拟合当前波动率期限结构的方程。

(1) 拟合 2 年期零息债到期收益率的方程。如果模型设定合理,运用 BDT 模型计算得到的零息债价值应等于其真实的市场价格。由于 R_u 和 R_d 刻画的是 1 年后的 1 年期利率,对应的自然是 1 年后剩余期限为 1 年的零息债,即 0 时刻的 2 年期零息债,其价值树图用图 6.2 表示。对应于图 6.1 中的利率变动,今天的 2 年期零息债 B_0^2 在 1 年后将以 0.5 的概率分别上升和下降至 $B_{1,u}^2$ 和 $B_{1,d}^2$,2 年后到期价值为 1 元。

由现金流贴现原理,每期的债券价值始终为下一期债券价值期望的现值。从树图的末端向前倒推,第 2 年末债券到期价值一定为 1,因此在第 1 年末,债券价值应为

$$B_{1,u}^2 = e^{-R_d}$$
$$B_{1,d}^2 = e^{-R_u} \tag{6.38}$$

注意债券价值的上升对应着利率的下降。再向前推 1 期,在 0 时刻有

$$B_0^2 = (0.5 B_{1,u}^2 + 0.5 B_{1,d}^2) e^{-R_0} \tag{6.39}$$

将式(6.38)和已知的 R_0 代入式(6.39);同时,与 11% 的 2 年零息债到期收益率对应,2 年期零息债的当前市场价格应为 $e^{-11\% \times 2} = 0.802\,5$,因此我们有

$$B_0^2 = (0.5 \times e^{-R_d} + 0.5 \times e^{-R_u}) \times e^{-10\%} = 0.802\,5 \tag{6.40}$$

式(6.40)是 R_u 和 R_d 应满足的第一个方程,该方程是通过拟合当前的利率期限结构得到的。

(2) 拟合 2 年期零息债到期收益率波动率的方程。BDT 模型中 R_u 和 R_d 所满足的第二个方程是通过拟合当前的波动率期限结构得到的。表 6.1 中的 19% 是 2 年期零息债到期收益率的波动率,是由 2 年期零息债到期收益率每年变化的标准差计算而来,因此在树图中对应的是 1 年后的波动,而 1 年后该债券剩余期限已减至 1 年,所对应的到期收益率为 y_1^2,换言之,19% 对应的是 y_1^2 的波动率,由图 6.3 表示。

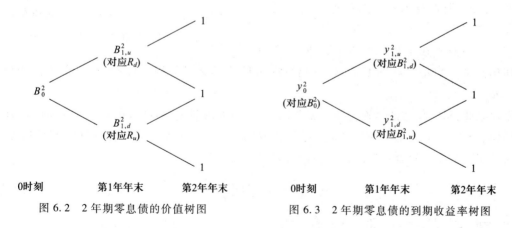

图 6.2 2 年期零息债的价值树图　　　　图 6.3 2 年期零息债的到期收益率树图

BDT 模型假设利率服从对数正态分布,这意味着在 1 年末,$\ln y_1^2$ 的风险中性期望值和方差分别为

$$\tilde{E}_t(\ln y_1^2) = 0.5 \ln y_{1,u}^2 + 0.5 \ln y_{1,d}^2$$

$$\text{Var}_t(\ln y_1^2) = 0.5(\ln y_{1,u}^2 - \tilde{E}_t(\ln y_1^2))^2 + 0.5(\ln y_{1,d}^2 - \tilde{E}_t(\ln y_1^2))^2$$
$$= \frac{1}{4}\left(\ln \frac{y_{1,u}^2}{y_{1,d}^2}\right)^2$$

方差开方即可得到 $\ln y_1^2$ 的波动率。因此有

$$\frac{1}{2}\ln \frac{y_{1,u}^2}{y_{1,d}^2} = 19\%$$

进一步看，1 年后，y_1^2 就是剩余期限为 1 年的即期利率，因此 R_u 和 R_d 满足的第二个方程为

$$\frac{1}{2}\ln \frac{R_u}{R_d} = 19\% \tag{6.41}$$

联立式（6.40）和式（6.41），利用表 6.1 中 2 年期零息债到期收益率与波动率的市场信息，可以求得市场隐含的 R_u 和 R_d 分别为 14.32% 和 9.79%，从而完成单期树图。

需要注意的是，图 6.1 和图 6.3 是不同的，前者刻画的是剩余期限始终为 1 年的即期利率树图，随着起始时刻的变化，到期时刻也不断相应变化；后者则是给定到期时刻的零息债到期收益率，随着起始时刻的推移，剩余期限不断缩短，直至到期。

2. 两期树图

在实际运用中，我们需要的并不是单期利率树图，而是多期利率树图。以两期树图为例，如图 6.4 所示。

（1）保证节点重合的方程。多期模型并非单期的简单拓展，需要额外考虑树图节点重合（recombining）的问题。以图 6.4 为例，如果先上升后下降到达的 R_{ud} 与先下降后上升到达的 R_{du} 不能重合于同一个节点，以此类推未来每个节点都不重合的话，在第 i 期末树图的节点数将达到 2^i 个，出现爆炸式的几何级数增长；但如果 R_{ud} 与 R_{du} 能重合于同一个节点并在未来节点均保持重合，在第 i

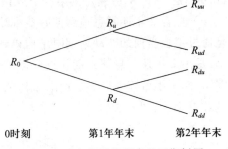

图 6.4 1 年期即期利率的两期树图

期末树图的节点数将只有 $i+1$ 个，利用此树图定价才具有可行性。因此，在多期树图中应设定 $R_{ud} = R_{du}$。

不仅如此，BDT 模型的多期树图还需要以下约束：以两期树图为例，在第 2 年年末时，无论 1 年期即期利率是从 R_u 变动至 R_{uu} 或 R_{ud}，还是从 R_d 变动至 R_{du} 或 R_{dd}，其波动率都应该是相等的。基于对数正态分布的假设和类似式（6.41）的推导，我们有

$$\frac{1}{2}\ln\left(\frac{R_{uu}}{R_{ud}}\right) = \frac{1}{2}\ln\left(\frac{R_{du}}{R_{dd}}\right) \tag{6.42}$$

结合 $R_{ud} = R_{du}$，可以得到第 2 年年末的第一个方程

$$R_{uu}R_{dd} = R_{ud}^2 \tag{6.43}$$

（2）拟合 3 年期零息债到期收益率的方程。第 2 年末的另外两个方程也是通过拟合表 6.1 中 3 年期零息债的价值及其波动率得到。图 6.5 给出了 3 年期零息债价值的树图。

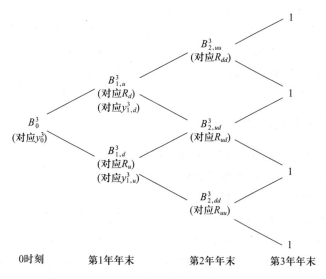

図6.5 3年期零息债的价值与到期收益率树图

观察图6.5,通过逐步倒推,可以将3年期零息债价值 B_0^3 表达为 R_{uu}、R_{ud} 和 R_{dd} 的方程,

$$B_{2,uu}^3 = e^{-R_{dd}}, B_{2,ud}^3 = e^{-R_{ud}}, B_{2,dd}^3 = e^{-R_{uu}}$$

$$B_{1,u}^3 = (0.5B_{2,uu}^3 + 0.5B_{2,ud}^3)e^{-9.79\%}, B_{1,d}^3 = (0.5B_{2,dd}^3 + 0.5B_{2,ud}^3)e^{-14.32\%} \tag{6.44}$$

$$B_0^3 = (0.5B_{1,u}^3 + 0.5B_{1,d}^3)e^{-10\%} = e^{-12\% \times 3}$$

(3)拟合3年期零息债到期收益率波动率的方程。与式(6.41)类似,表6.1中的18%是3年期零息债到期收益率的波动率,是由3年期零息债到期收益率每年变化的标准差计算而来,在树图中对应的是1年后该债券所对应的到期收益率 y_1^3 的波动率。这样,基于对数正态分布假设,y_1^3 的波动率方程可以写为

$$\frac{1}{2}\ln\frac{y_{1,u}^3}{y_{1,d}^3} = 18\% \tag{6.45}$$

又根据债券定价的基本原理,我们有

$$B_{1,u}^3 = e^{-y_{1,d}^3 \times 2}, B_{1,d}^3 = e^{-y_{1,u}^3 \times 2}$$

而式(6.44)表明 $B_{1,u}^3$ 和 $B_{1,d}^3$ 可以表达为 R_{uu}、R_{ud} 和 R_{dd} 的函数,这样我们就将3年期零息债收益率的波动率(式(6.45))也表达为了 R_{uu}、R_{ud} 和 R_{dd} 的方程。

以上可以看到,如果假设中间节点重合,在第2年年末的待估参数是3个利率: R_{uu}、R_{ud} 和 R_{dd}。通过拟合当前时刻的利率期限结构、波动率期限结构和保证树图重合,我们获得了它们应满足的3个方程:式(6.43)、式(6.44)和式(6.45)。联立三个方程,可求出第2年年末的3个待估节点 R_{uu}、R_{ud} 和 R_{dd},分别为19.42%、13.77%和9.76%。

3. 多期树图

依此类推,在 i 时刻,总有 $i+1$ 个待估节点值,而通过拟合 $i+1$ 年期零息债收益率和波动率,总可以写出2个方程;保证中间节点重合的约束条件则有 $i-1$ 个,可以写出形式(6.43)的 $i-1$ 个方程。这样,在 i 时刻,$i+1$ 个方程正好解出 $i+1$ 个待估节点值。因此,运用市场利率期限结构和波动率期限结构的信息,我们可以逐步外推,构造出多期利率树图,进而为利率产品定价。

在上述过程中,值得注意的是波动率的计算环节。首先,由于假设对数正态分布,BDT模型所使用的是利率对数的波动率;其次,表6.1中零息债到期收益率的波动率,度量的是给定到期日的零息债到期收益率一期变化的标准差。由于波动率反映的是未来的波动信息,因此在树图模型中需要运用1年后的数据进行计算,而1年后的债券剩余期限将减少1年,因此n年后到期的零息债的波动率实际上等于剩余期限为$n-1$年的即期利率的波动率。

(二)运用BDT模型为含权债定价

用树图方法(如BDT树图)为含权债定价,一般分为以下四步:

第一步,根据市场数据估计模型参数,画出利率树图。

第二步,根据利率树图得到不含权债券价格的树图。

第三步,采用倒推法为内嵌期权定价,首先基于债券价格树图得到赎回(或回售)时刻期权的回报,再利用利率树图进行逐步贴现,得到每个节点上期权的价值。

最后,将树图第一个节点的不含权债券价格与期权价值相减(加),就得到了可赎回债(或可回售债)的价格。

为了帮助读者更好地理解上述定价过程,下面我们通过一个简单的可赎回债的例子来具体实现以上步骤。

例6.1 用BDT模型为可赎回债定价

假设现有一只剩余期限5年、面值100元、息票率5%,每年付息一次的附息债,发行者有权在3年后以面值赎回该债券。设市场上对应期限零息债的收益率期限结构(连续复利)及其波动率期限结构如表6.2所示,试用BDT模型为该可赎回债券定价。

表6.2 零息债到期收益率和波动率期限结构

期限(年)	1	2	3	4	5
到期收益率(%)	4.80	4.90	5.00	5.10	5.20
波动率(%)	—	14.00	13.00	12.00	11.00

分析该债券,对于债券持有者来说,该可赎回债可以分解为一只5年后到期、面值100元、息票率为5%的不含权附息债多头和一个3年后到期、行权价格为100元、以该债券为标的资产的欧式看涨期权的空头。

第一步,根据前述BDT模型的建模方法以及市场数据,我们构建了一个5期(每1期代表1年)的BDT模型树图,第一个节点就是当前的1年期利率,如图6.6所示。

第二步,根据利率树图构造不含权附息债的价格树图,如图6.7中每个节点上面一行的数值所示。具体计算方法是倒推法:在最后一期的每个节点上[1],债券价格必然等于100,而

---

[1]   对于每个节点,我们假设息票刚刚支付完毕。

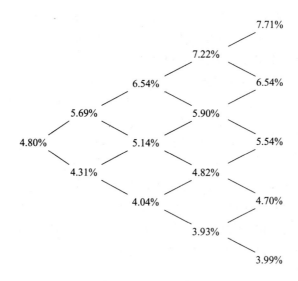

图 6.6　利用 BDT 模型构建的利率树图

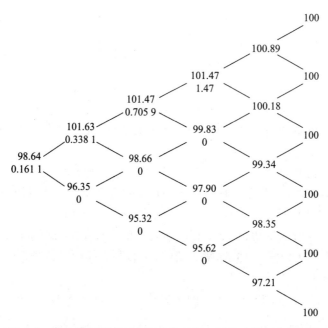

图 6.7　BDT 模型下的不含权债券价格以及内含期权价值树图

前面每期的每个节点上债券的价格等于后一期两个节点的价格加上息票的总和按照图 6.6 所对应的 1 年期利率进行贴现,例如第二列的最上面一个节点由以下式子给出:

$$[(101.47+5)\times0.5+(98.66+5)\times0.5]e^{(-4.31\%)}\approx101.63(元)$$

第三步,计算内含期权的价值,如图 6.7 中每个节点下面一行的数值所示。我们首先从期权到期日(第 3 年末)的期权价值开始。到期时的期权价值就等于期权的回报,由于可赎回债中内含的是债券的看涨期权,因此我们比较到期日各节点债券的价值与赎回价 100 的大小。如果债券价格大于100,那么期权价值等于两者差额,否则期权价值为零。然后依次倒推计算前面三期每个节点上的期权价值,每个节点期权的价值同样可以由后面的节点贴现得到,以第二列的最上面一个节点为例,对应期权价值为:

$$(0 \times 0.5 + 0.705\ 9 \times 0.5) e^{(-4.31\%)} \approx 0.338\ 1(元)$$

最后,对于持有者来说,可赎回债的价格就等于期初不含权附息债的价格减去内含期权的价值:

$$98.64 - 0.161\ 1 \approx 98.48(元)$$

运用树图方法的上述基本步骤,也可以为市场上其他更为复杂的可赎回债定价,只是要根据债券的具体条款改变树图的具体设定。例如,最好根据付息的频率来设定每一期的步长;可赎回债通常内嵌的不是一个欧式期权,而是有具体的赎回日程,包括多个赎回时刻及其相应的赎回价格。类似地,可回售债的定价也可以用类似的方法进行。

第六节　信用违约互换

本节讨论最基础的信用衍生品——信用违约互换(CDS)。由于难度较大,本节主要介绍 CDS 的基本原理和分析逻辑,技术细节暂不展开。需要说明的是,由于在现实测度下的定价难度较大,信用违约互换的定价和分析也是在风险中性测度下进行的。如上一节所述,风险中性测度的基本性质是无论面临的客观风险有多大,在该测度下定价时,任意可交易资产的预期收益率都等于无风险利率。在风险中性测度下定价,先求得风险中性期望,再以无风险利率进行贴现。

我们在第一章中已经介绍过,CDS 是一种违约保护合约,卖方在收取 CDS 保费(CDS spread)之后,在合约期间向买方提供标的公司的信用风险保护,一旦标的公司出现事先约定的信用事件,卖方将提供相应补偿。具体地,我们用符号表述合约如下:

第一,假设双方在 t 时刻签约,在合约存续期内如果没有发生信用事件,CDS 买方在 $t_i(i=1,2,\cdots,N)$ 时刻支付 $M \cdot s \cdot (t_i - t_{i-1})$ 的保费。其中,M 为购买保护的债务面值,s 为年化的 CDS 费率,$(t_i - t_{i-1})$ 的单位是年。

第二,如果发生信用事件,必然发生在两次保费支付之间的时间,为便于表达,假设可能的信用事件发生在中间时刻,即 $\frac{t_{i-1}+t_i}{2}$ 时刻$(i=1,2,\cdots,N)$;一旦发生信用事件,CDS 买方在 $\frac{t_{i-1}+t_i}{2}$ 时刻支付当期一半的保费,之后无须继续支付保费。

第三,一旦发生信用事件,CDS 卖方要进行赔付,赔付金额为 $M \cdot (1 - \mathrm{Rec})$。其中,Rec 为回收率,也就是标的公司违约时债务市场价值 V 与债务面值 M 的比例,即 $\mathrm{Rec} = \dfrac{V}{M}$;相应地,$1 - \mathrm{Rec}$ 就是违约损失率。

对于一个公平的 CDS 合约来说,双方约定的 CDS 保费应该使得双方在合约中所承担成本期望值的现值等价。

在签约 t 时刻来看,CDS 买方的未来成本可以表达为:在任何一个 t_i-t_{i-1} 期间,如果信用事件没有发生,就在 t_i 时刻支付 $M \cdot s \cdot (t_i-t_{i-1})$ 的保费;如果信用事件发生,就在 $\frac{t_{i-1}+t_i}{2}$ 时刻支付 $\frac{M \cdot s \cdot (t_i-t_{i-1})}{2}$ 的保费。这样,对每期进行相加,CDS 买方未来成本期望值的现值为

$$M \cdot s \cdot \sum_{i=1}^{N} (t_i - t_{i-1}) \cdot [(1 - Q_{t_i}) \cdot B_t^{t_i}] + \frac{M \cdot s}{2} \cdot \sum_{i=1}^{N} (t_i - t_{i-1}) \cdot [(Q_{t_i} - Q_{t_{i-1}}) \cdot B_t^{\frac{t_{i-1}+t_i}{2}}]$$

(6.46)

式中: Q_{t_i} 表示在风险中性测度下,截至 t_i 时刻信用事件发生的概率,即"累积违约概率";相应地,$1-Q_{t_i}$ 表示截至 t_i 时刻信用事件未发生的概率,$Q_{t_i}-Q_{t_{i-1}}$ 表示在 t_i-t_{i-1} 期间的违约概率。注意,由于是在风险中性测度下定价,Q_{t_i} 是在风险中性测度下的累积违约概率,计算得到的期望值直接采用无风险贴现因子 $B_t^{t_i}$ 进行贴现。

在签约 t 时刻来看,CDS 卖方的未来成本期望值的现值应该等于,将每期的风险中性违约概率乘以赔付金额 $M \cdot (1-\text{Rec})$ 后,以 $\frac{t_{i-1}+t_i}{2}$ 时刻的无风险贴现因子 $B_t^{\frac{t_{i-1}+t_i}{2}}$ 贴现的现值,即

$$M \cdot (1 - \text{Rec}) \cdot \sum_{i=1}^{N} [(Q_{t_i} - Q_{t_{i-1}}) B_t^{\frac{t_{i-1}+t_i}{2}}]$$

(6.47)

在市场无套利的条件下,CDS 买卖双方所支付的现金流现值应该等价,即式(6.46)应等于(6.47),从而可以得到 CDS 费率 s 的表达式为

$$s = \frac{(1 - \text{Rec}) \sum_{i=1}^{N} [(Q_{t_i} - Q_{t_{i-1}}) \cdot B_0^{\frac{t_{i-1}+t_i}{2}}]}{\sum_{i=1}^{N} (t_i - t_{i-1}) \cdot [(1 - Q_{t_i}) \cdot B_0^{t_i} + \frac{1}{2} \cdot (Q_{t_i} - Q_{t_{i-1}}) \cdot B_0^{\frac{t_{i-1}+t_i}{2}}]}$$

(6.48)

显然,CDS 费率取决于风险中性违约概率 Q_{t_i}。如果已知 Q_{t_i},代入即可求得 CDS 费率 s;反过来,给定市场上的 CDS 费率 s,也可以倒求出市场价格隐含的风险中性违约概率 Q_{t_i}。

无论如何,风险中性违约概率是信用分析的重要核心。目前用于估计风险中性违约概率的主要有两类模型:结构模型(structural model)和简约模型(reduced-form model)。结构模型是在 1974 年罗伯特·默顿(Robert Merton)提出的公司债期权分析框架的基础上发展起来的,其基本思想是:从经济机制出发,公司负债和公司股权都是公司价值的某种衍生品,进而可以将股票价格表达为公司风险中性违约概率的函数,因此从公司股票价格可以倒推得到风险中性违约概率。简约模型由 Jarrow and Turnbull(1995)和 Duffie and Singleton(1999)等文献提出和发展,其并不考虑违约发生的原因与经济机制,而是直接假定违约事件的发生具有外生的风险中性违约概率,用泊松过程等随机过程直接刻画违约的统计特性,将信用产品(如公司债、CDS 等)的价值直接表达为风险中性违约概率的函数,从这些信用产品的市场价格中可以倒推得到相应的风险中性违约概率。实际上,式(6.48)就是简化模型表达式之一。由于相关模型难度超过本书范围,此处不再赘述。

本 章 小 结

1. 复杂固定收益衍生品的定价通常不在现实测度下进行,而是根据产品特征,切换至其他便于定价的等价概率测度进行定价。

2. Black 模型和 Bachelier 模型是最常用的利率期权定价模型。其中 Black 模型假设期权到期时的标的变量服从对数正态分布,Bachelier 模型则假设其服从正态分布。

3. 在 t 时刻为 T 时刻到期的欧式债券期权定价,通常切换至与贴现因子 B_t^T 有关的 T 远期测度。

4. 利率上限和利率下限分别可以拆分为一系列欧式利率看涨子期权和欧式利率看跌子期权的组合。在 t 时刻为 T_i 时刻到期的第 i 个子期权定价时,切换至与贴现因子 $B_t^{T_{i+1}}$ 有关的 T_{i+1} 远期测度定价。

5. 在 t 时刻为 T_0 时刻到期的互换期权定价时,切换至一个与 t 时刻年金现值因子 $A_t^{T_0,T_N}$ 有关的互换测度定价,该年金现值因子的期限和频率与标的互换合约定期现金流的期限和频率是匹配的。

6. 在风险中性测度下,可以运用 BDT 树图为含权债定价。

7. 通过令 CDS 买卖双方在合约中所承担成本期望值的现值等价,可以求得合理的 CDS 保费,其高低取决于标的公司的风险中性违约概率。

习 题

1. 试阐述你对转换测度定价的理解。

2. 列出本章中涉及的几个定价测度,并讨论为何特定的产品分别采用相应的定价测度进行定价。

3. 试证明在任意测度下,只要 X_T 满足对数正态分布,则下式一定成立:

$$E_t\big[\max(X_T-K,0)\big]=E_t(X_T)N(d_1)-KN(d_2)$$

$$d_1=\frac{\ln\left(\dfrac{E_t[X_T]}{K}\right)+\dfrac{\mathrm{Var}(\ln X_T)}{2}}{\sqrt{\mathrm{Var}(\ln X_T)}}$$

$$d_2=d_1-\sqrt{\mathrm{Var}(\ln X_T)}$$

4. 在第 3 题的推导基础上,证明式(6.9)。

5. 借鉴第 3 题和第 4 题的推导,证明式(6.19)。

6. 假设例 6.1 债券中内嵌的不是赎回权,而是其他条件完全相同的可回售权,试仿照例 6.1 的工作,为可回售债定价。

7. 估计违约概率的一种做法是从资产价格中提取隐含的违约概率,结合所学知识,讨论可以从哪些资产价格中提取隐含的违约概率,以及它们是风险中性的还是现实测度的违约概率。

第七章 资产证券化

学习目标：

在学习完本章之后，你应该能够理解和掌握：

◇ 资产证券化的内涵、本质特征与利弊
◇ 资产证券化的常见设计与基本流程
◇ 资产支持证券的主要种类
◇ 资产支持证券定价中提前偿付风险的处理

资产证券化（securitization）是对全球固定收益市场影响最大的金融创新之一。尽管美国的资产证券化市场是 2008 年国际金融危机的发源地，然而简单将其归结为此次金融危机的罪魁祸首显然是肤浅而武断的，因为资产证券化也曾为金融和经济的发展注入活力和动力。事实上，只要运用得当，资产证券化可以帮助发行者和投资者融通资金、管理风险、创造价值，对经济增长和金融稳定具有积极的作用。在本章中，你将了解资产证券化的内涵和本质，掌握资产证券化产品的基本定价技术。第一节阐述了资产证券化的内涵与本质特征、常见设计、主要分类和基本流程，并对其利弊进行了讨论；第二节讨论资产证券化定价中的一个重要问题，即如何处理提前偿付风险。

第一节 资产证券化概述

一、资产证券化的内涵与本质特征

资产证券化就是将特定资产打包在一起，以整个资产池的未来现金流为支持来发行证券的过程。其目的是资产变现和价值创造。我们用一个简化的例子来说明。

假设甲银行账上有一批本金总额为 100 亿元的 10 年期贷款，固定利率为 6%，借款人的平均信用等级为 BB。对于银行来说，这批贷款是中期资产，未来有定期的现金流入。现在，甲银行希望出售这些资产并实现增值，因此其开始为这批贷款寻找潜在的买家。遗憾的是，感兴趣的买家很少，所出的价格也很低。甲银行很快发现症结所在：这批贷款的借款人信用等方面参差不齐，购买者需要逐一考核每笔贷款的投资价值，十分麻烦；更重要的是，贷款缺乏二级市场，这意味着未来变现不易。也就是说，较高的流动性风险导致投资者或者不愿意购买，或者只愿意低价购买。

为克服这一缺陷,甲银行以该批贷款为基础,出售 1 亿张债券(每张面值 100 元),贷款未来的本息现金流归债券持有者所有,这一过程就是资产证券化。原先的贷款资产在形式上转化为了证券,被称为资产支持证券(asset-backed securities,ABS)。通过证券交易,证券投资者代替银行,成为贷款的真实债权人。甲银行惊喜地发现,证券化果然提高了投资者的兴趣和愿意支付的价格。因为证券是标准化的,规模拆细,拥有相对发达的二级市场,从而降低了流动性风险。资产的风险越低,投资者所要求的收益率越低,愿意支付的买价也就越高。

既然如此,除了改善流动性风险,是不是也可以从改善债券的信用风险入手,进一步降低投资者所要求的风险回报,增强资产支持证券的吸引力,提高其价格呢?为解决这一问题,甲银行首先考虑引入高信用机构为证券进行信用担保,这样资产支持证券的信用等级就可以相应上升。然而,甲银行很快发现购买外部信用担保的成本较高,有可能抵消资产支持证券价格上升所带来的好处。因此,甲银行转向资产支持证券内部的结构化设计,以实现内部信用增级。

内部信用增级的结构设计是资产证券化最引人瞩目的特征。如果不进行结构化设计,1 亿张债券本来是完全相同的,债务人每期偿付的现金流被平等地按面值分配给所有债券的持有者。为了实现内部信用增级,甲银行将 1 亿张债券分为 4 档:A、B、C 和 Z 档,各占面值的 30%、30%、30% 和 10%。这 4 档债券的区别主要体现在 4 个方面:

第一,偿付的优先级别不同。每期现金流优先保证 A 债券的偿付要求,然后依次为 B 和 C,每期只有在高层级证券偿付完成后,剩余现金流才能用于偿付低层级的证券,而在 A、B 和 C 档债券全部偿付完成以后,才开始偿付 Z 档债券。

第二,到期期限不同。A 档的期限最短,然后依次为 B、C 和 Z。

第三,信用等级不同。上述设计的本质显然是由低层级的债券首先吸收基础资产可能的违约损失,保护高层级的债券不受或少受违约风险的影响,从而使得其中几档债券的信用等级高于原先的 BB 级,而 Z 档债券的本息偿付完全没有保证,获得的是前几档证券偿付之后剩余的现金流,往往无法获得信用评级,被认为和股票具有类似的性质,因而被称为权益层。

第四,票面利率不同。信用等级和期限的不同必然导致票面利率的不同,信用等级越高、期限越短,票面利率越低,Z 档债券甚至可能没有票面利率。但由于前几档债券的票面利率低于甚至远低于原资产的利率,如果这批贷款很少或没有违约,Z 档债券所获得的收益是相当高的,因此常常被称为高收益证券。当然如果贷款违约情形比较严重,Z 档债券的收益将很低甚至可能亏损,从而具有高风险高收益特征。

通过上述优先/次级结构设计(senior/subordinated structure),甲银行构造出了不同信用等级的证券,其中部分证券的信用等级得到了提高,显然能以较高的价格出售(或者体现在较低的票面利率上)。尽管整体资产的信用等级并没有变化,但经过结构化设计后构造出来的各档证券能够满足不同投资者的差异化需求,甲银行从而在整个资产证券化中能够实现资产增值。例如,对于很多大型金融机构来说,某些资金的投资对象必须是 BBB 级甚至更高等级的投资级债券,从而对市场上供应有限的高等级债券有着偏好;中等信用等级的 B 级和 C 级证券适合那些追寻中等信用等级和收益率的投资者;而高收益证券则为风险偏好的投资者和希望在组合中加入高收益资产的投资者提供了更多的候选品种。这样,投资者们往往愿意为符合自己偏好和需求的证券支付一定的溢价,从而带来了价值的增值。

在这个简化例子的基础上,可以总结出资产证券化的一些本质特征:

第一，从资产证券化的目标来说，很多人仅仅将资产证券化理解为资产变现和融资的一种手段，认为发行者的主要目的是通过资产证券化将原先只能分期收入现金流的资产转化为现金，提高资产的流动性，改善"借短贷长"的期限错配，将资产负债表上的长期贷款等资产转至表外，释放其所占用的资本。这的确是资产证券化的目的之一，此种目标的资产证券化常被称为资产负债表型的资产证券化。然而，推动发行者进行大量资产证券化的根本动因远不止于此。只要通过合理设计，降低资产支持证券的风险，提高其对投资者的吸引力，发行者就能以比基础资产高的价格出售证券，获得资产增值，资产证券化就能超越融资手段，成为价值创造过程和利润的来源，此类资产证券化被称为套利型的资产证券化。实际上，后者才是资产证券化大量存在和持续发展的本质原因。

第二，对流动性风险和信用风险的改善和重组是资产证券化所创造价值的根本来源。从前述例子中可以看到，通过将不流动的资产转化为流动性高的证券，资产证券化降低了投资者的流动性风险；通过内部的结构化设计，资产证券化降低了部分证券的信用风险，同时满足了不同投资者的需求和偏好。这些都使得投资者所要求的回报率下降，从而使得资产支持证券的市场价值高于原资产的价值。表 7.1 用一个例子清晰地说明了投资者所要求的回报率下降能创造多高的价值。必须强调的是，在合理和适度的资产证券化中，这一价值增值并不是空中楼阁和账面游戏。因为对于整个社会来说，风险下降减少了亏损的可能性；风险的合理转移、分配和分散，则使得风险转移至愿意和有能力承担风险的人手中，风险对整体社会的不利影响也将下降，风险降低和亏损减少所带来的价值创造显然是实实在在的。

表 7.1 投资者所要求的回报率与证券价格示例

贴现率(%)	8	7	6	5	4	3	2	1
证券价格(万元)	95.35	97.63	100.00	102.45	104.98	107.59	110.30	113.10

注：假设原贷款本金 100 万元，期限 5 年，固定利率每年 6%，每月等额偿付的本息和为 19 332.80 元。

第三，资产证券化得以实施的一个重要前提是，用来证券化的资产具有可预期的、相对稳定的未来现金流。投资者正是基于对未来现金流入的预期进行投资的。因此，在资产证券化最热门的时候，华尔街上曾经流传着一句话："只要有现金流，就把它证券化。"这句话显然反映出当时国际金融界过度资产证券化的不良倾向，这种倾向为后来的次贷危机埋下了伏笔；但从另一个角度来说，这句话简明扼要地阐述了现金流对资产证券化的重要性。实际上，只要有稳定现金流，具体的资产形式并不重要，发行者都能以未来的现金流为支持进行资产证券化。因此在资产证券化的市场上，有着相对稳定现金流的贷款、债券、高速公路项目、应收账款等都可以成为证券化的对象。

二、资产证券化的常见设计

在了解资产证券化的内涵和本质之后，接下来对资产证券化中常见的重要设计进行介绍。除了改善流动性风险之外，资产证券化中的主要设计包括信用增强、管理提前偿付风险、管理利率风险和风险隔离等。

(一)管理信用风险的相关设计

作为降低信用风险、提高证券吸引力的重要手段,信用增强(credit enhancement)是资产证券化过程中最重要的工作之一。外部信用增强手段主要包括购买外部担保、购买 CDS 和购买商业银行信用证。内部信用增强手段则包括优先/次级设计、安排储备资金(reserve funds)、设置超额利差(excess spread)账户和实行超额抵押(overcollateralization)等。

在前述例子中已经做过初步介绍的优先/次级结构是最重要、最常用、效果最显著的信用增强技术。一般来说,按优先等级不同,构造出来的证券分别属于优先层(senior tranches)、中间层(mezzanine tranches)和权益层(equity tranches)。由于受到后面层级证券的保护,加上其他设计,优先层常常达到 AAA 信用等级,中间层的各档证券信用等级逐层降低,权益层的典型特征则是在前面层级的证券尚未清偿完毕之前不能获得任何现金流收入,其每期应得的利息收入被用于偿付前面层级的证券本金,同时在账面上计增权益层的本金,等到其他证券到期偿付完成之后,再进行还本付息,因此权益层常常也被称为 Z 证券(Z bonds,Z 表示零息)或积息证券(accrual bonds)。优先/次级设计的结构如图 7.1 所示。

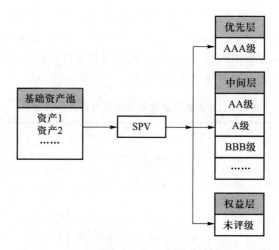

图 7.1　资产证券化的优先/次级设计结构示意图

在其他内部信用增强手段中,储备资金是指将证券发行收入中的一部分截留下来作为储备,为未来的可能损失提供一定的担保;超额利差账户与储备资金有些类似,区别在于其是将每期基础资产的现金流收入与所发行证券的现金流偿付支出之差截留下来,支付费用或弥补损失后,储备起来用于弥补未来可能发生的损失;超额抵押是指基础资产的总额高于发行的证券总金额,超额部分也可以为未来的可能损失提供一定的担保。

(二)管理提前偿付风险的相关设计

在优先/次级设计中,最常见的是顺序偿付(sequential pay),前文例子中甲银行所做的设计就是典型的顺序支付。这样的设计充分降低了高层级证券的信用风险,但却使其仍然暴露在提前偿付风险中。例如,若基础资产(如贷款)的债务人提前还款,在顺序支付的设计下,高层级证券的本金偿付将加速,会出现预期之外的现金流入,再投资风险加大。由于基础资产一般都会存在提前偿付现象,资产证券化时都会预估一个可能的提前偿付比率,但真实的提前偿付却是不确定的,这就是提前偿付风险。为了理解资产证券化中的相关设计,我们需要先对提前偿付风险略做了解。

很多因素都可能影响提前偿付的速度,利率通常被认为是最重要的因素。从利率的角度划分,提前偿付风险又可以分为收缩风险和扩张风险。收缩风险(contraction risk),是指利率下降导致的过高的提前偿付率带来的风险。利率下降时,本会使得证券价格上升,但由于债务人借新债还旧债可能是合算的,会使得提前偿付速度高于预期,这导致证券持有者会提前收回较多现金流,却只能以较低的利率进行再投资,这一不利影响会或多或少地抵消债券价格的上升。扩张风险(extension risk)则是和利率上升联系在一起的。利率上升时,提前偿付速度会低于预期,也就是说,再投资利率较高时,投资者获得的现金流反而较少,到期日会延长,这导致利率上升时,如果没有事先对提前偿付风险进行管理,资产支持证券下跌的幅度会大于普通债券的下跌幅度。

在管理提前偿付风险方面,最常见的设计就是计划摊还层级(planned amortization class,PAC)。其中包括两个设计:第一,事先设定两个提前偿付速度(一个很高一个很低),分别计算出相应的两个本金偿付现金流,PAC证券的未来每期本金偿还被设定为两者中较低者,从而形成事先约定的固定本金摊还进度计划。只要基础资产的实际提前偿付介于这两个速度之间,PAC证券的本金支付计划就基本可以得到满足。第二,在PAC证券之下设计相对次级的支持或伴随债券(support bonds or companion bonds),这些伴随债券的现金流可以在一定程度上进行调整,以尽量保证PAC证券能按事先约定的固定本金偿还。因此,PAC证券现金流的相对可预测性实际上是以其伴随债券较高的现金流波动为代价的,伴随债券同时承担了收缩风险和扩张风险,因而PAC证券也被认为具有双边提前偿付保护(two-sided prepayment protection)。

表7.2给出了PAC证券的一个简单例子。表中的条件提前偿付比率(the conditional prepayment rate,CPR)是指每期提前偿付的金额占剩余本金的固定比例,是提前偿付速度的一个常见指标。可以看到将各年的PAC证券本金支付计划加总起来,就可以得到1亿元本金中,应该分配给PAC证券的本金为8 278万元,从而相应地分配给伴随证券的本金就是1 722万元。①

表7.2 PAC证券的简单示例   单位:万元

年份	特定条件提前偿付率下的预期本金偿付		PAC本金计划
	5%	20%	
1	2 056	3 310	2 056
2	2 023	2 491	2 023
3	1 995	1 854	1 854
4	1 972	1 362	1 362
5	1 954	983	983

注:基础资产本金1亿元,剩余期限5年,原计划每年底支付一次等额本息,年利率10%。仅构造出一个PAC证券和一个伴随证券。假设无服务费。

---

① 发行者也可以对这个分配份额进行调整,例如发行者希望PAC债券和伴随债券的本金分配分别是7 500万元和2 500万元,则每年PAC债券的计划本金应该等于原来的本金金额乘以0.906 0(75/82.78),从而每年的计划本金分别为1 863万元、1 833万元、1 680万元、1 234万元和891万元。

通常来说,由于选择的是两个速度中较低的现金流,加上伴随证券的存在,PAC证券的现金流具有较大的确定性。但在几种情况下,PAC证券仍然会存在提前偿付风险。例如,实际提前偿付严重超出PAC证券的提前偿付速度范围,伴随证券已经无法吸收所有风险;或者伴随证券由于前期得到大量提前偿付本金,已经提前到期。

除了PAC,在资产证券化市场上还存在着PAC Ⅰ、PAC Ⅱ、精确限定到期日(very accurately defined maturity,VADM)、目标摊还层级(targeted amortization class,TAC)、反向TAC等变种。PAC Ⅰ和PAC Ⅱ其实是同时发行不同层级的PAC证券,PAC Ⅰ具有更宽的双边提前偿付率范围,PAC Ⅱ的边界则较窄。VADM本质上是以Z债券(即权益层)的应计利息作为本息偿付来源的PAC证券,这些应计利息原来用于偿付高信用层级证券的本金。VADM证券可以完全规避扩张风险,因为即使提前偿付率降到零,Z证券的应计利息仍然是有保证的;VADM证券也可以在很大程度上规避收缩风险,因为Z证券的本金是最后得到偿付的,只要本金仍未偿付完毕,Z证券就还有应计利息,从而可以比其他伴随债券更好地保护VADM证券的本金偿付,使得VADM证券具有相对精确的到期期限。TAC证券和反向TAC证券的特点则是事先只设定一个提前偿付速度,只保护单向的风险。对于TAC证券来说,真实的提前偿付比这一预设速度高时,伴随债券将吸收多余的现金流,从而使得TAC证券投资者能按计划获得本金偿付;但在真实的提前偿付较低从而导致现金流达不到计划水平时,TAC证券并没有相应的保护。也就是说,TAC证券只保护收缩风险。反向TAC证券则正好相反,只在提前偿付速度慢于设定速度时由伴随债券提供保障,从而只保护扩张风险。因此TAC和反向TAC证券的现金流不确定性大于PAC类证券。

在PAC证券之外,另一种与提前偿付风险有关的设计是剥离式证券(STRIPS)。剥离式证券的特点是将基础资产池收到的本金和利息在投资者间进行不均衡的分配,其极端形式是仅付本金(principal-only,PO)证券和仅付利息(interest-only,IO)证券。顾名思义,PO证券只收到来自基础资产本金的现金流,而IO证券则只收到来自基础资产本金余额的利息的现金流。两种证券都以未来预期现金流的现值折扣出售。由于PO证券的未来现金流就是基础资产的本金,所以其未来现金流的总金额是确定的,但现金流入的时点却会因为提前偿付的影响而存在不确定性;而IO证券的未来现金流本身就会受到提前偿付的影响,产生不确定性,因此从本质上说IO证券是没有面值的证券。

可以看出,PO证券和IO证券都受到提前偿付风险和利率风险的影响。由于提前偿付又主要受利率影响[①],所以市场利率的变化会从两个方面同时影响PO证券和IO证券的价格:贴现率和提前偿付。对于PO证券来说,这两方面的影响是一致的:利率下降时,提前偿付会加速,使得PO证券的近期现金流增加,再加上贴现率的下降,会使得PO证券价格加速上升;反之利率上升时,PO证券价格会加速下降。而对于IO证券来说,这两方面的影响则是互相抵消的:利率下降时,提前偿付的加速对IO证券价格不利,但贴现率下降则有利于价格上升;反之利率上升时,提前偿付减少对IO证券价格有利,但贴现率上升对价格不利。很多情况下提前偿付的影响更大,这使得IO证券的价格呈现出与利率同向的变化。

---

① 利率升跌是影响提前偿付风险的重要因素,因此对提前偿付风险的管理可以在一定程度上视为间接的利率风险管理。

（三）关于利率风险的设计

在资产证券化中,对利率风险的直接管理主要通过设计资产支持证券的票面利率来实现,包括固定利率和浮动利率。浮动利率又具体可分为普通浮动利率、超级浮动利率和反向浮动利率。超级浮动利率是指利率指数的倍数大于 1,例如某证券的票面利率等于 2 倍的 6 个月期 LIBOR。正向浮动利率和反向浮动利率常常成对出现,因其可以组合为固定利率,达到风险相互吸收的效果。此外需要注意的是,支付给浮动利率类证券的最大利息收入应等于基础资产的全部利息收入,因此需要相应设定利率上下限。

（四）关于风险隔离的设计

在资产证券化操作中,通常都有"风险隔离"的设计,其目的是将基础资产与原资产所有者相分离,以达到二者风险相分离的目的,希望以此提高对投资者的保护和吸引力。风险隔离主要通过在每一单资产证券化中单独设立具有破产隔离(bankruptcy-remote)性质的特殊目的机构(special purpose vehicle, SPV)来实现。资产的原始拥有者将基础资产真实出售给 SPV, SPV 作为真正的发行人,再以该资产未来的现金流作为抵押发行证券,用发行收入支付资产购买价格。SPV 最大的特征在于,其业务和资产负债都仅仅来源于该项基础资产和相应发行的证券,没有任何其他资产负债,从而保证了资产证券化的风险与资产原始拥有者的其他风险完全隔离。其他的风险隔离手段还包括在资产证券化流程中引入其他中介,例如引入服务商和受托人管理基础资产和相应证券的现金流,以保证资产和相应现金流的安全性。

由此可见,资产证券化中的关键设计要点都是围绕着风险的管理和重新分配展开的。这再一次证实资产证券化所创造的价值源于对各种风险的合理安排。虽然资产证券化的过程不一定能减少总风险,但却通过风险的内部再分配使得不同层级的证券具有差异化的风险—收益特征,也常常创造出其他传统固定收益证券所不具有的风险—收益特征。市场上不同投资者的偏好和需求显然是不同的。例如,自身借短贷长的商业银行更厌恶扩张风险,却对可能加速收回投资的收缩风险相对无所谓;养老基金则对扩张风险相对无所谓;有的投资者偏好固定利率,有的投资者则偏好浮动利率。由于能够更好地满足自己的偏好和需求,投资者们愿意支付一定的溢价,资产证券化的价值创造即来源于此,只要运用适度,投资者与发行者就能获得共赢。

7-1 二维码链接

1. 中国货币网资产支持证券发行信息披露
2. 中国货币网资产支持票据发行信息披露
3. 上海证券交易所资产支持证券专栏
4. 深圳证券交易所资产支持证券专栏

三、资产支持证券的种类

在资产证券化市场上,存在着许多不同的资产支持证券,有些名称常常混用,没有确定的权威定义和分类。在本章中我们介绍相对主流的定义和分类,以帮助读者形成对资产证券化市场的整体认识。

总的来说,所有经由资产证券化构造出来的证券都可以统称为资产支持证券(ABS),具体又可以分为两类:狭义的资产支持证券和担保债务凭证(collateralized debt obligations,CDO)。根据是否对现金流进行结构重组,资产支持证券还可以分为"过手证券"(pass-through securities)和"转付证券"(pay-through securities)。如果对基础资产的现金流不进行结构化处理、重组分配或积极管理,而是直接将其扣除服务费后按照证券面值进行分配,所构造出来的就是过手证券。转付证券则是原始现金流经过改变的资产支持证券,前述的优先/次级结构、顺序支付和PAC结构等都是典型的转付证券。

本小节主要介绍狭义ABS与CDO。

(一) 狭义 ABS 与 CDO 的区别

1. 基础资产不同

狭义ABS的基础资产主要包括房地产抵押贷款、汽车贷款、信用卡贷款、学生贷款等贷款项目,因而属于传统和早期的资产支持证券。而只要是有稳定现金流的资产,都可能成为CDO标的,如各类债券、银行贷款、特许权使用费、特定的定期收入项目,特别是其他资产支持证券(包括狭义ABS和其他CDO)。以已经发行出来的资产支持证券为担保再次证券化的过程被称为再证券化(resecuritization)。在部分CDO中,资产组合经理还可以通过买进卖出基础资产进行积极管理。

2. 基础资产的相异性不同

狭义ABS的基础资产讲究一致性(homogeneous),在信用状况、现金流和到期日等方面都要求相似性,基础资产多来自同一家机构,以便于资产证券化的统一管理和定价。而CDO的基础资产则常常要求相异性(heterogeneous),由来自不同机构的资产组成,资产间的相关性越小越好,以充分分散风险,降低基础资产池的总信用风险,提高CDO的出售价格。

3. 结构设计的复杂程度不同

一般来说,CDO一定包含优先次级的结构设计以及其他更为复杂的一些创新设计,以提高资产支持证券的吸引力。而狭义ABS则是相对传统的资产支持证券,可能并不进行优先次级的差异化设计,所有证券具有相同的权利义务,现金流结构相对简单;或者只有相对简单的结构设计。事实上,这两类资产支持证券之间的界限并不是完全清晰的。例如,一般被划入狭义ABS类别中的CMO(collateralized mortgage obligations)可以视为这两者的过渡产品。CMO的基础资产主要是房地产抵押贷款衍生出来的传统ABS,一般都会进行优先/次级等结构化设计,但不会像典型的CDO那样在资产池构建、资产主动管理和现金流结构等方面有那么多的创新设计。

(二) 狭义 ABS 的种类

在狭义的ABS当中,根据基础资产的不同,还有房地产抵押贷款支持证券(mortgage-backed securities,MBS)和更为狭义的资产支持证券之分,后者是指以房地产抵押贷款之外的贷款等传统资产为基础发行的传统资产支持证券。在MBS当中,还可进一步分为居民地产抵押贷款支持证券(residential mortgage-backed securities,RMBS)和商业地产抵押贷款支持证券(commercial mortgage-backed securities,CMBS),等等。

在狭义ABS中,有一类证券特别值得一提,即资产支持商业票据(asset-backed commercial papers,ABCP)。顾名思义,ABCP是资产支持证券和商业票据的结合。它与商业票据的共同之处在于都是短期本票,到期期限在 270 天以下,有一些 ABCP 的期限甚至只有 1~4 天;它与商业票据的不同之处在于它不是无担保的,而是以一些贷款和应收账款的未来现金流作担保发行的,常常还有额外的信用增级和清偿保证,这一特征使得 ABCP 从本质上说是资产支持证券。而除了到期期限较短之外,ABCP 与一般的资产支持证券还存在一些区别:① ABCP 没有活跃的二级市场,其投资者通常持有到期。② 一项 ABS 通常意味着将基础资产一次性出售给 SPV,所有相关证券清偿结束后,该 SPV 即清算结束;而一项典型的 ABCP 计划中的 SPV 通常持续经营,定期发行新的 ABCP 来购买基础资产。③ ABS 通常具有优先/次级的多层证券结构;ABCP 则往往没有级次差别,所有商业票据具有相同的风险和回报结构。

可以看出,ABCP 最重要的特征就是"借短贷长",早期的基础资产是一些贸易应收账款、消费信贷应收账款、汽车与设备租赁及贷款等相对中短期的资产,后来逐渐发展到房地产抵押贷款等长期资产。因此 ABCP 管理者的最重要任务就是匹配基础资产的现金流与 ABCP 本身的偿付需求。只要匹配得当,短期利率低于长期利率的一般现象必然使得"借短贷长"获利颇丰;但成败也系于此,当市场对基础资产的质量发生担忧时,"借短"难以顺利滚动,"借短贷长"的流动性错配也就成了 ABCP 最大的弱点,2007 年美国次贷危机期间 ABCP 市场的崩溃即源于此。

(三) CDO 的种类

按交易目的划分,CDO 可分为资产负债表型 CDO(balance sheet CDO)和套利型 CDO(arbitrage CDO)。对于套利型 CDO 来说,目的是获得资产增值收入,因此基础资产不少是从外部购入再以证券形式出售;而资产负债表型 CDO 发行的主要目的是将资产负债表上的信贷风险资产转出变现,从而达到改善流动性、转移信用风险、融资和提高资本充足率的效果,但很显然,如果出售价格不合算,此类资产证券化也很难经常持续进行。因此资产增值必然是资产证券化的重要前提和目标。

按基础资产划分,在 CDO 中,以银行贷款和债券为主要基础资产的证券分别被称为担保贷款凭证(collateralized loan obligations,CLO)和担保债券凭证(collateralized bond obligations,CBO);以 CDO 证券作为基础证券的则称为 CDO 平方(CDO-squared),若以 CDO 平方证券作为基础证券再次发行的证券则被称为 CDO 立方,依此类推。

根据标的是基础资产的全部现金流还是其信用风险,CDO 又可以分为现金 CDO(cash CDO)、合成型 CDO(synthetic CDO)以及两者混合形成的混合型 CDO(hybird CDO)。所谓现金 CDO 就是将基础资产真实销售给 SPV,SPV 以基础资产未来的现金流为支持发行的 CDO,这也是资产证券化的最初做法。合成型 CDO 则不同,其基础资产的拥有者只是就该资产的信用风险向 SPV 购买了信用违约互换(CDS),并定期支付保费。SPV 以签订的 CDS 合同为基础,发行各级 CDO 证券,再将发行收入投资于一个独立的无风险资产池(如国债)。如果基础资产没有发生信用事件,合成型 CDO 投资者收入的是这个无风险资产池的现金流和基础资产 CDS 保费之和;如果发生信用事件,SPV 将利用无风险资产池的现金流收入和变现收入向 CDS 买方进行偿付。也就是说,合成型 CDO 的基础资产实际上是无风险资产池和原基础资产信用风险的组合,这就是"合成型"名称的来源。对于原来的基础资产来说,被证券化的只是其中的信用风险;对于 CDO 投资者而言,其实际上是基础资产信用保险的提供者。

根据是否对基础资产进行积极管理,CDO 又有静态型 CDO(static CDO)和管理型 CDO(managed CDO)之分。在静态型 CDO 中,基础资产是不变的;而在管理型 CDO 中,资产组合经理则被授权进行积极管理,通过买卖基础资产谋求资产增值。与之相关的一个分类是现金流 CDO(cash flow CDO)和市值 CDO(market value CDO)。现金流 CDO 证券的利息与本金均来自基础资产的现金流,其不确定性由基础资产违约的时间和数量决定,因此管理者主要关注基础资产的信用质量;而市值 CDO 证券的本息则主要来自频繁买卖基础资产所获得的资本利得,因此其管理者的主要目标在于维持并提高基础资产的市场价值。

(四)中国的资产证券化种类

在中国市场上,资产证券化常被分为信贷资产证券化、企业资产证券化和资产支持票据(asser-backed notes,ABN)。其中,信贷资产证券化由中国人民银行和银保监会主管,主要由商业银行基于其信贷资产进行证券化,以信托公司为 SPT[①],在银行间债券市场发行和交易;企业资产证券化由证监会主管、证券公司主导,通常不引入 SPV,以“专项资产管理计划”的形式开展,基础资产多为非金融企业的收益权和债权,证券化产品在交易所进行交易;资产支持票据由非金融企业在中国银行间市场交易商协会注册后,直接在银行间债券市场发行。

7-2 二维码链接

1.《中国人民银行　中国银行业监督管理委员会　财政部关于进一步扩大信贷资产证券化试点有关事项的通知(银发〔2012〕127 号)》

2. 中国证监会企业资产证券化业务知识问答

3.《银行间债券市场非金融企业资产支持票据指引》

四、资产证券化的基本流程

资产证券化的整个操作流程涉及较多的机构和环节,不同种类的业务其具体设计也会有所差异。图 7.2 给出核心操作流程和主要参与机构。

图 7.2　资产证券化核心流程图

---

① 我国的 SPV 均以特殊目的信托(SPT)的形式存在。

从图 7.2 中可以看到,资产证券化的核心过程包括以下几方面。

(一)整合资产,构造基础资产池

资产证券化初始阶段的核心主体是发起人。发起人根据资产证券化目标,对拥有的资产进行整合,或购入合适的资产,汇集形成基础资产池。

(二)隔离风险,完成基础资产的真实出售

这一阶段的核心主体是 SPV。如前所述,SPV 是一个以资产证券化为唯一目的的高等级信用实体,发起人将基础资产真实出售给 SPV,SPV 再以该资产的未来现金流作为支持发行证券,用发行收入支付资产购买价格。SPV 通常有特殊目的公司(special purpose company,SPC)与特殊目的信托两种形式。

(三)设计产品,提高证券吸引力

这一阶段的核心主体仍然是 SPV。设计是否有吸引力是资产证券化产品能否如期发售成功并顺利到期的关键。如前所述,对资产支持证券的信用风险、提前偿付风险和流动性风险进行重组是设计的核心要点。SPV 还会根据潜在客户的需求进行针对性设计。在此过程中,需要确定基础资产的管理服务商和现金流的托管机构,需要延请税收、会计和法律顾问,有时还需要外部机构来进行外部信用增级,等等。

(四)信用评级,确定证券信用等级

这一阶段的核心主体是信用评级机构。评级是市场投资者选择证券的主要依据,也是确定证券收益率和价格的重要参考。一旦评级结果不理想,SPV 可以根据评级机构的建议改善信用增强方式,以最终达到期望评级。

(五)发售证券,发起人获得销售收入

这一过程实质上与普通债券的发行没有区别,通常也通过承销商分销证券,在扣除各种费用和信用增强等所需资金后,发起人获得相应收入。

(六)后期服务,投资者收回现金流

资产证券化的发行阶段结束之后,进入后期服务阶段。服务商和受托管理人需要根据事先约定的合同条款,对基础资产和现金流进行管理,保证支付,并处理违约和提前偿付等情形,直至全部证券到期。

五、资产证券化的是与非

2007 年次贷危机的发生,使得资产证券化成为众矢之的。然而,纵观资产证券化的整个发展历程,考察美国监管部门在危机后的反思与处置举措,可以看出,只要运作得当,资产证券化对金融

稳定和经济增长具有正面的作用,是不应该全盘否定的。资产证券化的正面作用主要体现在:

第一,分散风险和管理风险。从资产证券化的设计和运作中可以看到,资产证券化的过程,就是将流动性差的资产转化为流动性好的资产的过程,又是对信用风险和提前偿付风险进行重组、分配和转移的过程。面对同样的风险,不同投资者的偏好显然是不同的,从而价值判断也存在差异。只要运作适度,资产证券化就能够满足不同投资者对风险收益的差异化需求,一方面使得风险能够转移至愿意和有能力承担风险的人手中,另一方面又分散了风险,这对金融市场和整体经济显然都是大有裨益的。

第二,提供新的融资工具。对于发行人来说,资产证券化的存在为之带来了不同偏好和需求的投资者,使其能够更加便捷和低成本地将资产转化为证券售出,拓展了融资空间,降低了融资成本,是降低资产负债期限错配程序、提高资本充足率的最佳工具。

第三,提供丰富多样的投资工具。对于投资者来说,资产证券化一方面使得投资者能以标准化证券投资的形式进入之前难以涉足的信贷、收益项目等市场;另一方面,资产证券化创造出来的大量不同信用等级、不同期限、不同提前偿付特征的产品极大地丰富了投资者的可投资品种。

总之,在运用得当的前提下,资产证券化可以为金融机构提供盘活资产、改善流动性、转移分散风险、降低融资成本、增加利润、提高资本充足率等益处,为投资者提供新的投资领域和投资机会,从而有助于整体资源配置效率的提高和经济的发展。然而,正所谓过犹不及,2000 年后在美国房地产价格一路走高的背景下,美国市场上出现了将大量高风险资产无节制地包装为低风险证券出售的现象,成为 2007 年次贷危机爆发的导火索。专栏 7.1 讨论了次贷危机爆发与蔓延的原因。时至今日,市场的共识是,从根本上说,次贷危机是金融机构盲目追逐利润和监管机构监管不足造成的,是长期良好市场状况下金融市场丧失风险意识的结果,而资产证券化只是一个客观的金融工具。

专栏 7.1   2007 年次贷危机

2007 年爆发的次贷危机带来了长达数年的经济衰退调整以及持续进行的金融监管改革,影响深远。其爆发原因究竟何在?

2006 年之前,美国房地产市场有两个最明显的特征:一是房地产价格的持续上升,二是资产证券化的广泛应用。放贷机构将大量房地产贷款卖给 SPV,SPV 以这些贷款未来的现金流为抵押发行大量不同层级的 ABS,第一次发行后的中间层债券被投资银行买走,再次发行分层级的 CDO。这些资产证券化产品最后大多成为世界各国金融机构(如银行、基金和保险公司)账上的资产。原因很简单,这些金融机构往往被要求只能投资于一定信用级别之上的债券,而资产证券化正好创造出了大量的高信用等级债券,自然成为这些金融机构追捧的对象。图 7.3 描述了基本的资产证券化链条。

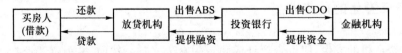

图 7.3   资产证券化链条示例

174

在这样的背景下,放贷机构逐渐放松对借款人的信用要求,开始出现大量的次级贷款。所谓次级贷款可以简单理解为"三无贷款":借款人没有稳定工作、没有稳定收入、没有资产证明。放贷机构之所以敢于大量放款给这些低信用客户,原因之一是在房价牛市中,他们认为房产价格会持续上升,即使借款人自身无力还款,房子的升值也不会给放贷机构带来损失。原因之二则是大量的资产证券化意味着这些放贷机构的盈利模式从根本上发生了变化:过去它们的利润来源于借款人的还本付息,因此对借款人信用要求很高;而现在,由于将贷款以证券化的形式销售出去,放贷机构的利润来源于房地产贷款的买卖价差,贷款量越大利润越高,风险则随证券转移到了证券持有人的手中,自然导致放贷机构对信用风险的敏感性明显下降。

这样,在图 7.3 的链条下,真正承担信用风险的是链条最右端的证券投资者,如金融机构。那么它们为什么追捧这些源于次级贷款的证券呢? 原因之一是链条拉得太长,经过层层打包、分层和重新组合、分拆,这些证券投资者实际上并不了解处于链条最左端的借款人的信用状况,只知道自己手中持有的是高等级证券。而这些证券之所以能够获评高信用等级,是因为评级机构根据几十年数据和经验认为,中间层和权益层的比例设计足以保护优先层证券不受损失,CDO 中基础资产组合足够的分散性进一步保证了这些证券的安全。其更深层次的原因则在于在 2007 年之前,由于房地产价格处于上升阶段,次贷证券几乎没有发生过问题,又能提供相对较高的收益,大大提高了吸引力。

然而,这种高信用等级的前提条件是经济和市场状况良好。事实上,只要房地产价格持续上升,即使最初的贷款是次级贷款,资产证券化链条上的所有人——从购房者到持有证券的金融机构——都将获取高额回报,从而推动了资产证券化的爆发式发展和投资者对这些证券的追捧;进一步,资产证券化意味着放贷机构能够融到大量资金再进行放贷,反过来有利于房地产价格的上升。两者互为推动,造就了 2006 年之前美国房地产市场的美好局面和资产证券化的非理性繁荣。

但是,市场一旦反转,资产证券化链条上的所有人同样都将承受损失。2006 年之后,在美联储连续 17 次加息的背景下,过热的美国房地产市场泡沫开始破裂,即使是所谓的AAA 级债券也难逃一劫。首先,房地产市场一旦变化,几乎没有信用基础的"三无贷款"损失惊人。可以想象,只要"三无贷款"的损失率超过权益层的比例,权益层无法吸收全部损失,中间层甚至优先层就将出现亏损,由于大量的 CDO 基础资产都是中间层证券,这必然连累"再证券化"后的 CDO 中的高信用等级证券。其次,市场与经济下跌的趋势一旦开始,很多原本看起来无关的违约事件会同时发生,进一步加大损失比率。最后,即使尚未发生直接违约损失,信用等级的下调和价格下跌趋势中投资者对资产支持证券的抛售,也将带来资产支持证券在市值上的损失。而这些损失,都将由处于链条最右端的金融机构来承担。

当这些金融机构的资产开始缩水,很自然地,其股东、债权人和市场都将感到担心。随之而来的是股票价格下跌和资金流动性问题(即资金周转困难)。为了应对这一局面,这些金融机构开始抛售资产换取流动性,这就是所谓的"追逐安全性"(flight to safety)和"追逐流动性"(flight to liquidity):金融机构抛售手中的高风险资产,换取现金等高流动性和高安全性的资产,以应对资产缩水和流动性不足的困难局面。由于几乎世界上所有大型的金融机构都以不同方式、不同程度参与到之前的资产证券化浪潮中,当所有机构都在抛售资产时,所有机构的资产价值都将进一步缩水,整个国际金融市场陷入抛售资产、资本缩水和流动性枯竭的恶性局面当中。这就是 2007 年的次贷危机。

第二节　资产支持证券定价:提前偿付风险的处理

从本质上说,资产支持证券也是债券,其基本定价方法与其他债券是一致的,是未来预期现金流的合理贴现。但从上一节可以看到,资产证券化产品的未来现金流并不是确定的,其主要受到两个风险因素的影响:一是基础资产的债务人可能提前还款,即提前偿付风险;二是基础资产的债务人可能违约,即信用风险。这二者都会带来未来现金流的不确定性。为这两个风险进行合理定价,是资产证券化业务中最具技术性的部分。其中,信用风险定价的难度超过本书范围,因此本节主要介绍提前偿付风险的定价原理。为了集中讲解提前偿付定价的基本原理,本节主要以简单的过手型证券为例,并假设无信用风险。

一、可能影响提前偿付的因素

在讨论提前偿付风险的定价之前,有必要先了解可能影响提前偿付的主要因素。

(一) 市场利率

市场利率显然是影响提前偿付的最主要的系统性因素。具体来说,利率的直接影响主要体现在以下两个方面:

第一,当前再融资利率水平。如果在考虑了费用等因素之后,某项债务的当前再融资利率水平仍然低于原先的贷款利率,债务人显然就有动力“借新还旧”,从而可能加速提前偿付。这里的“再融资利率”是指要借到与原先债务特征相同(主要是剩余期限相同)的资金所需的利率。使得再融资有利可图的关键利率水平被称为“再融资门槛”。

第二,对未来利率走势的预判。除了当前的再融资利率水平,债务人也可能根据其对未来利率走势的预判,从而做出提前偿付的决策。

无论是哪种原因,利率对提前偿付的影响显然都是通过“借新还旧”实现的。但利率与提前偿付之间的关系并不是简单线性的。例如,由于预判未来利率可能进一步下降,债务人不一定会在达到再融资门槛时立刻提前偿付;也就是说,债务人拥有的提前偿付的期权是美式的。

不仅如此,利率与提前偿付之间的关系往往还不是完全对应的,还会受到其他非利率因素的影响。其中最典型的是在中长期贷款资产池中常常可以观察到的“再融资耗尽”(burnout)现象:提前偿付率会随着时间流逝而下降。具体地说,如果已经出现过利率下降引发的提前偿付,当利率回升后再次下降时,即使从利率来看提前偿付是合算的,但是,除非此次利率达到历史新低,利率下降所引起的提前偿付行为会随时间流逝而减少。例如,假设原先的贷款利率为 8%,市场利率先从 10%回落至 5%,之后又升高至 10%并再次回落至 5%,第二次利率回落引发的提前偿付通常较少。

尽管再融资耗尽表现为"利率的历史变化路径会对提前偿付产生影响",但本质上这不是利率变化导致的,而主要是因为不同债务人在再融资能力、利率敏感性、再融资成本等方面存在差异。早期达到再融资门槛时,具有较高再融资能力、较高利率敏感性和较低再融资成本的债务人已经进行了提前偿付;越往后这些人的数量越来越少,自然导致了再融资耗尽。

(二) 债务特征

可能影响提前偿付的一个债务特征是债务的存续期(账龄)。很多研究发现,提前偿付率随账龄变化呈现"钟形"分布。即早期提前偿付较少,因为债务人刚刚完成贷款或再融资,短时间内通常很少再采取行动;随着账龄增加,提前偿付情形也逐渐增加,因为随着时间推移,情况发生了较大的变化,债务人开始对再融资机会变得更加敏感,也更有能力进行再次的融资;提前偿付率通常在某一时点达到顶峰后开始趋于稳定或出现降低,这可能是距离到期日较短等因素影响了提前偿还的意愿。

债务本金的大小也可能影响提前偿付。一般来说,本金越少,越不容易出现提前偿付,因为提前偿付费用是相对固定的,大额债务进行再融资显然更为有利。

另外,商业贷款通常比个人贷款更可能出现提前偿付,因其本金较多,且贷款人对利率变化带来的成本收益变化更为敏感;但商业贷款往往有提前偿付锁定期和提前偿付补偿金等条款,又可能导致提前偿付减少。

(三) 债务人特征

一般来说,经济状况越差的债务人,进行再融资和提前偿付的可能性越小。其他个体因素,例如个人工作状况、家庭状况和企业经营状况的变化等都可能对提前偿付产生影响,但后几种个体因素不属于系统性的特征,一般统一纳入基本提前偿付的考虑[①],而不专门建模进行刻画。

(四) 行业形势

以房地产抵押贷款为例。一般来说,房价与提前偿付率具有同向关系:房价显著上升时,房屋拥有者会出现借新还旧的倾向,用同样的抵押获得更多的贷款;当房价下跌时,再融资能力和再融资意愿都会相应下降。

(五) 经济形势

宏观经济形势对提前偿付的影响比较复杂。一般来说,宏观经济形势较好时,居民收入水平上升,减少债务或是换购新房的能力增强,往往会引起提前偿付的增加;但也存在经济形势较差时,债务人被迫换房或尽量降低债务的行为。

---

① 具体可参见后文式(7.6)。

（六）季节性因素

对于房地产抵押贷款来说,在国外市场上人们发现春夏通常比秋冬更适于换房搬迁,而换房搬迁通常需要还掉原先的贷款,由此可能导致提前偿付的季节性特征。在中国,则可能要考虑到春节入住和秋季开学的影响。

二、基于期权的提前偿付模型

从前述分析可以明显看出,提前偿付可以视为债务人所拥有的一个期权,因此考虑提前偿付的一类定价模型是基于期权构建的。在深入讨论之前需要说明的是:由于仅介绍基本原理,此处将整个基础资产池视为一个资产,ABS 面值与基础资产面值相等;并假设提前偿付只发生在计划偿付日,且一旦提前偿付,就一次性全部提前偿付完毕。

如果假设债务人仅基于剩余期限相同的再融资利率变动进行提前偿付决策,这显然是只考虑一个因素、完全根据成本收益进行的理性(最优)决策,这时 ABS 中的提前偿付权利可以直接视为利率期权或等价的债券期权,具有提前偿付特征的 ABS 就可以视为第六章中介绍过的可赎回债。但需要注意的是,ABS 内嵌的提前偿付期权具有两个特征:第一,由于随时可以提前偿付,该期权是美式期权;第二,行权价是时变的,用 M_t 表示 t 时刻支付完计划现金流之后的本金余额[①],x_t 表示 t 时刻提前偿付所需的成本费用总和,如果 M_t+x_t 小于基础负债的价值,债务人显然有动力行使期权,支付 M_t+x_t 进行提前偿付;反之则不会提前偿付。因此,ABS 中提前偿付期权的行权价是时变的 M_t+x_t。

在这样的理性决策假设下,第六章中介绍过的树图模型可以用于为 ABS 定价。例 7.1 给出了一个简单示例,来帮助读者理解这一定价过程。

例 7.1 基于利率期权的最优提前偿付模型

假设有一笔剩余期限 4 年,面值 100 万元,贷款利率 5%,每年等额本息还款的贷款,借款人有权在任意时刻提前偿付该贷款,提前偿付所需的成本费用为固定的 0.5 万元。现以这笔贷款为基础资产发行了一只"过手型"资产证券化产品,面值同样为 100 万元。现用 BDT 模型为该资产证券化产品定价。

第一步,假设市场数据如第六章中的例 6.1,我们首先运用 BDT 模型构建起一个 4 期(每 1 期代表 1 年)的 BDT 树图,每个节点都是 1 年期利率,第一个节点就是当前的 1 年期利率,如图 7.4 所示。具体构建过程不是此处重点,不再赘述。

第二步,根据该贷款的信息,计算每个时刻的计划偿付现金流 A_t,如图 7.5 及图 7.6 各节点第一行的数值所示;同时计算每个时刻支付完计划现金流之后的计划本金余额 M_t,如图

[①] 例如,假设 $t-1$ 时刻偿付之后剩余本金为 1 000 万元,t 时刻计划偿付 30 万元,其中 10 万元为本金,则 M_t 等于 990 万元。

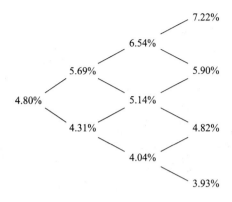

图 7.4　利用 BDT 模型构建的一年期利率树图

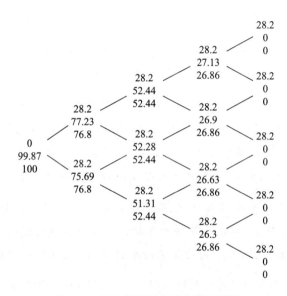

图 7.5　BDT 模型下的基础贷款树图

注：每个节点三行数值分别为计划偿付现金流 A_t，考虑提前偿付情形下的基础贷款价值 $V_{t,j}$，计划本金余额 M_t。

7.5 各节点第三行的数值所示。注意，这一步中计划偿付现金流 A_t 和计划本金余额 M_t 都不依赖第一步利率树（图 7.4）中的利率值。

　　第三步，根据利率树图计算考虑提前偿付情形下的基础贷款价值 $V_{t,j}$，其中 j 表示 t 时刻的第 j 个节点（自下而上，$j=0,1,2,\cdots,t-1$），具体数值如图 7.5 各节点的第二行所示。计算过程采用倒推法和风险中性测度定价：在最后一期的所有节点上，贷款价值 V_4 显然均为 0；而前面每期的每个节点上贷款的价值则满足

$$V_{t,j}=\begin{cases} B_t^{t+1}\cdot\big[\,\tilde{E}_t(V_{t+1,j,j+1})+A_{t+1}\,\big] & 若\ B_t^{t+1}\cdot\big[\,\tilde{E}_t(V_{t+1,j,j+1})+A_{t+1}\,\big]\leqslant M_t+x_t \\ M_t & 若\ B_t^{t+1}\cdot\big[\,\tilde{E}_t(V_{t+1,j,j+1})+A_{t+1}\,\big]>M_t+x_t \end{cases},(0\leqslant t<T)\quad(7.1)$$

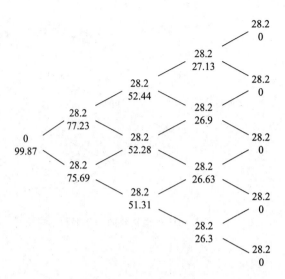

图 7.6　BDT 模型下的资产支持证券树图

注:每个节点两行数值分别为计划偿付现金流 A_t 和资产支持证券价值 $P_{t,j}$。

式中:$\tilde{E}_t(V_{t+1,j,j+1})$ 表示 $t+1$ 时刻 j 节点和 $j+1$ 节点的贷款价值 $V_{t+1,j}$ 和 $V_{t+1,j+1}$ 的风险中性条件期望,B_t^{t+1} 则是与图 7.4 中的无风险 1 年期利率树图对应的一期贴现因子。

式(7.1)的含义是,基础债务人每期都比较提前还款的利弊。提前还款的成本是 M_t+x_t,如果不提前还款,其所欠的价值则等于下一期计划偿付金额 A_{t+1} 与贷款剩余价值的期望值 $\tilde{E}_t(V_{t+1,j,j+1})$ 之和。对基础债务人来说,显然选择其中较小者:M_t+x_t 较小时,其会选择提前还款,但由于 x_t 是相关费用,债权人获得的贷款价值只能是 M_t;M_t+x_t 较大时,其会选择不提前偿付。需要注意的是,由于采用的是风险中性定价法,贷款剩余价值的期望值是由下一期两个节点的风险中性期望计算得到的 $\tilde{E}_t(V_{t+1,j,j+1})$,相应的贴现因子也是无风险贴现因子。

例如,图 7.5 第三列($t=2$)从上往下第一个节点的贷款价值风险中性期望值与下一期计划偿付金额之和按无风险贴现因子计算的贴现值为

$$B_2^3 \cdot [\tilde{E}_2(V_{3,2,3})+A_3] = [(28.2+27.13)\times0.5+(28.2+26.9)\times0.5]\times\exp\{-4.04\%\} = 53.028\ 7$$

贴现率为图 7.4 中 $t=2$ 时刻最下方的 1 年期无风险利率,其中概率 0.5 是因为 BDT 模型中风险中性涨跌概率均为 0.5。由于 $M_2=52.44,x=0.5$,因此在理性假设下,基础贷款的债务人会选择提前偿付,从而使得基础贷款的价值为 $V_{2,2}=M_2=52.44$。

第四步,计算资产支持证券的价值 $P_{t,j}$,如图 7.6 各节点第二行所示。由于本例中的资产证券化产品为“过手型”产品,因此 t 时刻节点 j 的证券价值公式可以表达为:

$$P_{t,j}=V_{t,j}, \quad 0 \leqslant t < T \tag{7.2}$$

以此逐步倒推,就可得到期初定价 $t=0$ 时刻的资产支持证券价值为 99.87 元。显然,这个价值是在考虑了定期偿付现金和提前偿付情形下的定价结果。

在实践中,从债务人决定提前偿付到实际操作,通常有一定的客观操作时滞。如果考虑时滞,假设实际提前偿付时刻为 t,时滞为 δt,则式(7.1)中的决策条件就要改为比较 $t-\delta t$ 时刻的贷款价值风险中性期望值与 t 时刻、$t+1$ 时刻计划偿付金额之和按无风险贴现因子计算的贴现值 $B_{t-\delta t}^{t+1} \cdot [\ \tilde{E}_t(V_{t+1,j,j+1})+A_{t+1}]+B_{t-\delta t}^t \cdot A_t$ 和 $B_{t-\delta t}^t(M_t+x_t+A_t)$,后者是 t 时刻如果提前偿付,债务人全部负债贴现至 $t-\delta t$ 时刻的现值。

在上述定价模型中,为便于理解,我们是从债务看涨期权的角度来分析提前偿付决策的。而债务的看涨期权就是利率的看跌期权,在树图中的给定时刻,式(7.1)中的行权条件显然可以转换为一个利率门槛 r_t^K,当利率低于这一门槛值时,债务人就会进行提前偿付。

这相应地揭示了这一定价模型的一个缺陷:资产支持证券对应的基础资产通常并不是单一资产,原先的负债利率往往并不相同,提前偿付的成本也存在差异,即使每个债务人都是基于利率变化进行最优提前偿付的理性决策,整个资产池也不会在利率到达门槛值 r_t^K 时同时触发提前偿付。对于利率差异的一种处理方法是将基础资产池内的负债利率进行加权平均,权重是单个资产本金占整个基础资产池本金的比例,然后假设债务人以此"加权平均票息"(weighted average coupon,WAC)进行决策。对于不同的提前偿付成本,一种处理方法是将整个资产池分为 j 个小组合,每个组合内部资产的提前偿付成本相同或比较接近,人为将每个组合的提前偿付成本设为固定的,使小组合内部的提前偿付决策是一致的,从而可以计算出对应的小证券价值。整个资产支持证券的价值就是这 j 个小证券价值的组合。当然,这两种处理方案都只是一种近似。

事实上,利率与提前偿付成本的差异并非上述期权模型的最大问题。一方面,在现实中人们通常不仅基于再融资利率进行最优决策,而是会受到再融资利率之外因素(包括利率曲线斜率)的影响,从而做出上述最优决策之外的决策,我们统称为"次优决策"[①];另一方面,影响提前偿付的因素很多,仅使用再融资利率单因子进行定价显然是不具有说服力的,例如房地产抵押贷款支持证券的提前偿付行为会同时受到利率和房价的影响。因此如果要提高定价准确性,就需要引入次优决策或者是多因子模型。这些拓展对现实的刻画会更为全面合理,但要复杂得多,远远超出本书难度,就不再赘述。

三、经验的提前偿付模型

除了基于期权的提前偿付模型之外,还有一种基于经验的提前偿付模型在实际中广泛使用。所谓的经验模型就是直接通过经验事实来估计未来每期可能的提前偿付概率 CPR,以此确定资产支持证券未来的现金流,再对未来现金流进行贴现定价。

在经验模型中,最著名的当属美国公共证券协会(the Public Securities Association)[②]的 PSA 标准提前偿付模型。根据该模型,美国住房抵押贷款生效第一个月的 CPR 为 0.2%,然后以每月递增 0.2 个百分点的速度上升,第 30 个月达到 6%,之后一直保持在 6%。

如果偿付是每月进行的,需要将年化的 CPR 转化为月度指标。常用的月度指标是单月偿付

---

① 事实上,这对于个体来说,不一定是次优。如果是基于利率预期所做出的改变负债期限的提前偿付决策,也属于理性和最优决策,只是不在前一个模型所设定的最优决策之中。

② 该协会现在的名称是美国证券业和金融市场协会(the Securities Industry and Financial Market Association,SIFMA)。

率(single monthly mortality,SMM),计算公式为

$$SMM = \frac{1 \text{个月后计划本金余额} - 1 \text{个月后实际本金余额}}{1 \text{个月后计划本金余额}} \qquad (7.3)$$

如果 SMM 为常数,则

一年后的实际本金余额 = 一年后的计划本金余额 $\times (1-SMM)^{12}$

又因为

一年后的实际本金余额 = 一年后的计划本金余额 $\times (1-CPR)$

因此年化 CPR 与对应的常数 SMM 之间的关系可以表达为

$$CPR = 1 - (1-SMM)^{12} \qquad (7.4)$$

例如,第 12 个月的 CPR 为 2.4%,等价的 SMM 是 $1-(1-0.024)^{\frac{1}{12}}=0.002$。

类似 PSA 模型这种从大量历史数据中归纳出来的经验数值,其不足也是很明显的。例如,简单的线性上升趋势和如此确切的数字显然不能完全适用于所有基础资产的提前偿付,另外它也忽略了市场利率水平对提前偿付比率的影响。但 PSA 模型的重要意义在于其提供了提前偿付速度的一个行业标准,从而使得不同资产支持证券的 CPR 具有可比性。例如,假设某机构用自己的模型估计出某基础资产池第 31 个月的 CPR 是 15%,就可以描述为 250%PSA。

另一类经验模型是将 CPR 设定为一些解释变量的特定函数,运用一定的历史数据求得使模型 CPR 与历史 CPR 最接近的参数值,再将其用于预测。这些解释变量都是前文所介绍的提前偿付率影响因素的对应量化指标。例如,再融资成本与原负债利率之差,反映的是再融资利率的直接影响;这一利差的 3 次方,则用于捕捉利率与提前偿付之间的非线性关系。再融资耗尽因素的可能代理变量则包括:① 到目前为止基础资产池触及再融资门槛的次数。② 到目前为止市场利率低于再融资门槛时所对应的提前偿付期权实值金额与实值保持时长的乘积,如果出现多次,就对其求和。③ 目前剩余债务与如果没有提前偿付本应剩余债务的金额之比。④ 对于债务账龄因素,基础资产池的加权平均账龄和加权平均剩余期限(weighted average maturity,WAM)都可以作为代理变量,前者是从发放贷款开始至今的时长,后者则是从目前到贷款到期的剩余时长,权重都是个别贷款本金余额占基础资产池本金余额的比重。⑤ 季节性因素则常常用季节虚拟变量表示。

CPR 的函数设定有多种不同形式。例如 Schwartz and Torous(1989)将瞬时 CPR 设定为

$$\pi_t = \pi_t^0 e^{(\theta^T)g_t} \qquad (7.5)$$

式中:g_t 表示影响因素向量,θ^T 为其系数向量的转置,π_t^0 则是时间的确定性函数,形式为

$$\pi_t^0 = \frac{\gamma u (\gamma t)^{u-1}}{1+(\gamma t)^u} \qquad (7.6)$$

式(7.6)表示基本的提前偿付率,γ 和 u 均为参数。从其形式可以看出,在 $u>1$ 的前提下,当 $t=0$ 与 $t \rightarrow \infty$ 时,π_t^0 均等于 0;从 $t=0$ 到 $t=\dfrac{(u-1)^{1/u}}{\gamma}$ 这段期间,基本的提前偿付率 π_t^0 始终上升,之后开始下降,升降速度取决于参数 γ 和 u 的取值。因此,π_t^0 实际上是债务账龄指标,这样 g_t 中就无须再包含这一因素了。

另一种常见的 CPR 函数是直接将年化 CPR 设定为

$$CPR_t = N(f(g_t;\theta)) \qquad (7.7)$$

式中:$N(\cdot)$为累积正态分布函数;$f(\cdot)$则为特定的函数形式,如线性函数。

在运用上述经验函数和历史数据估计得到 CPR 之后,似乎将提前偿付率乘以本金余额求得未来的现金流,进而运用现金流贴现法就可以直接求得资产支持证券的合理价值。但是问题往往并不这么简单。尽管不再将提前偿付行为视为期权来进行定价,但如果 g_t 中的一些影响因素本身在证券存续期内是时变的随机变量,仍然需要引入相应的动态模型来估计这些变量在未来各个时点的可能取值,进而确定各个时点可能的提前偿付率和现金流,再将其贴现进行定价。

最后,如果认为整个基础资产池用同一个 CPR 不合理,可以将其分为小资产池分别计算,再对其进行加权平均。

7-3 二维码链接
SIFMA 的 CPR 表格

本 章 小 结

1. 资产证券化就是将特定资产打包在一起、以整个资产池的未来现金流为支持来发行证券的过程,以达到资产变现和价值创造的目的。

2. 对流动性风险和信用风险的改善和重组是资产证券化所创造价值的根本来源。

3. 除了改善流动性风险之外,资产证券化中的主要设计包括信用增强、管理提前偿付风险、管理利率风险和风险隔离等。

4. 信用增强是资产证券化过程中最重要的工作之一。外部信用增强手段主要包括购买外部担保、购买 CDS 和购买商业银行信用证。内部信用增强手段则包括优先/次级设计、安排储备资金、设置超额利差账户和实行超额抵押等。

5. 提前偿付风险又可以分为收缩风险和扩张风险。在管理提前偿付风险方面,最常见的设计就是计划摊还层级(PAC)。

6. 所有经由资产证券化构造出来的证券都可以统称为广义的资产支持证券(ABS),以传统贷款之外的具有稳定现金流的资产作为抵押而发行的 ABS 往往也被称为 CDO。

7. 在中国市场上,根据主管机构、主体机构、标的资产等差异,资产证券化常被分为信贷资产证券化、企业资产证券化和资产支持票据。

8. 在运用得当的前提下,资产证券化为金融机构提供了盘活资产、改善流动性、转移分散风险、降低融资成本、增加利润、提高资本充足率等益处,为投资者提供了新的投资领域和投资机会,从而有助于整体资源配置效率的提高和经济的发展。

9. 可能影响提前偿付风险的主要因素包括:市场利率、债务特征、债务人特征、行业形势、经济形势、季节性因素等。

10. 提前偿付可以视为债务人所拥有的一个期权,因此考虑提前偿付的一类定价模型是基于期权构建的。

11. 基于经验的提前偿付模型直接通过经验事实来估计未来每期可能的提前偿付概率 CPR,以此确定资产支持证券未来的现金流,再对未来现金流进行贴现定价。

习　题

1. 调研中国资产证券化市场,对比分析信贷资产证券化、企业资产证券化、资产支持票据在基础资产、期限、规模、次级厚度等方面的特征。

2. 在市场上寻找最新发行的一只资产支持证券,详细分析其发行者、基础资产、期限、结构设计、现金流安排、利率水平、基本流程、参与主体,并分析其可能吸引的潜在投资者和该证券的风险。

3. 试举出资产证券化的一些正面运用案例和反面案例,并基于此讨论资产证券化的利弊。

4. 中国市场上目前暂时不允许进行再证券化。试讨论这一举措的原因。

5. 在中国影响房地产贷款提前偿付的可能因素有哪些?

6. 在 2003 年夏季美元利率的上升中,美国的资产支持证券持有者遭受了比普通债券持有者更大的冲击,他们不得不进行大量的利率衍生品交易,以对冲利率风险。试分析其中的基本逻辑。

第八章 利率期限结构

学习目标：

在学习完本章之后,你应该能够理解和掌握:

◇ 利率期限结构的不同种类和基本特征

◇ 如何对利率期限结构进行主成分分析和因子分析

◇ 纯预期理论、流动性偏好理论、市场分割理论和期限偏好理论的优缺点

◇ 如何运用不同的方法估计静态利率期限结构

从前七章的学习中,读者可以感受到,利率是固定收益证券分析的核心和本源。在每个时刻,不仅有不同种类的利率,同一种利率还有不同的剩余期限,从而形成利率期限结构。因此利率期限结构是固定收益证券课程的学习重点之一。在本章中,你将对利率期限结构的含义、种类、特征、理论和估计方法有深入的了解。第一节对利率期限结构基本知识进行介绍;第二节则深入讨论了如何应用主成分分析和因子分析方法对利率期限结构的变动因素进行分析,是本章的重点之一;第三节介绍了从经济意义上对利率期限结构的变动加以解释的传统理论;第四节详细介绍了估计利率期限结构的常见方法,是本章的另一个重点。

第一节 利率期限结构概述

一、利率期限结构的定义与类型

在给定时点上,其他条件相同但剩余期限不同的利率通常是不相等的,不同剩余期限的利率水平之间的关系就构成了利率期限结构(the term structure of interest rates),也称为收益率曲线(yield curves)。在一个以剩余期限为横坐标、利率水平为纵坐标的图上,一种利率期限结构就表现为一条曲线,如图8.1。

利率不同,利率期限结构也不同。根据利率的不同,常见的利率期限结构包括到期收益率期限结构、互换利率期限结构、即期利率期限结构、平价到期收益率期限结构、远期利率期限结构和瞬时远期利率期限结构等。到期收益率期限结构直接由市场上不同期限债券的到期收益率组成;互换利率期限结构由利率互换市场上不同期限的互换利率构成;即期利率期限结构实际上就

是零息票债券的到期收益率曲线①;平价到期收益率期限结构由从即期利率期限结构中进一步推出的平价到期收益率构成;远期利率期限结构是由给定即期时刻、给定远期期限的远期利率构成,例如 0 时刻来看的 1 年后的 1 年期远期利率,2 年后的 1 年期远期利率,远期期限均为 1 年,当远期开始时刻不断变化,就形成了 1 年期远期利率曲线;瞬时远期利率期限结构则是在当前时刻、从未来不同时刻开始的瞬时远期利率形成的曲线。

　　信用级别不同,利率期限结构也不同。图 8.1 中给出了 2020 年 5 月 13 日中央国债登记结算有限责任公司(简称中债登)所公布的国债、国开债和部分信用级别的企业债即期利率期限结构。可以看到,总体而言,随着信用级别由低到高,利率期限结构体现的利率水平整体上降低。

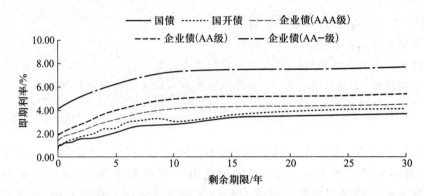

图 8.1　不同信用级别的中债即期利率期限结构(2020 年 5 月 13 日)

数据来源:Wind 资讯。

8-1 二维码链接
中国债券信息网中债收益率曲线

二、利率期限结构的基本特征

(一) 利率的典型特征

通常来说,利率具有以下三个典型特征:

(1) 利率变动非完全相关。统计分析发现不同到期期限利率的变动高度相关却非完全相关,期限差异越大,相关性越低。

(2) 短期利率比长期利率更具波动性。一般来说,利率波动率可能随期限增加而递减,也可能先随期限递增而后随期限递减。但总体而言短期利率的波动大于长期利率。

(3) 均值回归。观察历史上的利率数据可以发现,利率达到一个很高(低)水平之后,通常会趋于下降(上升),历史上的名义利率大多低于 10%。因此均值回归过程是描述利率变化规律的常见模型之一。

　　利率的前两个特征说明存在一些影响所有利率变动的共同因素,但不同期限的利率受影响

---

① 由于即期利率在定价和风险管理中的重要性,有时人们说到利率期限结构时,仅指即期利率期限结构。

程度可能各不相同;除此之外,不同利率还会受到特有因素的影响。

除了以上三个特征,历史上人们通常认为名义利率应该具有非负性,因而不可以用正态分布来描述名义利率。但2007年美国次贷危机以后,为了刺激经济,世界多国都出现了负利率。目前一般不再认为名义利率一定是非负的。正如我们在第六章中看到的,市场开始接受用正态分布来刻画利率的模型。

(二)利率期限结构的不同形状

在市场中,我们可以观察到不同形状的利率期限结构,上升的(increasing)利率期限结构最为常见,如图8.1所示。这意味着剩余期限越长,利率水平越高;如果利率期限结构接近水平(quasi-flat),说明短期和长期利率水平差异不大,如图8.2(a)所示;下降的(decreasing)利率期限结构则意味着剩余期限越长,利率水平越低,如图8.2(b)所示;驼峰状的(humped)利率期限结构又可分为先下降后上升(如图8.2(c)所示)和先上升后下降(如图8.2(d)所示)两种。除此之外,有时市场中还会出现更为复杂的不规则的利率曲线形状,如图8.2(e)所示。

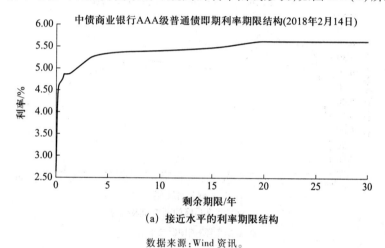

(a) 接近水平的利率期限结构

数据来源:Wind资讯。

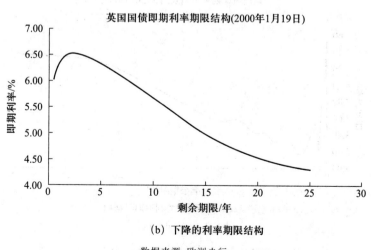

(b) 下降的利率期限结构

数据来源:欧洲央行。

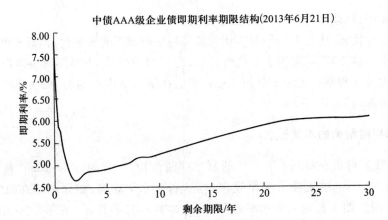

（c）先降后升的利率期限结构

数据来源：Wind 资讯。

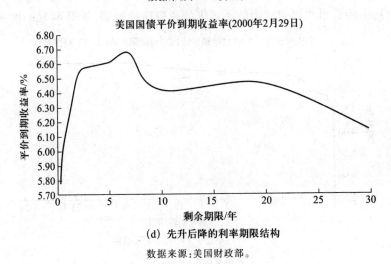

（d）先升后降的利率期限结构

数据来源：美国财政部。

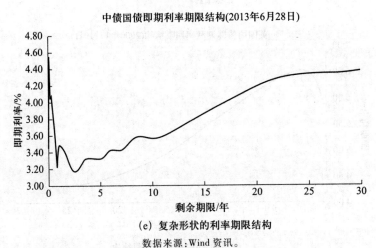

（e）复杂形状的利率期限结构

数据来源：Wind 资讯。

图 8.2　不同形状的利率期限结构

（三）利率期限结构的动态变化

由于利率每时每刻都可能发生变化,利率期限结构实际上一直处在动态变化当中,利率期限结构的形状也会受各种因素影响而不断变化。从图 8.3 中可以看到,从 2008 年 1 月 7 日至 2009 年 4 月 9 日,美元 LIBOR 利率不仅在整体上有一个水平的变化,其期限结构的形状也一直处于变迁当中:在 2008 年 9 月次贷危机最严重的时候,整体利率水平很高,而且短期利率高于 1 年期利率,说明当时金融机构短期流动性严重不足;2009 年 4 月,在危机逐渐平息且美联储采取降息和量化宽松政策的背景下,美元短期 LIBOR 利率明显低于 1 年期利率。

图 8.3　美元 LIBOR 利率期限结构(2008 年 1 月 7 日—2009 年 4 月 9 日)

数据来源:英国银行家协会。

第二节　利率期限结构变动的因子分析

不同剩余期限的利率变动之间高度相关,说明受到一些共同因子的影响。那么究竟是哪些共同变量驱动了利率期限结构的整体变化呢? 利率期限结构变动的主成分分析(principal components analysis,PCA)与因子分析(factor analysis)有助于从数学和统计上提供答案。

一、利率期限结构变动的主成分分析

主成分分析是一种通过线性变换,将给定的一组高度相关的变量(如不同剩余期限利率的

变动 $\Delta R_t^{t_i}$)转化为另一组不相关变量的数学方法。在变换中,保持总方差不变(意味着没有信息丢失),新的变量按方差递减的顺序排列,依次称为第一成分、第二成分和第三成分等,解释了主要方差的前几个成分,被称为"主成分"。这样,在不丢失信息的前提下,主成分分析可以识别出影响利率变动的主要因素,而且这些因素彼此之间是不相关的,从而有助于分析利率期限结构的变动特征。

8-3 二维码链接
主成分分析原理简介

利率期限结构变动的主成分分析主要包括以下四步[①]:

第一步,采集不同期限即期利率变动 $\Delta R_t^{t_i}$ 的一段历史数据样本[②],并将其标准化为

$$\Delta R_t^{t_i *} = \frac{\Delta R_t^{t_i} - \overline{\Delta R_t^{t_i}}}{\sigma_{\Delta R_t^{t_i}}} \tag{8.1}$$

式中:t_i 表示不同的剩余期限,$i=1,2,\cdots,N$;$\overline{\Delta R_t^{t_i}}$ 和 $\sigma_{\Delta R_t^{t_i}}$ 分别是利率变动 $\Delta R_t^{t_i}$ 的样本均值和样本标准差。

第二步,计算不同期限 $\Delta R_t^{t_i *}$ 之间的方差-协方差阵 $\boldsymbol{\Omega}$,在数据标准化的情况下,$\boldsymbol{\Omega}$ 实际上就是相关系数矩阵。

第三步,计算 $\boldsymbol{\Omega}$ 的特征值及其对应的特征向量,将特征向量进行正交化并单位化,计算出互不相关的成分因子,并按特征值大小排序。例如,假设与最大特征值 λ_1 对应的特征向量为(α_{11}, α_{12},$\cdots$,α_{1N}),则第一成分 F_1 就等于

$$\alpha_{11} \times \Delta R_t^{t_1 *} + \alpha_{12} \times \Delta R_t^{t_2 *} + \cdots + \alpha_{1N} \times \Delta R_t^{t_N *} \tag{8.2}$$

依此类推,第 j 成分 F_j 就是第 j 大特征值对应的特征向量中的标量对 $\Delta R_t^{t_i *}$ 加权的结果,即

$$F_j = \sum_{i=1}^{N} (\alpha_{ji} \times \Delta R_t^{t_i *}) \tag{8.3}$$

式中:计算第一成分 F_1 的目标函数为方差最大化,计算第 k 成分 F_k 的目标函数为考虑与前面 $k-1$ 个成分不相关条件后的方差最大化。

第四步,计算不同成分的方差贡献率和累计方差贡献率,并确定主成分。第 j 成分 F_j 的方差就是相应的特征值 λ_j,F_j 的方差贡献率为 $\dfrac{\lambda_j}{\sum_{j=1}^{N} \lambda_j}$(在标准化的情况下 $\sum_{j=1}^{N} \lambda_j = N$),前 k 个成分累计方差贡献率则为 $\dfrac{\sum_{j=1}^{k} \lambda_j}{\sum_{j=1}^{N} \lambda_j}$。一般来说,将特征值大于1、累计方差贡献率达到85%以上的前几个

---

① 这里只给出主成分分析的基本过程,对主成分分析原理的介绍可以扫二维码了解。
② 从主成分方法本身来说,既可以对利率原序列,也可以对利率差分序列进行主成分分析和因子分析。但从经济含义来说,人们通常更关心的是引起利率变动的成分和因子;从计量的角度来说,利率变动(差分)序列更可能是平稳序列,其样本协方差更有意义,因此这里以利率差分序列为例介绍主成分分析和因子分析。

成分认定为主成分。"碎石检验准则"也很常见,该准则将所有成分的特征值逐个标在坐标图中并连成曲线,曲线开始变平前的成分为主成分。

很早就有学者对不同国家的利率期限结构进行了主成分分析。尽管样本不同导致结果有所差异,但人们发现,只需要三个主成分就可以解释全球许多市场上利率期限结构 90% 左右的变动。例如 Barber and Copper(1996)发现,1985—1991 年美国市场上前三个主成分对利率期限结构的解释能力达到 97.11%;Lardic,Priaulet and Priaulet(2003)发现,在德国市场、意大利市场和英国市场上,1998 至 2000 年期间前三个主成分的解释能力分别为 90%、90% 和 93%;唐革榕和朱峰(2003)的研究则表明,2001 年 8 月 30 日至 2002 年 12 月 13 日上海交易所国债利率变动的 90.85% 也可用前三个主成分来解释。

目前,我国债券交易主要在银行间市场进行。在例 8.1 中,我们对中国国债即期利率的真实历史数据进行主成分分析。

例 8.1　中国国债即期利率变化的主成分分析

对 2007 年 1 月 4 日至 2020 年 6 月 12 日中债登发布的中国国债 1 至 30 年共 30 个即期利率(中债国债即期利率)进行主成分分析,可以发现利率变化的前三个主成分可以解释约 86% 的利率变动总方差,具体如图 8.4 所示。

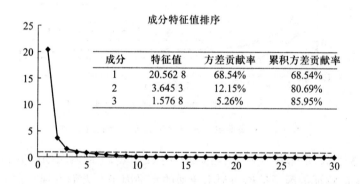

成分	特征值	方差贡献率	累积方差贡献率
1	20.562 8	68.54%	68.54%
2	3.645 3	12.15%	80.69%
3	1.576 8	5.26%	85.95%

图 8.4　中国国债 1 至 30 年即期利率变化的主成分分析
(2007 年 1 月 4 日至 2020 年 6 月 12 日)
数据来源:中国债券信息网。

二、利率期限结构变动的因子分析

在获得影响利率期限结构变动的主成分(通常为 3~4 个)之后,进一步通过因子分析,可以了解这些主成分的基本特征。

因子分析的基本方程为

$$\Delta R_t^{t_i *} = \sum_{j=1}^{k} (l_{ji} \times F_j^*) + \varepsilon_i \tag{8.4}$$

式中：$F_j^* = \dfrac{F_j}{\sqrt{\lambda_j}}$，$F_j(j=1,2,\cdots,k)$ 为前述主成分分析得到的前 k 个因子；ε_i 涵盖了前 k 个主成分
未反映的影响因素。可以看出，式(8.4)刻画的是各期限利率变动 $\Delta R_t^{t_i*}$ 如何受到前 k 个主成分的线性影响，$l_{ji}(j=1,2,\cdots,k$ 且 $i=1,2,\cdots,N)$ 反映了利率变动对这 k 个主要因子的敏感性。

根据因子分析的基本原理[①]，当因子 F_j 由主成分分析得到时，系数 l_{ji} 为

$$l_{ji} = \sqrt{\lambda_j} \times \alpha_{ji} \tag{8.5}$$

式中：α_{ji} 是式(8.3)中 $\Delta R_t^{t_i*}$ 项的系数。

8-4 二维码链接

因子分析原理简介

研究发现，如果将不同剩余期限的利率变动进行因子分析后得到的系数 l_{ji} 画在以剩余期限为横坐标、以系数为纵坐标的坐标图上，前三个因子的系数经常呈现如图8.5所示的特征。

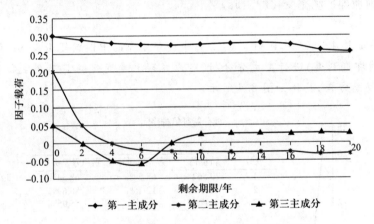

图 8.5　利率期限结构三个主成分因子载荷示例

首先，l_{1i} 多呈水平状，意味着当第一个主成分 F_1 变动时，不同剩余期限的利率将发生同样幅度的变动。具有这一特征的因子被称为利率变动的水平因子。人们发现它常常可以解释利率曲线变化的 $60\% \sim 80\%$。

其次，l_{2i} 多会在 $2 \sim 8$ 年之间穿过横轴，有时像图8.5一样向下穿越，有时也会反过来向上穿越。这意味着第二个主成分 F_2 变动时，长、短期利率的变动是不同的，因此常被称为利率变动的斜率因子。它可用来衡量长、短期利率的期限差异。它经常可以解释利率曲线变化的 $5\% \sim 30\%$。

最后，l_{3i} 常呈现蝶形，可能是像图8.5中的反向蝶形，也可能是两边低中间高的正向蝶形。这说明第三个主成分 F_3 对利率期限结构上的短期、中期和长期利率具有不同的影响，从而会影响利率期限结构的曲度，因此常被称为利率变动的曲度因子。它一般解释了利率曲线变化的 $0 \sim 10\%$。

沿用例8.1的数据，例8.2对中债国债即期利率的真实历史数据进行了因子分析。

---

① 扫描下文二维码可以看到因子分析的基本原理。

　　延续例 8.1,我们对 2007 年 1 月 4 日至 2020 年 6 月 12 日的中债国债 1 至 30 年即期利率变化的历史数据进行因子分析,结果发现前三个主成分也具有水平因子、斜率因子和曲度因子的主要特征,具体如图 8.6 所示。

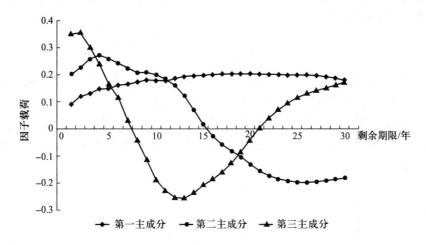

图 8.6　中国国债 1 至 30 年即期利率变化的三个主成分因子载荷

（2007 年 1 月 4 日至 2020 年 6 月 12 日）

数据来源:中国债券信息网。

第三节　传统的利率期限结构理论

　　主成分和因子分析虽然通过数学和统计手段提炼出了驱动利率期限结构变动的几个主要成分,但并未从经济意义上解释这些成分和因子是什么,也没有从经济意义上解释为何利率期限结构会呈现不同的形状和变化。为了解读利率期限结构,经济学家们提出了不同的利率期限结构理论,试图解释利率与剩余期限的关系。本节介绍四个传统的利率期限结构理论:纯预期理论（pure expectation theory）、流动性偏好理论（liquidity preference theory）、市场分割理论（market segmentation theory）和期限偏好理论（preferred habitat theory）。

一、纯预期理论

（一）纯预期理论的基本内容

　　纯预期理论认为,当前的利率期限结构仅代表了市场对未来即期利率变化的预期。在这个理论下,上升（下降）的收益率曲线意味着市场认为未来的即期利率会上升（下降）,水平的收益率曲线则意味着市场预期未来的即期利率保持不变。

纯预期理论有三种不同版本：

版本 1：远期利率等于市场对未来即期利率的预期，即

$$R_t^{t_i,t_j} = E_t \left[R_{t_i}^{t_j} \right] \tag{8.6}$$

式中：$t < t_i < t_j$。$E_t[\cdot]$ 表示 t 时刻的（现实测度）预期。

我们在第二章中已经知道，长期即期利率是短期即期利率和远期利率的加权平均。如果将长期期限拆为很多个短期期限，有

$$R_t^{t_n} = \frac{R_t^{t_1} \cdot (t_1 - t) + R_t^{t_1,t_2} \cdot (t_2 - t_1) + \cdots + R_t^{t_{n-1},t_n} \cdot (t_n - t_{n-1})}{t_n - t} \tag{8.7}$$

其中 $t < t_1 < t_2 < \cdots < t_n$。因此，根据纯预期理论，当市场预期某段时间利率上升（下降或不变）时，对应的远期利率就会上升（下降或不变），利率期限结构就会呈现相应的形状。

版本 2：一次性长期投资的收益率与短期滚动投资的预期收益率相等。以 1 元本金先投资 1 年，再投资 $n-1$ 年为例。纯预期理论认为，这样滚动投资的预期收益率等于 n 年期零息债一次性投资的收益率，即

$$E_t \left[e^{R_t^{t+1} \cdot 1} \cdot e^{R_{t+1}^{t+n} \cdot (n-1)} \right] = e^{R_t^{t+n} \cdot n}$$

简单变形可得

$$\frac{1}{E_t \left[e^{R_{t+1}^{t+n} \cdot (n-1)} \right]} = e^{R_t^{t+1} - R_t^{t+n} \cdot n} \tag{8.8}$$

版本 3：1 年期零息债的收益率与 n 年期零息债投资 1 年的预期收益率相等，即

$$E_t \left[\frac{e^{-R_{t+1}^{t+n} \cdot (n-1)}}{e^{-R_t^{t+n} \cdot n}} \right] = e^{R_t^{t+1} \cdot 1}$$

简单变形可得

$$E_t \left[\frac{1}{e^{R_{t+1}^{t+n} \cdot (n-1)}} \right] = e^{R_t^{t+1} - R_t^{t+n} \cdot n} \tag{8.9}$$

（二）纯预期理论的缺陷

只要假设市场存在特定的预期，纯预期理论就可以解释所有形状的利率期限结构。然而纯预期理论的根本缺陷在于：对债券投资中的系统性风险，它没有考虑到投资者会要求获取相应的风险溢酬。我们知道，在利率债投资中存在着利率风险，如果未来利率上升，尚未到期的固息债价格将会下跌；如果利率下降，债券投资中收到的现金流的再投资利率会随之下降。这两种情形都可能给投资者带来风险。这些风险被公认为是系统性风险。厌恶风险的投资者在承担这些风险时，必然要求获取相应的风险溢酬。因此长期利率除了反映市场对未来短期利率的预期，显然还包含风险溢酬。纯预期理论的本质缺陷就在于其忽视了风险溢酬的影响。

具体到三个版本的纯预期理论，陈蓉和郑振龙（2007）已经证明，只要存在系统性风险，远期利率并不等于未来即期利率的期望值，两者之间还相差利率风险溢酬，因此版本 1 是错误的。由于在投资收益率的计算中引入了条件期望算子 $E_t[\cdot]$，版本 2 和版本 3 考虑了利率风险带来的

投资不确定性。尽管如此,这两个版本的分析并没有将投资者的风险厌恶及所要求的风险溢酬纳入考虑,因而也是错误的。

不仅如此,这 3 个版本的纯预期理论之间还存在着内在不一致性。从版本 1 与版本 2 来看,从式(8.8)可以得到

$$E_t\left[e^{R^{t+n}_{t+1}\cdot(n-1)}\right]=e^{R^{t+1,t+n}_t\cdot(n-1)} \tag{8.10}$$

对比式(8.6),显然只有在假定利率服从正态分布、且利率波动率很小的情况下,版本 2 与版本 1 才一致[①]。版本 3 与版本 2 也存在着差别:尽管式(8.8)与(8.9)两式的右端相等,但根据 Jensen 不等式,这两式的左端并不相等,即

$$\frac{1}{E_t\left[e^{R^{t+n}_{t+1}\cdot(n-1)}\right]}\neq E_t\left[\frac{1}{e^{R^{t+n}_{t+1}\cdot(n-1)}}\right]$$

总之,如果用 Y 表示远期利率,用 X 表示未来的即期利率,纯预期理论三个版本之间的差异可以简单归结为:版本 1 认为 $e^Y=e^{E_t[X]}$,版本 2 认为 $e^Y=E_t[e^X]$,而版本 3 认为 $e^Y=\dfrac{1}{E_t\left[\dfrac{1}{e^X}\right]}$。可

见,不仅三个版本都没有考虑利率风险溢酬,而且内在并不完全一致,因此纯预期理论是不够合理的。

二、流动性偏好理论

流动性偏好理论在纯预期理论的基础上引入了利率风险溢酬,认为长期利率不仅反映利率预期,还包含着投资者要求的利率风险溢酬,只有在长期债券投资收益率能同时涵盖预期未来利率水平和风险溢酬时,投资者才愿意持有长期债券。但流动性偏好理论认为投资者总是偏好易于变现的短期债券,因此利率风险溢酬与剩余期限一定正相关。

用流动性偏好理论来解释,收益率曲线上升可能是因为:①市场预期未来利率将上升;②市场预期未来利率不变甚至下降,但利率风险溢酬随期限增加提高得很多,使得利率期限结构趋于上升。依此类推,流动性偏好理论也可以解释利率期限结构的所有形状。

由于同时考虑了预期和利率风险溢酬的影响,流动性偏好理论比纯预期理论更贴近现实。但这一理论的不足在于,其认为投资者总是偏好持有短期债券,因而风险溢酬总是随期限递增。然而现实市场并非总是如此。在投资期较长的情况下,持有短期债券会面临再投资风险,而期限匹配的长期债券则不存在这个问题;除此之外,投资者特定的资产负债状况往往也会使得他们对某些期限的债券有一定的偏好。这些都是流动性偏好理论未加以考虑的情形。另外需要强调的是,尽管称为"流动性偏好"理论,这一理论中所讨论的并不是流动性风险,而是债券在未来变现时的利率不确定所带来的风险,因而本质上讨论的是利率风险和利率风险溢酬。

---

① 这是因为,如果 X 服从正态分布,则 $E_t[e^X]=e^{E_t[X]+\frac{\sigma^2}{2}}$,其中 σ 表示 X 的标准差。

三、市场分割理论

市场分割理论从另一个角度来解释利率期限结构的不同形状。该理论认为,投资者有各自的投资期限偏好,并且偏好不变。比如保险公司和养老基金投资于长期债券,货币市场基金投资于短期债券等。收益率曲线的形状由短期、中期和长期市场的各自供求关系决定。

从风险溢酬的角度,市场分割理论显然可以解读为投资者对投资其他期限所要求的风险溢酬无穷大,从而使得他们不可能改变投资偏好。这个假定显然是不符合市场现实的。但市场分割理论揭示了不同投资者有不同投资期限偏好这一现实,是具有意义的。

四、期限偏好理论

期限偏好理论可以看作流动性偏好理论与市场分割理论的结合。该理论认为,不同资产负债状况的投资者通常有着特定偏好的投资期限,但这些偏好并非完全不变。当不同期限债券的供求发生变化,一些期限的债券供求不再平衡,从而使得相应期限的风险溢酬变化到足以抵消利率风险或再投资风险时,一些投资者的偏好就会发生转移。因此,在期限偏好理论下,利率期限结构反映了市场对未来利率的预期以及时变的期限风险溢酬,期限风险溢酬则综合反映了利率风险、再投资风险和期限偏好,因此风险溢酬并非简单递增,短期债券并非始终都是最优选择。在该理论下,所有形状的利率期限结构都可以得到解释。

可以看出,流动性偏好理论与期限偏好理论都认为长期利率(及其所隐含的远期利率)反映了市场对未来的预期和风险溢酬,只要风险溢酬非零,远期利率就不是未来即期利率的无偏预期。因此,流动性偏好理论和期限偏好理论有时被称为"有偏期望理论"(biased expectation theory)[①]。相对于流动性偏好理论,期限偏好理论引入了投资者的期限偏好,并认为风险溢酬并非简单随期限递增;相对于市场分割理论,期限偏好理论则加入了市场预期和风险溢酬的思想。这些改进都是比较符合市场现实的。因此,在四个传统的利率期限结构理论中,期限偏好理论是相对最为合理的。

五、期限溢酬

从前述讨论可以看到,在考察利率曲线形状的形成原因以及未来可能会如何变动时,仅考虑市场预期是不够的,必须将利率风险和相应的利率风险溢酬纳入考量。在学术文献中,利率风险溢酬被称为期限溢酬(term premium),是指投资者在投资债券时,由于在投资结束前面临利率变动带来的市场风险而要求的风险补偿。由于期限不同,利率风险溢酬也不同,期限溢酬由此得名。

期限溢酬通常有三种计算方法,分别是基于远期利率、即期利率和持有期收益率计算得到的,与纯预期理论的三种版本相呼应。

---

① 注意,这里的"有偏"并非贬义词。

以 n 年期利率与 1 年期利率之间的期限溢酬为例。基于远期利率的期限溢酬(用 TPF_t 表示,下标 t 意味着期限溢酬是时变的)的计算公式为

$$\mathrm{TPF}_t^{1,n} = R_t^{t+1,t+n} - E_t\left[R_{t+1}^{t+n}\right] \tag{8.11}$$

即远期利率与对应期限的利率预期值之差。显然,如果版本 1 的纯预期理论成立,$\mathrm{TPF}_t^{1,n}$ 应等于零;否则就不等于零。

基于即期利率的期限溢酬(用 TPY_t 表示)的计算公式为

$$\mathrm{TPY}_t^{1,n} = R_t^{t+n} - \frac{1}{n}\sum_{i=0}^{n-1} E_t\left[R_{t+i}^{t+i+1}\right] \tag{8.12}$$

其含义是长期利率减去一系列未来 1 年期利率的期望值。这显然与纯预期理论版本 2 的思考逻辑是一致的,刻画的是一次性长期投资与短期滚动投资之间的风险溢酬。

基于持有期收益率的期限溢酬(用 TPR_t 表示)的计算公式则为

$$\mathrm{TPR}_t^{1,n} = E_t\left[\ln\frac{B_{t+1}^{t+n}}{B_t^{t+n}}\right] - R_t^{t+1}$$
$$= nR_t^{t+n} - (n-1)E_t\left[R_{t+1}^{t+n}\right] - R_t^{t+1} \tag{8.13}$$

式中:B_t^T 是无风险贴现因子。这样定义的 TPR_t 计算的是 n 年期债券持有 1 年后变现的预期收益率与 1 年期无风险利率之差,与纯预期理论版本 3 相呼应。

三种版本的纯预期理论本身就存在不一致性,因此以上三种方式计算得到的期限溢酬有一定差异,但刻画的都是承担利率风险所要求的风险溢酬,因此可以认为它们在本质含义上是基本一致的。

无论用哪种方式计算的期限溢酬,对预期值的估计显然都是无可回避的。在实际研究中,第一种做法是使用市场调查值;第二种做法是假设理性预期,使用事后真实的实现值作为事前预期值;第三种做法是假设利率的动态模型,从而在特定的模型假设下估计利率的预期值。但无论哪种方法,都只能得到利率预期的不完美估计值。基于持有期收益率的期限溢酬 TPR_t 在计算时仅涉及 1 年后利率水平的预期,估计相对简单,因此成为实际研究中最常用的期限溢酬估计方法。又因为这一指标是长期债券持有 1 年的预期收益率减去 1 年期无风险利率,所以在许多文献中,"期限溢酬"与"预期持有期超额收益"或"持有期超额收益"常常是混用的。

尽管相对抽象,期限溢酬对宏观经济和金融市场的影响却是不可忽视的。例如,2004 年 6 月到 2006 年 6 月,美国联邦储备委员会将联邦基金利率从 1.25% 提升到 5.25%,但是美国十年期国债的收益率在这段时间却是下降的,该现象被人们称为"格林斯潘之谜"。包括前任美联储主席伯南克在内的很多学者认为期限溢酬很可能是解释这一谜题的答案。在美联储的许多报告中,期限溢酬也是经常被提及的问题。还有不少研究发现,期限溢酬对未来股市收益率常常具有显著的预测力。相应地,关于期限溢酬的研究是利率期限结构理论的主流核心内容。因此,无论是在理论还是实践中,期限溢酬都具有非常重要的意义。

8-5 二维码链接

美国国债期限溢酬数据

第四节　利率期限结构的估计

利率期限结构是固定收益证券定价和风险管理的基础,但却并不直接可得。即使是像普通债券到期收益率和互换利率这样可以直接观测到的"市场曲线"(market curve),实际上也只能直接观测到特定期限的利率散点而非整条曲线。而更为重要的即期利率和远期利率期限结构,以及平价到期收益率和瞬时远期利率期限结构,则都属于"隐含曲线"(implied curve),需要从市场交易数据中加以提炼。因此,采用合适方法从市场可观测的价格和数据中提炼出隐含的利率期限结构,是固定收益领域重要的基础性工作。

由于即期利率既是固定收益证券定价的基本输入变量,又是进一步计算平价到期收益率、远期利率和瞬时远期利率的基础,加之无风险利率是其他利率的基准,本节主要针对无风险即期利率期限结构,介绍几种常见的利率期限结构拟合方法,其他情形可做相应拓展。

一、估计利率期限结构的准备工作

在开始估计利率期限结构之前,必须先收集相应的固定收益证券(通常为债券)数据,包括债券发行者、发行规模、息票率、是否含权、税收待遇、市场价格、剩余期限和成交量等,进行筛选,构建数据库。

基本的筛选原则为:第一,被用于估计同一条收益率曲线的证券必须具有相同的信用等级和税收待遇等条件,例如要估计无风险的收益率曲线,就应收集无风险债券(国债)的市场数据;第二,剔除含权证券,否则难以精确分离所含期权对利率的影响;第三,剔除明显定价不合理、流动性差异很大(包括与其他样本相比,流动性过差或过好)的证券,以消除定价误差和流动性的影响;第四,所选证券的剩余期限应尽可能覆盖要估计时间长度的各个区间(短期、中期和长期),且各个分段区间内的样本数要足够多,以保证结果的可靠性。

二、无风险即期利率期限结构的估计

即期利率是零息债的到期收益率,然而市场上交易的主要都是附息债,这意味着我们需要从附息债市场价格中提炼出隐含的即期利率。这需要引入数据建模方法,可分为"散点+插值法"和"拟合法"。在两类方法中,具体又各有不同的做法。

在介绍具体方法之前首先需明确,一个好的利率期限结构估计方法应满足以下条件:① 准确性:估计得到的利率期限结构应该能够反映市场真实的收益率情形;② 平滑性:估计得到的期限结构应该尽量平滑,除了曲线可导之外,其弯曲程度也不能太大,因为从经济意义上说,没有理由认为两个期限接近的利率会差异很大;③ 稳定性:模型结果对样本的变化不过于敏感,如果相邻两天的利率曲线形状变化过于剧烈,一般认为这样的方法不够稳定;④ 灵活性:所采用的模型应该能够捕捉利率期限结构的多变形状,包括上升、下降、近似水平和驼峰状,甚至是不规则的形状。

（一）散点+插值法

"散点+插值法"的基本思路是先利用市场数据得到少数期限的利率,然后用一定方法将这些散点连起来。我们接下来分别介绍散点方法和插值方法。

1. 获得利率散点

获得即期利率散点的主要方法是靴襻法,又称息票剥离法,其基本思路是利用附息债等于零息债组合的原理,对附息债进行分解,提取出相应的贴现因子价格和即期利率。例 8.3 可以帮助读者轻松地理解这一方法。

例 8.3　估计利率期限结构:靴襻法

假设有 4 只付息日相同的债券(一年支付一次利息),具体如表 8.1 所示。

表 8.1　4 只付息日相同债券的数据

债券	息票(元)	剩余期限(年)	市场价格(元)
债券 1	3	1	99
债券 2	3.5	2	99.5
债券 3	3	3	96
债券 4	4	4	95

由债券定价公式可写出如下矩阵

$$\begin{pmatrix} 99 \\ 99.5 \\ 96 \\ 95 \end{pmatrix} = \begin{pmatrix} 103 & & & \\ 3.5 & 103.5 & & \\ 3 & 3 & 103 & \\ 4 & 4 & 4 & 104 \end{pmatrix} \times \begin{pmatrix} B_0^1 \\ B_0^2 \\ B_0^3 \\ B_0^4 \end{pmatrix}$$

其中,方程左边是债券的市场价格,债券右边是这 4 个债券的现金流矩阵,从而可以求解得到 4 个期限的贴现因子。

再进一步根据贴现因子与连续复利即期利率的关系

$$R_0^{t_i} = -\frac{1}{t_i}\ln B_0^{t_i}$$

可算出相应 1 至 4 年期连续复利的即期利率分别为 3.96%、3.69%、4.38% 和 5.36%。

从例 8.3 可以看出,只要能收集到 N 只具有 N 个相同付息日的债券(零息债和附息债均可)信息,就可以用求解方程组的方法估计出对应 N 个付息日的即期利率。

从理论上说,这种方法操作简单且易于理解。但在现实中存在两个问题:

第一,不同债券的付息日通常不会刚好相同。为了解决这个问题,通常将相近的付息日视为同一天进行近似估计。

第二,市场上债券数量通常不会刚好等于付息日数量。一种做法是选择其中部分数量匹配的债券和付息日,运用上述靴襻法进行息票剥离。另一种做法由 Carleton and Cooper（1976）提出,适合于债券数量大于付息日数量的情形。具体是将所有债券的市场价格 **P** 对现金流 **F** 进行线性回归,即

$$P = F \cdot B + \varepsilon \tag{8.14}$$

式中:$\varepsilon \sim N(\mathbf{0}, \sigma_\varepsilon^2 I)$,$I$ 为单位阵。运用最小二乘回归估计出贴现因子向量 **B** 后,就可计算得到相应期限的即期利率。

2. 插值

前述方法只能得到即期利率散点,只能反映利率期限结构的"不完全信息",要在此基础上得到完整的连续光滑的利率期限结构曲线,需要进行插值。

具体的插值方法很多,根据插值函数设定,可以分为线性和非线性插值两大类。下面分别介绍线性插值和三种非线性插值方法。

（1）线性插值。线性插值是最简单的一种数据插值方法。顾名思义,它是指在得到利率散点之后,用直线线段将各点连接起来。下面以例 8.4 加以说明。

例 8.4 估计利率期限结构:线性插值法

已知 3 个月、6 个月、1 年、1.5 年和 2 年期的即期利率分别为 3%、3.6%、3.9%、4% 和 4.2%（连续复利）。一个 2.75 年后到期、半年支付一次 4% 票息的债券当前市场价格为 100.69 元。请问如何求得 9 个月、1.25 年、1.75 年、2.25 年和 2.75 年期利率水平?

在线性插值法下,两个期限之间的利率被认为位于两端利率水平连接形成的直线上。因此,0.75 年（9 个月）的利率被认为位于 0.5 年和 1 年期利率水平连接形成的直线上,这意味着利率差之比等于期限差之比,因此有

$$\frac{R_0^{0.75} - R_0^{0.5}}{R_0^1 - R_0^{0.5}} = \frac{0.25}{0.5}$$

可以得到 0.75 年期利率为 3.75%。依此类推,1.25 年期和 1.75 年期的利率分别为 3.95% 和 4.1%。

接下来,如何得到 2.25 年期和 2.75 年期的利率? 如果假设 2.25 年期利率位于 2 年期利率和 2.75 年期利率形成的直线上,就有

$$\frac{R_0^{2.25} - R_0^2}{R_0^{2.75} - R_0^2} = \frac{0.25}{0.75}$$

从而 2.75 年期利率可以用 2.25 年期利率表示为

$$R_0^{2.75} = 3R_0^{2.25} - 2R_0^2$$

由于剩余期限为 2.75 年的债券价格可以表示为

$$2e^{-3\% \times 0.25} + 2e^{-3.75\% \times 0.75} + 2e^{-3.95\% \times 1.25} + 102e^{-4.1\% \times 1.75} + 2e^{-R_0^{2.25} \times 2.25} + 102e^{-R_0^{2.75} \times 2.75} = 101$$

代入前述 2.25 年和 2.75 年期利率之间的关系,可以求得 2.25 年期利率为 4.16%,相应地 2.75 年期利率为 4.08%。

从例 8.4 可以看到,线性插值的本质内涵就是假设两个期限之间的利率位于两端利率水平连接形成的直线上,利率差之比等于期限差之比,公式为

$$R_t^{t_2} = \frac{(t_3 - t_2) R_t^{t_1} + (t_2 - t_1) R_t^{t_3}}{t_3 - t_1} \qquad (8.15)$$

式中:t 为起始时刻,t_1、t_2 和 t_3 为未来的时刻,且 $t_3 > t_2 > t_1$。[①] 线性插值可以和靴襻法一起使用,用以剥离出即期利率。此外值得注意的是,直线两端取的端点不同,得到的直线以及插值得到的利率水平也各不相同。

(2) 三次多项式插值。线性插值相对简单,但其缺点也很明显:每两点之间是直线相连,会使得整条利率曲线在光滑性上相对不足。下面介绍的非线性插值有助于改善光滑性问题。我们首先从最易于理解的三次多项式插值开始。例 8.5 给出了三次多项式插值的一个算例。

例 8.5 估计利率期限结构:三次多项式插值法

如前例,已知 0.5 年、1 年、1.5 年和 2 年期即期利率分别为 3.6%、3.9%、4% 和 4.2%(连续复利)。为了运用三次多项式插值构造利率曲线,假设 0 到 2 年的利率期限结构满足三次多项式

$$R_0^s = as^3 + bs^2 + cs + d$$

式中:s 表示利率期限。

节点 0.5 年、1 年、1.5 年和 2 年的即期利率都应满足这一函数,即

$$\begin{cases} R_0^{0.5} = 3.6\% = a \times (0.5)^3 + b \times (0.5)^2 + c \times 0.5 + d \\ R_0^1 = 3.9\% = a \times (1)^3 + b \times (1)^2 + c \times 1 + d \\ R_0^{1.5} = 4\% = a \times (1.5)^3 + b \times (1.5)^2 + c \times 1.5 + d \\ R_0^2 = 4.2\% = a \times (2)^3 + b \times (2)^2 + c \times 2 + d \end{cases}$$

由此可以解得 $a = 0.004$,$b = -0.016$,$c = 0.023$,$d = 0.028$。这样 1~2 年间任意期限的即期利率可用该三次多项式求出。例如,0.75 年的即期利率就等于

$$R_0^{0.75} = 0.004 \times (0.75)^3 + (-0.016) \times (0.75)^2 + 0.023 \times 0.75 + 0.028 \approx 3.79\%$$

类似可以求得 1.25 年期和 1.75 年期的利率分别为 3.96% 和 4.07%。

从例 8.5 中可以看出,三次多项式插值法就是事先假设利率曲线可以用三次多项式函数加以刻画,只要预先有 4 个已知的利率,就可以恰好解出 4 个参数,从而可以求得其他任意期限的利率水平。

但我们也可以看到,由于三次多项式函数的参数只有 4 个,只需要 4 个已知利率就可以生成利率曲线,这一方面意味着输入不同的初始利率,会有不同的结果;更重要的是,如果整条利率曲线只有 1 个三次多项式,灵活性显然不足,因此通常用分段的三次多项式函数估计整条利率曲

---

① 课后习题 5 是关于这个结论的一个证明。

线。在例 8.5 中,如果要估计 2 年以上期限的即期利率,例如 2~4 年的即期利率,需要再从债券市场上找到对应期限的 4 个即期利率,再用另一个三次多项式刻画这段期间的曲线,并用这 4 个即期利率估计出这个三次多项式的 4 个参数。依此类推,就可以将利率曲线分割为不同区间,用分段三次多项式函数估计出整个利率期限结构。以 n 个分段为例,具体公式为

$$R_0^s = \begin{cases} a_1 s^3 + b_1 s^2 + c_1 s + d_1, s \in (0, t_1) \\ a_2 s^3 + b_2 s^2 + c_2 s + d_2, s \in (t_1, t_2) \\ \cdots\cdots\cdots \\ a_N s^3 + b_N s^2 + c_N s + d_N, s \in (t_{N-1}, t_N) \end{cases} \quad (8.16)$$

对于每个区间,都首先要从市场上获得 4 个即期利率,用以估计每段函数的 4 个参数。

与线性插值法相比,由于在每一段内都用了一个曲线而非直线来估计,分段三次多项式插值法估计得到的利率期限结构相对平滑。但三次函数图像的 S 形性质使得三次多项式插值法下不同时段的曲线的凹凸性不同。图 8.7 给出了例 8.4 和例 8.5 分别运用线性插值法和三次多项式插值得到的 2 年内利率期限结构的一个对比。可以看到,线性插值法下的曲线是不平滑的,而三次多项式插值法下得到的曲线在 0.5 年到 1.5 年之间是凸的,1.5 年之后则是凹的。此外值得注意的是,由于每段的函数参数不同,三次多项式插值法得到的曲线在每段之间的衔接点处可能并不平滑。

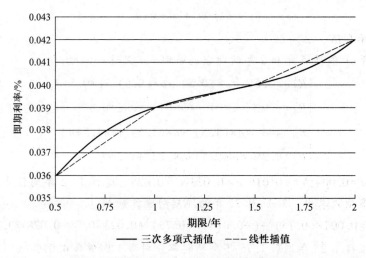

图 8.7　线性插值法与三次多项式插值法对比

（3）三次多项式样条插值和三次样条插值。分段三次多项式插值方法引起了我们的思考:与线性插值法相比,高次多项式插值显然能获得相对光滑的曲线。如果希望做得更好,我们需要考虑如下问题:

第一,插值函数阶数的选择。一次(线性)插值的光滑性显然较差,那么阶数多少比较合适呢? 由于瞬时远期利率可由即期利率一阶求导得到,如果希望瞬时远期利率曲线也是平滑的,即期利率曲线就应该是二阶导函数连续的,也就是说,即期利率曲线至少应该是三次的。那么是否阶数越高越好呢? 隆格现象给出了否定的回答。数学家隆格(Runge)在研究多项式插值逼近特定函数的误差过程中,发现在用高阶多项式进行多项式插值时,区间边缘会出现误差无穷大的现

象。因此在利率期限结构的插值和拟合中,三次函数是最常见的选择。

第二,插值目标的设定。前述分段线性插值和分段三次多项式插值的目标都十分简单,插值函数必须过已知节点,但这种仅考虑节点函数值约束的插值方法,在每段之间的连接点处可能并不平滑。改善光滑性的一个方法是在节点值目标之外,加入连接点处的导数值约束。

第三,如何确定分段的数量? 显然,阶数和分段数量的选择都会影响估计的维数(dimension),即需要估计的参数的个数。分段越多,拟合得越好,但却容易受到奇异点的影响。有一些方法本身对分段数量有要求,根据要求来设定分段数量即可[1]。在其他情况下,则根据经济含义进行划分,如基于剩余期限分为短、中、长期[2]三段。

第四,连接点位置的选择。如果分段可以自由选择,还需要考虑连接点的位置。连接点不同,得到的利率曲线可能显著不同。通常认为选取的连接点最好使得每段区间具有一定的经济含义,例如分别代表短、中和长期等;且每段区间内的样本数量最好比较接近。

样条函数法是满足上述考虑的良好方法。样条(spline)在英语中是指富有弹性的细长木条。样条曲线是指工程师在制图时,用压铁将样条固定在样点上,其他地方让它自由弯曲,然后画下的长条曲线。样条函数(spline functions)的数学实质是指由一些相对简单的分段多项式连接而成、保证分段内光滑、在各段连接处也具有一定光滑性的函数,其目的是用这些分段函数尽可能地逼近光滑的曲线。根据 Weierstrass 第一逼近定理,任何连续函数都可以被一个多项式函数任意接近地逼近,这为样条函数的运用提供了基本依据。

下面我们主要介绍 Hermite 三次多项式样条插值和三次样条插值方法,可以帮助大家快速理解其他更为复杂的样条函数法。

① Hermite 三次多项式样条插值。Hermite 三次多项式样条插值法的本质,是在分段三次多项式插值基础上,不仅要求插值函数在每个节点的取值等于已知的利率水平,还要求在分段连接点上的一阶导也等于已知的一阶导数值。在实际中 Hermite 三次多项式样条插值应用广泛,中债登等机构就采用这一方法构建利率曲线。下面我们不加证明地直接给出 Hermite 三次多项式样条插值公式,对具体的推导过程有兴趣的读者可参考数值分析的相关书籍。

假设当前时刻为 0 时刻,已知剩余期限为 $s_0, s_1, s_2, \cdots, s_N (s_0 < s_1 < s_2 < \cdots < s_N)$ 的即期利率分别为 $R_0^{s_0}, R_0^{s_1}, R_0^{s_2}, \cdots, R_0^{s_N}$,已知对应的一阶导数值分别为 $R_0'^{s_0}, R_0'^{s_1}, R_0'^{s_2}, \cdots, R_0'^{s_N}$。那么,对于任意两点之间的期限 s(即 $s_i < s < s_{i+1}, i = 0, 1, 2, \cdots, N$),即期利率曲线的 Hermite 三次多项式样条插值函数为

$$
\begin{aligned}
H(s) = & R_0^{s_i} \alpha_i \left(\frac{s-s_i}{s_{i+1}-s_i} \right) + R_0^{s_{i+1}} \alpha_{i+1} \left(\frac{s-s_i}{s_{i+1}-s_i} \right) + \\
& R_0'^{s_i} \beta_i \left(\frac{s-s_i}{s_{i+1}-s_i} \right) (s_{i+1}-s_i) + R_0'^{s_{i+1}} \beta_{i+1} \left(\frac{s-s_i}{s_{i+1}-s_i} \right) (s_{i+1}-s_i)
\end{aligned} \tag{8.17}
$$

式中:

$$
\alpha_i(x) = 2x^3 - 3x^2 + 1, \quad \alpha_{i+1}(x) = -2x^3 + 3x^2,
$$
$$
\beta_i(x) = x^3 - 2x^2 + x, \quad \beta_{i+1}(x) = x^3 - x^2
$$

---

① 例如下文的 Hermite 三次样条插值和三次样条插值都是每两个节点设定一个分段。
② 下文拟合法中会进一步介绍。

式(8.17)看起来颇为复杂,但首先可以看出,它意味着任意期限的即期利率 R_0^s 是期限 s 的三次多项式函数。如果将已知期限的利率及其对应的一阶导数代入,我们很快就会发现该函数的确满足所有节点值和一阶导数值都等于已知值的条件,因此式(8.17)是一个满足了 Hermite 三次多项式样条插值条件的函数。从分段来看,已知 $N+1$ 个节点值和 $N+1$ 个一阶导,意味着拥有 $2N+2$ 个条件,可以估计出 $2N+1$ 次多项式的待估参数。由于我们采用三次函数,因此有 $2N+1=3$。这意味着在 Hermite 三次多项式样条插值下,每两个点就分一段。

在运用 Hermite 三次多项式样条插值时,直接将待求利率 R_0^s 的期限 s、R_0^s 两端已知的利率水平和利率一阶导数代入式(8.17),即可得到 R_0^s。

可以看到,Hermite 三次多项式样条插值运用简单,但需要知道一阶导数在节点处的数值。De Boor(2001)介绍的 Bessel 方法可以帮助我们获得一阶导数值,公式为

$$\begin{cases} R_0'^{s_0} = \dfrac{1}{s_2-s_0}\left[\dfrac{(s_2+s_1-2s_0)(R_0^{s_1}-R_0^{s_0})}{s_1-s_0} - \dfrac{(s_1-s_0)(R_0^{s_2}-R_0^{s_1})}{s_2-s_1}\right] \\[3mm] R_0'^{s_i} = \dfrac{1}{s_{i+1}-s_{i-1}}\left[\dfrac{(s_{i+1}-s_i)(R_0^{s_i}-R_0^{s_{i-1}})}{s_i-s_{i-1}} + \dfrac{(s_i-s_{i-1})(R_0^{s_{i+1}}-R_0^{s_i})}{s_{i+1}-s_i}\right] \\[3mm] R_0'^{s_N} = \dfrac{1}{s_N-s_{N-2}}\left[\dfrac{(s_N-s_{N-1})(R_0^{s_{N-1}}-R_0^{s_{N-2}})}{s_{N-1}-s_{N-2}} - \dfrac{(2s_N-s_{N-1}-s_{N-2})(R_0^{s_N}-R_0^{s_{N-1}})}{s_N-s_{N-1}}\right] \end{cases} \tag{8.18}$$

其中 $1\leqslant i\leqslant N-1$。

② 三次样条插值。如果对曲线的光滑性还有更高的要求,可以采用三次样条插值法。除了节点值等于已知值,三次样条插值还要求每个节点处的左极限等于右极限、左边一阶导数等于右边一阶导数、左边二阶导数等于右边二阶导数,以得到更为光滑的曲线。下面给出三次样条插值法的数学描述。

假设当前时刻为 0 时刻,已知剩余期限为 $s_0,s_1,s_2,\cdots,s_N$($s_0<s_1<s_2<\cdots<s_N$)的即期利率分别为 $R_0^{s_0},R_0^{s_1},R_0^{s_2},\cdots,R_0^{s_N}$,则即期利率曲线的三次样条插值函数 $C(s)$ 由满足下列条件的分段三次多项式组成:

A. 插值条件:$C(s_i)=R_0^{s_i}$,$i=0,1,2,\cdots,N$

B. 连接条件:$C(s_i-0)=C(s_i+0)$

$\qquad\qquad C'(s_i-0)=C'(s_i+0)$

$\qquad\qquad C''(s_i-0)=C''(s_i+0)$

C. 边界条件:上述插值条件和连接条件共给出了 $(N+1)+3(N-1)=4N-2$ 个约束,与三次函数的待定参数数量相比还少 2 个约束条件,需要增加 2 个边界约束条件。常用的边界约束条件有如下两类:

(a) 令整条利率曲线两端的一阶导数与已知值相等:$C'(s_0)=R_0'^{s_0}$,$C'(s_N)=R_0'^{s_N}$;

(b) 令整条利率曲线两端的二阶导数与已知值相等[①]:$C''(s_0)=R_0''^{s_0}$,$C''(s_N)=R_0''^{s_N}$。

可以看出,对于已知的 $N+1$ 个点,三次样条插值法共给出了 $4N$ 个条件,这意味着样条函数次数为 $4N-1$。由于预先设定函数次数为 3,从而有 $N=1$。也就是说,在三次样条插值法下,也

---

① 特别地,当边界约束条件(b)设定为 $C''(s_0)=0$ 和 $C''(s_N)=0$ 时,人们称之为自然三次样条(nature cubic spline)。

是每两个点构造一个三次函数,利用已知的利率值,根据前述条件 A、B、C 联立求出各段样条函数。

(二) 拟合法

与"散点+插值法"先得到散点再将其相连形成利率曲线的思路不同,"拟合法"并不要求事先得到散点,更不要求利率曲线一定过已知的利率点,而是利用最优化的思想,从当时市场上的众多债券价格或利率中倒求。什么样的利率曲线用于为当时的债券定价,模型价格与市场价格的定价误差平方和最小;或是什么样的利率曲线,会使得模型利率与市场利率的误差平方和最小。因此,拟合法求得的,就是最符合当时市场的利率曲线,具有"无套利"的性质。

下面我们以债券定价误差平方和最小为例来介绍拟合法。具体而言,在拟合法下,需要事先将贴现因子 B_0^s 或即期利率 R_0^s 设定为剩余期限 s 的某种特定函数:

$$B_0^s = f(s; \boldsymbol{\beta}_1) \tag{8.19}$$

$$R_0^s = g(s; \boldsymbol{\beta}_2) \tag{8.20}$$

再在 $B_0^0 = 1$(马上到期的贴现因子为1)的约束条件下,令所有债券定价误差平方和最小估计出参数向量 $\boldsymbol{\beta}_1$ 或 $\boldsymbol{\beta}_2$:

$$\widehat{\boldsymbol{\beta}_l} = \underset{\boldsymbol{\beta}_l}{\mathrm{argmin}} \sum_{j=1}^{N} (P^j - V^j)^2, l = 1, 2 \tag{8.21}$$

式中:P^j 为当时第 j 只债券的市场价格,V^j 为给定贴现因子函数或即期利率函数下的模型价格:

$$V^j = \sum_s cf_s^j \cdot f(s; \boldsymbol{\beta}_1) \tag{8.22}$$

或

$$V^j = \sum_s cf_s^j \cdot e^{-s \cdot g(s; \boldsymbol{\beta}_2)} \tag{8.23}$$

式中:cf_s^j 为第 j 只债券在未来 s 时刻支付的现金流。

估计出 $\boldsymbol{\beta}_l$,我们就可以写出贴现因子函数(8.19)或即期利率函数(8.20)的表达式。代入不同的期限 s,就可以得到对应期限的即期利率,从而估计出利率期限结构。

因此,拟合法的两个重要步骤分别是:① 设定贴现因子函数(8.19)或即期利率函数(8.20)的基本形式;② 通过约束条件下的最优化估计得出相应的参数 $\boldsymbol{\beta}_l$。接下来我们分别介绍贴现因子函数法和即期利率函数法。

1. 贴现因子函数法

(1) 贴现因子函数形式的设定。迄今为止,关于贴现因子的模型设定并没有很多基于经济含义的探讨或约束。而正如前文所介绍的,任何连续函数都可以被一个多项式样条函数任意接近地逼近。因此在设定贴现因子函数形式时,一般基于数学上的考量,采用某种样条函数进行构造。

在贴现因子函数的设定中,常用的样条函数有三次多项式样条(McCulloch, 1975)、三次 B 样条、三次指数样条等。

① 三次多项式样条。我们用例 8.6 来帮助读者理解三次多项式样条在贴现因子函数设定中的应用。

假设我们根据市场经验,以 5 年和 15 年作为分界点,将利率期限结构划分为短、中、长期,并构造三次样条贴现因子函数如下:

$$B_0^s = \begin{cases} (B_0^s)_1 = a_1 s^3 + b_1 s^2 + c_1 s + d_1 & \forall s \in [0,5] \\ (B_0^s)_2 = a_2 s^3 + b_2 s^2 + c_2 s + d_2 & \forall s \in [5,15] \\ (B_0^s)_3 = a_3 s^3 + b_3 s^2 + c_3 s + d_3 & \forall s \in [15,30] \end{cases} \qquad (8.24)$$

可以看出,式(8.24)用分段的三个三次多项式来刻画 0 到 30 年期限的贴现因子,这首先保证了在每个分段内贴现因子曲线都是平滑的。不仅如此,样条函数法还要进一步保证分段点的平滑性。因此还需要设定以下条件

$$\begin{cases} (B_0^5)_1^{(i)} = (B_0^5)_2^{(i)} \\ (B_0^{15})_2^{(i)} = (B_0^{15})_3^{(i)} \end{cases} \qquad (8.25)$$

式中:右上角的 (i) 表示函数 B 的 i 阶导数,$i = 0,1,2$。也就是说,上述设定要求在分段点处,左右两个不同函数的取值是相等的,以保证函数的连续性;左右一阶导数是相等的,以保证曲线不会出现尖点;左右二阶导数也是相等的,从而保证了远期利率曲线在该节点处一阶导数(斜率)也是相等的,远期利率曲线也不会出现尖点。

除此之外,另一个客观的约束条件是:马上到期的贴现因子应等于 1,即 $B_0^0 = 1$。

将上述条件代入(8.24),可以得到:

$$B_0^s = \begin{cases} (B_0^s)_1 = a_1 s^3 + b_1 s^2 + c_1 s + d_1 & \forall s \in [0,5] \\ (B_0^s)_2 = a_1 [s^3 - (s-5)^3] + a_2 (s-5)^3 + b_1 s^2 + c_1 s + 1 & \forall s \in [5,15] \\ (B_0^s)_3 = a_1 [s^3 - (s-5)^3] + a_2 [(s-5)^3 - (s-15)^3] + a_3 (s-5)^3 + b_1 s^2 + c_1 s + 1 & \forall s \in [15,30] \end{cases}$$

这样,待估参数的个数就从 12 个下降为 5 个,$\boldsymbol{\beta} = (a_1, b_1, c_1, a_2, a_3)$。

---

② 三次 B 样条。在三次 B 样条方法下,贴现因子函数被表达为

$$B_0^s = \sum_{k=-3}^{2} \beta_k L_k^3(s) \qquad (8.26)$$

式中:s 为期限,$L_k^3(s)$ 是以期限 s 为自变量的三次 B 样条基函数。由于 k 的取值从 -3 到 2,因此该贴现因子函数是 6 个三次 B 样条基函数的加权平均线性组合,待估参数是 $\boldsymbol{\beta} = (\beta_{-3}, \beta_{-2}, \beta_{-1}, \beta_0, \beta_1, \beta_2)$。进一步看,$L_k^3(s)$ 的表达式为

$$L_k^3(s) = \sum_{j=k}^{k+4} \left(\prod_{i=k, i \neq j}^{k+4} \frac{1}{t_i - t_j} \right) (s - t_j)_+^3 \qquad (8.27)$$

式中:$(s-t_j)_+ = \max[(s-t_j),0]$,只取正数;$t_i$ 则可理解为时间轴上已知的不同时点,i 是从 -3 到 6 的整数,因此时间轴上共有 10 个节点。如果到期期限最长 30 年,并以 5 年和 15 年作为短、中、长期的分界,则

$$t_{-3} < t_{-2} < t_{-1} < t_0 = 0 < t_1 = 5 < t_2 = 15 < t_3 = 30 < t_4 < t_5 < t_6 \qquad (8.28)$$

当 $i<0$ 或 $i>3$ 的时候,只要满足上述不等式(8.28),这 6 个 t_i 可以任取。由于在实际当中并不存在于 $i<0$ 和 i 大于 30 或 50 年的债券,这些 t_i 的用途只在于写出样条基函数。

用三次 B 样条基函数拟合贴现函数看似复杂,但却具有不少优点:首先,三次 B 样条基函数是三次样条空间中最基本的基函数,相应区间上的任意三次多项式样条都可以由三次 B 样条特定的线性组合构造出来;其次,从式(8.26)中可以看出,三次 B 样条基函数实际上是用逐渐推移的多个基础三次函数的组合来构造出复杂的分段三次函数,与普通的三次多项式样条相比,其精确性大大提高。不少实证研究证明,三次 B 样条基函数在拟合利率期限结构时表现相当优异,因而成为最常用的方法之一。

③ 三次指数样条。由于贴现因子是即期利率的指数函数,贴现因子函数的另一个设定思路是引入指数函数。除了将多项式变为指数函数,三次指数样条函数与三次多项式样条函数的设定是很相似的。例如,以 5 年和 15 年作为分段点,三次指数样条函数设定如下:

$$B_0^s = \begin{cases} (B_0^s)_1 = a_1 e^{-3us} + b_1 e^{-2us} + c_1 e^{-us} + d_1 & \forall s \in [0,5] \\ (B_0^s)_2 = a_2 e^{-3us} + b_2 e^{-2us} + c_2 e^{-us} + d_2 & \forall s \in [5,15] \\ (B_0^s)_3 = a_3 e^{-3us} + b_3 e^{-2us} + c_3 e^{-us} + d_3 & \forall s \in [15,30] \end{cases} \quad (8.29)$$

在平滑约束条件

$$\begin{cases} (B_0^5)_1^{(i)} = (B_0^5)_2^{(i)} \\ (B_0^{15})_2^{(i)} = (B_0^{15})_3^{(i)} \end{cases}$$

下,式(8.29)可进一步化简为

$$B_0^s = \begin{cases} (B_0^s)_1 = a_1 e^{-3us} + b_1 e^{-2us} + c_1 e^{-us} + d_1 & \forall s \in [0,5] \\ (B_0^s)_2 = a_1 [e^{-3us} - (e^{-us} - e^{-5u})^3] + a_2 (e^{-us} - e^{-5u})^3 + b_1 e^{-2us} + c_1 e^{-us} + d_1 & \forall s \in [5,15] \\ (B_0^s)_3 = a_1 [e^{-3us} - (e^{-us} - e^{-5u})^3] + a_2 [(e^{-us} - e^{-5u})^3 - (e^{-us} - e^{-15u})^3] + \\ \qquad\quad a_3 (e^{-us} - e^{-15u})^3 + b_1 e^{-2us} + c_1 e^{-us} + d_1 & \forall s \in [15,30] \end{cases}$$

$$(8.30)$$

这样,需要估计的参数减为 7 个,即 $\boldsymbol{\beta} = (a_1, b_1, c_1, d_1, a_2, a_3, u)$。

值得注意的是,在指数样条方法下,需要额外估计参数 u。Shea(1985)证明 u 是未来无限远时的瞬时远期利率 f_0^s:

$$u = \lim_{s \to \infty} f_0^s \quad (8.31)$$

估计时通常先将 u 设定为一个合理的值,在此设定下估计剩余的 6 个参数;然后对 u 取可能值,并求得最优的参数估计值。

(2)贴现因子函数设定中的一些问题。以上仅介绍了最为简单的三次多项式样条、三次 B 样条和三次指数样条等,在实际应用中还可能根据需要将贴现因子设定为其他类型的样条函数。在设定贴现函数时,除了选择具体的样条函数形式,注意考虑以下几个问题:

第一,阶数(degree)的选择。正如前文所述,三阶是最常用的选择,其具有函数连续和二阶可导的特征。这保证了即期利率曲线和远期利率曲线的连续性和平滑性,同时函数的形式和参数的估计又不会过于复杂。

第二,样条数量的选择,即分段数量的选择。不同于插值法中经常以两个节点构造一个样条,贴现因子函数设定中的样条数量通常根据经济含义来确定。样条数量越多,拟合越好,但曲线的平滑性越差,而且容易受到奇异点的影响,以至于很难甄别定价错误的债券。McCulloch(1975)提出节点的数量应等于样本中最接近债券数量平方根的那个整数。Litzenberger and Rolfo(1984)则提出样条数量可以设为 3,即将时间分为短、中、长期。这种划分最容易理解,事实上在我们前面的例子中,采用的就是这种方法。Priaulet(1997)还提出了一种基于平均定价误差 $\sqrt{\dfrac{\sum\limits_{j=1}^{N}(P^j-V^j)^2}{N}}$ 的选择标准。该方法分别对样本内和样本外数据计算上述指标,如果两个指标中有 1 个大于 0.10%,就增加样条的数量;如果这两个指标都小于 0.10%,就计算这两者之差,如果这两者的差较大,意味着样条数量可能太多,如果这两者的差异不大(例如 0.02%或 0.03%),意味着样条的数量比较合适。McCulloch and Kochin(2000)则指出定价误差的时间序列的自相关系数如果显著为正,说明样条函数过于严格了,应该减少样条的数量;如果显著为负,则说明相邻的定价误差变动得过于灵活和频繁,应增加样条的数量。

可以看出,阶数或样条数量的选择都会影响贴现函数的维数,即需要估计的参数个数。

第三,节点位置的选择最好使得每段区间内的样本债券数量比较接近。

(3) 参数校准(calibration)。贴现因子函数设定完成之后,下一步工作就是在一定的约束条件下通过最优化校准得出定价误差平方和最小情形下的参数。最优化参数校准本来是一件较为复杂的工作,但如果贴现因子函数设定得当,使得债券价格可以表达为待定参数的线性函数,参数校准就可以利用我们熟悉的最小线性二乘回归实现。下面具体加以介绍。

在三次多项式样条、三次 B 样条和三次指数样条函数下,无论形式看起来多么复杂,贴现因子都是参数的线性函数,代入式(8.22),相应的债券价值 V 也将是参数的线性函数。例如,在例 8.6 的三次多项式样条函数设定下,期限为 1 年和 2 年的贴现因子分别表达为

$$B_0^1 = a_1 + b_1 + c_1 + 1$$
$$B_0^2 = 8a_1 + 4b_1 + 2c_1 + 1$$

相应地,一个 2 年后到期、一年支付一次 3%票息的附息债模型价格可以写为

$$V = 3 \cdot B_0^1 + 103 \cdot B_0^2 = 827a_1 + 415b_1 + 209c_1 + 106 \tag{8.32}$$

依此类推,所有债券的模型价格 V 都可以表达为参数向量 $\boldsymbol{\beta}$ 的线性函数,即 $V(\boldsymbol{\beta})$。

由于债券市场价格 P 和模型价格 V 之差就是定价误差 ε,因此有

$$P = V(\boldsymbol{\beta}) + \varepsilon \tag{8.33}$$

观察可以发现,$V(\boldsymbol{\beta})$ 关于参数向量 $\boldsymbol{\beta}$ 线性,并且在定价误差 ε 平方和最小的条件下校准参数向量 $\boldsymbol{\beta}$,这正与最小线性二乘回归中以残差平方和最小为目标来估计参数的思路一致。在式(8.33)中,每个债券的市场价格 P 就是回归方程中的因变量,与参数向量 $\boldsymbol{\beta}$ 相乘的值就是对应的自变量(如式(8.32)中的 827、415、209、106 等)。通过最小二乘回归估计得到的,就是线性最优化条件下的参数值。

在实际的参数校准过程中,我们还需要考虑以下两个问题:

① 异方差与广义最小二乘回归。众所周知,普通最小二乘回归要求残差项 ε 应满足零均值、无自相关和同方差,即

$$E(\varepsilon) = 0, \quad \mathrm{Cov}(\varepsilon_i, \varepsilon_j) = 0, \quad \mathrm{Var}(\varepsilon) = \sigma^2 \boldsymbol{I} \tag{8.34}$$

式中:I 为单位矩阵。在利率期限结构的拟合中,定价误差可以满足零均值和无自相关的条件;但从经济含义上说,不同债券的定价误差不太可能同方差。例如,与短期债券相比,由于需要较多的即期利率才能定价,长期债券定价的精确性通常较低,其定价误差的方差通常大于短期债券定价误差的方差。因此,假设 ε 具有异方差,即

$$\text{Var}(\varepsilon) = \sigma^2 \boldsymbol{\Omega} = \sigma^2 \begin{bmatrix} w_1^2 & 0 & \cdots & 0 \\ 0 & w_2^2 & \cdots & 0 \\ \vdots & \vdots & & \vdots \\ 0 & 0 & \cdots & w_n^2 \end{bmatrix} \tag{8.35}$$

是更为合理的。这意味着我们不能使用普通最小二乘回归,而要运用广义最小二乘回归进行参数校准。

具体在异方差的设定上,可以直接假设方差大小与债券剩余期限的平方成比例

$$w_j^2 = T_j^2 \tag{8.36}$$

Vasicek and Fong(1982) 则提出债券定价误差的方差大小应该与该债券对利率变动敏感性的平方成正比,即

$$w_j^2 = \left(\frac{\mathrm{d}P^j}{\mathrm{d}y^j} \right)^2 = (D^j P^j)^2$$

式中:y^j 和 D^j 分别表示债券 j 的到期收益率与久期①。

② 约束条件下的参数校准。在进行参数校准时还必须考虑一定的约束条件。在贴现因子函数的校准中,一个共同的约束条件是 $B_0^0 = 1$,即马上到期的贴现因子为 1。除此之外,有时人们会设定其他一些约束条件,例如远期利率保证为正,贴现因子函数的斜率设定,在利率期限结构的短端和长端设定凸度,等等。

如果在进行最小二乘估计时存在约束条件,就需要使用相应的估计量。例如,基本约束条件 $B_0^0 = 1$ 可以用矩阵表达为 $\boldsymbol{\Gamma}^T \boldsymbol{\beta} = 1$,其中 $\boldsymbol{\Gamma}$ 是转置后与参数向量 $\boldsymbol{\beta}$ 相乘使乘积为 1 的向量,T 表示转置。用 $\boldsymbol{X}$ 表示自变量矩阵,则该约束条件下的广义最小二乘估计量为

$$\widehat{\boldsymbol{\beta}}^* = \widehat{\boldsymbol{\beta}} + (X^T \boldsymbol{\Omega}^{-1} X)^{-1} \boldsymbol{\Gamma} [\boldsymbol{\Gamma}^T (X^T \boldsymbol{\Omega}^{-1} X)^{-1} \boldsymbol{\Gamma}]^{-1} (1 - \boldsymbol{\Gamma}^T \widehat{\boldsymbol{\beta}}) \tag{8.37}$$

式中:$\widehat{\boldsymbol{\beta}}$ 就是无约束条件下的广义最小二乘估计量,

$$\widehat{\boldsymbol{\beta}} = (X^T \boldsymbol{\Omega}^{-1} X)^{-1} X^T \boldsymbol{\Omega}^{-1} P \tag{8.38}$$

最后,在进行参数估计时,常常还会引入一个惩罚项对曲线的粗糙度进行惩罚,修正目标函数,提升拟合效果。由于难度较大,此处就不再赘述。

(4) 样条函数在插值法与拟合法中的运用。学习到这里,很多读者可能会感到困惑,插值法中所使用的样条法和贴现因子函数设定中采用的样条函数究竟有何异同?

事实上,样条函数是一个客观的用于逼近真实连续函数的工具,在我们不知道真实函数形式但又需要对函数进行设定时采用。它既可以运用在插值法中,也可以运用在拟合法中。但由于插值法和拟合法的差异,在插值法中运用时,直接将即期利率设定为样条函数,要求样条函数必须过已知点,以此倒求出函数的参数;在贴现因子拟合法中运用时,则是将贴现因子设定为样条

---

① 我们将在第九章中介绍久期的概念。

函数,并不要求样条函数过已知点,而是运用定价误差平方和最小校准得到函数参数。

2. 即期利率函数法

尽管贴现因子函数法可以从数学上较好地拟合真实函数,但其估计得到的参数经济含义并不明确。相对而言,即期利率函数法更侧重模型及参数的经济含义。下面我们仍然分别从函数形式的设定和参数校准两方面对即期利率函数法加以介绍。

(1)即期利率函数形式的设定。由于难度超出本书范围,这里我们仅介绍最为常用的 Nelson and Siegel 模型(简称 NS 模型)及其拓展模型,但不解释推导过程,而是直接给出 NS 模型下即期利率函数形式的设定。

著名的 NS 模型由 Nelson and Siegel(1987)最早提出,其将即期利率的函数设定为

$$R_0^s = \beta_0 + \beta_1 \frac{1-e^{-\frac{s}{m}}}{s/m} + \beta_2 \left[\frac{1-e^{-\frac{s}{m}}}{s/m} - e^{-\frac{s}{m}} \right] \tag{8.39}$$

尽管看上去颇为复杂,NS 模型的最大优点是,影响即期利率曲线的 4 个参数 β_0、β_1、β_2 和 m 都具有一定的经济含义:

首先,参数 β_0 的载荷为 1。1 是一个不会衰减的常数,这意味着 β_0 对所有期限利率的影响都是一样的,因此 β_0 常常被称为利率期限结构的“水平因子”;不仅如此,如果令期限 s 趋于无穷大,可以发现 $R_0^\infty = \beta_0$,因此 β_0 也被称为利率期限结构的“长期因子”。

其次,参数 β_1 的载荷为 $\frac{1-e^{-\frac{s}{m}}}{s/m}$。从图 8.8(a)可以看出,无论 m 如何取值,$\frac{1-e^{-\frac{s}{m}}}{s/m}$ 都是一个开始于 1 并很快地衰减至 0 的函数,即 β_1 对短期利率的影响较大,随着期限增加,其影响程度递减,因此 β_1 常常被称为“短期因子”;而当期限 s 趋于 0 时,$\beta_1 = R_0^0 - \beta_0$,即 β_1 也可以看作是长短期利率之差(spread),因此 β_1 又常常被称为“斜率因子”。

再次,参数 β_2 的载荷为 $\frac{1-e^{-\frac{s}{m}}}{s/m} - e^{-\frac{s}{m}}$。从图 8.8(b)可以看出,它是一个开始于 0,先递增而后逐步衰减为 0 的函数,即 β_2 对中期利率的影响要大于长期和短期利率,主要影响利率曲线的曲度,因此常被称为“中期因子”或“曲度因子”。

最后,参数 m 是即期利率函数的调整参数。从图 8.8 的两幅图可以看出,m 决定了 β_1 和 β_2 的衰减速度。如果 m 的值较小,β_1 和 β_2 收敛的速度较快,函数就能较好地拟合较长期限的利率。而当 m 值较大时,β_1 和 β_2 收敛的速度较慢,函数则能较好地拟合较短期限的利率。

由上可见,NS 模型最主要的优点就是其参数富有经济含义,β_0、β_1 和 β_2 三个参数分别对应着利率期限结构的水平变化、斜率变化以及曲度变化,这与本章第二节中主成分和因子分析的结果之间存在着自然的联系。同时,由于短期利率由 β_0 和 β_1 决定,而长期利率只由 β_0 决定,所以在 NS 模型下短期利率的波动性一般比长期利率的波动性大,这一点也是与现实相符的。最后,由于仅用一个函数来拟合整条利率曲线,NS 模型拟合得到的利率曲线通常具有较好的光滑性。

尽管如此,NS 模型的主要缺陷也源于其仅用一个函数来拟合整条利率曲线。这使得虽然 NS 模型可以拟合出上升、下降、水平、先下降后上升的利率曲线,但却无法生成更丰富形状的曲线,因而缺乏灵活性。

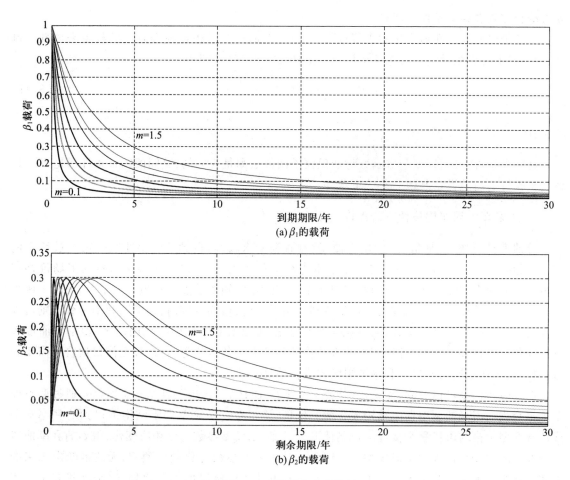

(a) β_1 的载荷

(b) β_2 的载荷

图 8.8　NS 模型的参数特征

针对 NS 模型的这一不足,很多学者对其进行了拓展。其中以 Svensson(1994)对其进行的拓展最为常用,被称为 Nelson-Siegel -Svensson(NSS)模型。NSS 模型的即期利率函数为

$$R_0^s = \beta_0 + \beta_1 \frac{1-e^{-\frac{s}{m}}}{s/m} + \beta_2 \left[\frac{1-e^{-\frac{s}{m_1}}}{s/m_1} - e^{-\frac{s}{m_1}} \right] + \beta_3 \left[\frac{1-e^{-\frac{s}{m_2}}}{s/m_2} - e^{-\frac{s}{m_2}} \right] \tag{8.40}$$

可以看出,NSS 模型是在 NS 模型的基础上增加了一个中期项,增加了一个新的曲度参数 β_3 和一个新的调整参数 m_2,从而使得中短期部分的形状更加灵活多样,能够刻画出各种形状的利率期限结构。

世界上不少中央银行在编制国债收益率曲线时采用的就是即期利率函数法。

(2)参数校准。在即期利率函数的设定下,由于债券价格与即期利率之间存在着非线性关系,模型价格 V 无法再表达为参数的线性形式,我们无法再通过最小二乘回归估计参数,而只能通过非线性最优化技术[1]运用式(8.21)进行参数校准。但在进行非线性最优化时,我们同样需

---

① 由于超过本书范围,非线性最优化技术请参阅 Luenberger and Ye(2008)。

要考虑异方差和约束条件等问题。

在定价误差非线性最小化的决策过程中,异方差通过赋予短期债券较大的权重来体现。例如,债券权重可以被设定为与久期成反比。这样,式(8.21)就变为

$$\hat{\boldsymbol{\beta}} = \underset{\boldsymbol{\beta}}{\arg\min} \sum_{j=1}^{N} \left(\frac{P^j - V^j}{w_j} \right)^2 \qquad (8.41)$$

式中:$w_j = \dfrac{\mathrm{d}P^j}{\mathrm{d}y^j}$。

在约束条件方面,即期利率函数与贴现因子函数法则是相同的,共同的约束条件都是 $B_0^0 = 1$,或是根据特定需求设定其他一些约束条件。

(三) 利率期限结构估计方法评价

总的来看,"散点+插值法"应用方便,但对数据要求较高,得到的利率曲线一定经过给定的散点。相比而言,"拟合法"并不必然要求事先获得利率散点,可以直接采用债券的市场价格拟合出平滑的利率期限结构,得到的利率曲线不一定经过已知的散点。在拟合法中,贴现因子函数法由于用多个连接的分段函数去逼近整条利率期限结构,精确性较高;而即期利率函数法则可以得到具有一定经济含义的参数,通过观察参数变化,可以对利率期限结构的水平、斜率和曲度等特征变化加以解读。因此,各种利率期限结构的估计方法各有优劣,各市场主体根据自身需要和市场特征,选择不同的方法对利率期限结构进行估计。

但同时我们也可以看到,无论是"散点+插值法"还是"拟合法",其基本思路都是通过调整模型来拟合当前市场的利率期限结构或是债券价格,使得在这一利率期限结构下得到的利率水平或债券模型价格与市场最为接近。市场情形一旦变化,模型参数也就相应变化,得到的利率曲线也处在不断的变化过程中。但模型本身却无法对未来的参数变化做出预测,无法推断出未来的参数变化与今天的参数是如何相关的。这是这些方法无法解决的不足之处,也是这些方法被统称为静态模型的原因。

本 章 小 结

1. 不同期限的利率水平之间的关系构成了利率期限结构,也称为收益率曲线。

2. 根据利率的不同,常见的利率期限结构包括到期收益率期限结构、互换利率期限结构、即期利率期限结构、平价到期收益率期限结构、远期利率期限结构和瞬时远期利率期限结构等。

3. 利率的典型特征包括:利率变动非完全相关、短期利率比长期利率更具波动性、均值回归。

4. 市场中存在不同形状的利率期限结构,如上升型、下降型、水平型、驼峰状等。

5. 在许多市场中,前三个主成分通常可以解释利率期限结构变动的大部分原因,这三个主成分通常分别为水平因子、斜率因子和曲度因子。

6. 传统的利率期限结构理论主要包括:纯预期理论、流动性偏好理论、市场分割理论和期限偏好理论。

7. 一个好的利率期限结构拟合方法应满足准确性、平滑性、稳定性和灵活性条件。

8. "散点+插值法"的基本思路是先利用市场数据得到少数期限的利率,然后用一定方法将这些散点连起来。

9. 获得即期利率散点的主要方法是靴襻法,又称息票剥离法。

10. 根据插值函数设定,插值法可以分为线性和非线性插值两大类。其中三次多项式插值、Hermite 三次样条插值和三次样条插值是三种常见的非线性插值方法。

11. "拟合法"利用最优化的思想,从当时市场上的众多债券价格或利率中倒求,什么样的利率曲线下,模型价格与市场价格的定价误差平方和最小或模型利率与市场利率的误差平方和最小。

12. 在"拟合法"中,贴现因子函数法用多个连接的分段函数去逼近整条利率期限结构,精确性较高;而 NS 模型等即期利率法可以得到具有一定经济含义的参数,通过观察参数变化,可以对利率期限结构的水平、斜率和曲度等特征变化加以解读。

习 题

1. 试证明:当即期利率曲线上升(下降)时,相应的平价到期收益率曲线一定位于其下方(上方),相应的瞬时远期利率曲线则位于即期利率曲线的上方(下方)。

2. 试解释纯预期理论、流动性偏好理论、市场分割理论和期限偏好理论的区别与联系。

3. 为何流动性偏好理论更适合于解释向上倾斜的利率曲线,而非向下倾斜的利率曲线?

4. 谈谈你对期限溢酬的理解。

5. 试证明,在线性插值法下,

$$R_t^{t_2} = \frac{(t_3 - t_2) R_t^{t_1} + (t_2 - t_1) R_t^{t_3}}{t_3 - t_1}$$

式中:t 为起始时刻,t_1、t_2 和 t_3 为未来的时刻,且 $t_3 > t_2 > t_1$。

6. 假设 1 年、2 年、3 年和 4 年期的即期利率分别为 1.58%、2.14%、2.58% 和 2.95%,试用线性插值、三次多项式插值、Hermite 三次样条插值和三次样条插值法估计出 1~4 年的利率期限结构,并计算 3.25 年的即期利率水平。最后对这几种插值方法进行比较和讨论。

7. 利率期限结构估计中的基本约束条件 $B_0^0 = 1$ 可以用矩阵表达为 $\boldsymbol{\Gamma}^T \boldsymbol{\beta} = 1$。请写出三次 B 样条基函数 (8.25) 和三次指数样条函数 (8.28) 下,$\boldsymbol{\Gamma}$ 分别等于多少?

8. 假设 NS 模型中的参数初始值分别为:$\beta_0 = 5\%$,$\beta_1 = -1.5\%$,$\beta_2 = -1\%$,$m = 3$。假设 β_1 和 β_2 在 $[-6\%, 6\%]$ 的区间内取整百分数,请画出 β_1 和 β_2 初始取值和区间内不同取值下的利率期限结构,并分析斜率参数和曲度参数变化的影响。假设将 NS 模型拓展为 NSS 模型,新增的参数初始值分别为 $\beta_3 = -1\%$ 和 $m_2 = 0.3$。如果 β_3 也在 $[-6\%, 6\%]$ 的区间内取整百分数,请画出 NSS 模型参数在初始取值和区间内不同取值下的利率期限结构,并进一步分析新增参数 β_3 的作用。

第九章 利率风险管理

学习目标：

在学习完本章之后，你应该能够理解和掌握：

◇ 利率风险的敏感性分析基本原理

◇ 久期和凸性的本质含义和优缺点

◇ 如何估计不同固定收益证券（组合）的久期和凸性

◇ 有效久期和基点价格值的本质含义和优缺点

◇ 如何估计不同固定收益证券（组合）的有效久期和基点价格值

◇ 如何基于利率敏感性指标进行利率风险管理

利率风险是固定收益证券投资的主要风险。本章将分别从风险度量和风险管理两个角度介绍利率风险的相关知识。

第一节 利率风险的度量

敏感性分析、在险价值（value at risk，VaR）分析、情景分析与压力测试是市场风险度量的三种主要手段。对于固定收益证券来说，利率敏感性分析是最重要也最常见的利率风险度量工具，本节主要对其加以介绍。

一、利率敏感性分析概述

对利率的敏感性分析，就是估计当利率发生变动时，固定收益证券的价值将如何变化[1]。这一定义看似简单，却值得深入讨论。

第一，发生变动的"利率"，究竟是什么利率？正如我们在第二章中讨论的，利率有很多种类。因此在分析利率敏感性时，首先必须明确我们考察的是固定收益证券对哪个利率的敏感性。固定收益证券不同，对其价值有重要影响的利率也不相同。例如，对于远期利率协议、利率期权合约来说，讨论的就是对其合约挂钩的利率的敏感性。对于欧洲美元期货来说，就是对 3 个月期 LIBOR 的敏感性。而对于一个不含权债券来说，即期利率和到期收益率都会影响其价值，但如

---

[1] 还有一种利率敏感性指标刻画的是资产价值变动给定金额时所需要的利率变化量，如价格变动收益率值（yield value），在实际中使用相对较少，本书不加以介绍。

果逐个讨论其对单个即期利率的敏感性,显然十分繁琐。因此,在证券的利率敏感性分析中,最常见的是对其到期收益率的敏感性分析。作为相关即期利率的某种加权平均,到期收益率将整条高维度的利率期限结构降维为一个变量,可以大大简化利率敏感性分析过程。但降维后不足也相应而生,我们将在后文进行详细讨论[①]。

第二,我们关心的是固定收益证券的"价值"变化还是"价格"变化?对很多证券来说,其价格等于价值。然而对衍生产品来说,价格与合约价值是不相等的。在利率风险方面,投资者关心的是利率变动对证券价值变化的影响,因此本章中都采用"价值"这一说法。

第三,"变化"如何刻画?我们知道,刻画变化有两种基本的数学工具:微分(导数)和差分。在利率敏感性分析中,常用的敏感性指标包括久期(duration)、凸性(convexity)、有效久期(effective duration)和基点价格值(basis point value)等。其中,久期和凸性属于微分(导数)指标,分别对应固定收益证券价值对利率变化的一阶导数和二阶导数;有效久期和基点价格值则属于差分指标。本节将逐一对它们进行深入的介绍。

第四,百分比敏感性还是金额敏感性?有时我们希望估计的是利率变动引起的证券价值变动的百分比,例如久期、凸性、有效久期都属于百分比指标,其优点是可以在不同证券和不同投资之间进行比较;有时我们希望估计的是利率变动引起的证券价值变动的绝对金额,例如货币久期(dollar duration)、货币凸性(dollar convexity)、基点价格值(basis point value)都属于绝对值指标,其优点是可以清晰掌握具体的可能盈亏。

下面我们对几个常用的利率敏感性指标进行介绍。

二、久期与货币久期

(一)久期与货币久期:定义与内涵

由于固定收益证券价值 V 是利率 y 的函数,若忽略其他自变量的影响,证券价值绝对金额对利率 y 的敏感性就可以用泰勒展开表示为

$$dV = \frac{\partial V}{\partial y}(dy) + \frac{1}{2!}\frac{\partial^2 V}{\partial y^2}(dy)^2 + \cdots + \frac{1}{n!}\frac{\partial^n V}{\partial y^n}(dy)^n + \cdots \tag{9.1}$$

在式(9.1)的两边同时除以证券初始价值 V_t,则有

$$\frac{dV}{V_t} = \frac{1}{V_t} \cdot \frac{\partial V}{\partial y}(dy) + \frac{1}{2!} \cdot \frac{1}{V_t} \cdot \frac{\partial^2 V}{\partial y^2}(dy)^2 + \cdots + \frac{1}{n!} \cdot \frac{1}{V_t} \cdot \frac{\partial^n V}{\partial y^n}(dy)^n + \cdots \tag{9.2}$$

久期和货币久期就分别对应着式(9.2)和(9.1)中的一阶导项。

精确地说,在 t 时刻,特定固定收益证券的久期(用 D_t 表示)被定义为该时刻固定收益证券价值变动百分比对利率变动的一阶敏感性,用公式表示为

$$D_t = -\frac{\frac{\partial V}{V_t}}{\partial y} \tag{9.3}$$

---

① 除此之外,还有基于利差(如信用利差或互换利差)变动的敏感性分析,如利差久期(spread duration)。由于本章主要介绍基础的利率风险管理知识,主要基于利率展开分析。

在 t 时刻,特定固定收益证券的货币久期(用 $\$D_t$ 表示)则被定义为该时刻固定收益证券价值变动金额对利率变动的一阶敏感性,用公式表示如为

$$\$D_t = -\frac{\partial V}{\partial y} \tag{9.4}$$

在式(9.3)和(9.4)的定义中,有四点值得注意:第一,与式(9.1)和式(9.2)相比,久期和货币久期的定义式中多了一个负号,这是因为固定收益证券价值与利率常常反向变动,为了易于表达加上了一个负号,从而使得久期和货币久期值一般为正;第二,无论是久期还是货币久期都是时变的,带有时间下标 t,这是因为一阶偏导 $\frac{\partial V}{\partial y}$ 和证券初始价值 V_t 都是时变的,特别是一阶导 $\frac{\partial V}{\partial y}$ 的时变性值得关注,固定收益证券价值与利率之间常常都是非线性关系,$\frac{\partial V}{\partial y}$ 不是常数;第三,如果 V_t 等于 0[①],那么久期就不存在,只能计算货币久期;第四,如果 V_t 不等于 0,久期与货币久期存在如下关系: $\$D_t = D_t \cdot V_t$。

从数学上理解久期和货币久期,它们捕捉的显然是证券价值对利率的一阶敏感性,是式(9.2)和式(9.1)中的右边第一项。从微积分知识可知,在泰勒展开中,一阶项的影响最大,因此久期和货币久期可以被认为反映了证券价值对利率敏感性中最主要的部分。从经济上理解,由于一阶偏导捕捉了证券价值对利率敏感性中的主要部分,所以久期和货币久期反映了证券价值利率风险的主要部分,久期与货币久期的绝对值越大,固定收益证券的利率风险越大,反之则越小。从几何上理解,由于固定收益证券价值与利率关系曲线上各点的切线斜率就是一阶偏导,因此切线斜率的绝对值就是货币久期,切线越陡,货币久期越大,利率风险越大。

我们已经知道,对于不含权债券来说,最经常考察的是其价值与其到期收益率的关系。图 9.1 给出了不含权的普通固息债货币久期示意图。可以看出:第一,曲线上各点的切线斜率绝对值就是特定到期收益率水平下的货币久期;第二,由于普通固息债价值与其到期收益率之间是非线性关系,债券的久期和货币久期是时变的;第三,在其他条件相同的情况下,到期收益率水平越高(低),切线斜率绝对值越小(大),利率风险也就越小(大)。

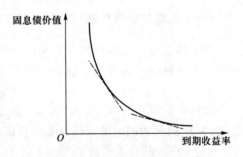

图 9.1 不含权普通固息债
货币久期的几何特征

(二) 单个证券的久期与货币久期

由于是证券价值对利率的一阶偏导,证券定价公式不同,一阶偏导也就不同,从而不同证券的久期和货币久期计算公式也将是不同的。这里主要介绍不含权债券和国债期货的久期与货币久期,并略加讨论利率期权的久期问题。

---

① 很多衍生品合约签署时价值就等于 0。

1. 不含权债券的久期与货币久期

在第三章中我们已经知道,不含权债券的价值(或价格)V_t是债券未来所有现金流的现值总和,用普通复利表示,有

$$V_t = \sum_{i=1}^{N} \frac{cf_i}{\left(1 + \dfrac{y_t^{t_N}}{m}\right)^i} \tag{9.5}$$

式中:m 为该债券每年付息次数,cf_i 和 t_i 为该债券的每次现金流和对应时刻,i 为付息次数,$t_i - t = \dfrac{i}{m}$,$y_t^{t_N}$ 则是该债券以普通复利计息的年化到期收益率(一年计息 m 次)。

对式(9.5)求一阶导数,可以得到不含权债券的久期公式为

$$D_t = -\frac{\partial V}{\partial y}\frac{1}{V_t} = \frac{1}{1 + \dfrac{y_t^{t_N}}{m}} \left[\sum_{i=1}^{N} (t_i - t) \cdot \frac{cf_i / \left(1 + \dfrac{y_t^{t_N}}{m}\right)^i}{V_t} \right] \tag{9.6}$$

人们通常将式(9.6)的中括号里的部分称为麦考利久期(Macaulay duration),以纪念最早提出这一概念的经济学家弗里德里克·麦考利(Frederick Macaulay),而将整个式(9.6)称为修正久期(modified duration)。将式(9.6)乘以债券初始价值,就得到了不含权债券的货币久期。

麦考利久期之所以影响广泛,主要是因为其便于快速估计久期。从式(9.6)可以看到,麦考利久期是现金流期限 $t_i - t$ 的加权平均,其权重为每次现金流现值 $\dfrac{cf_i}{\left(1 + \dfrac{y_t^{t_N}}{m}\right)^i}$ 占债券价值 V_t(所有现金流现值之和)的比重,权重之和为 1。这一特征有助于我们快速推断不含权债券的久期:① 由于只有一笔现金流,零息债的麦考利久期等于其剩余期限。② 只剩一期到期的附息债等价于零息票债券,其麦考利久期也等于其剩余期限。③ 标准浮息债[1]在本质上和下一个付息日就到期的零息债一样,因此标准浮息债的麦考利久期就等于下一个现金流期限。④ 对于剩余期限超过一期的固定利率附息债来说,其麦考利久期由于是未来现金流期限的加权平均,所以一定小于其剩余期限;不仅如此,由于固定利率附息债的主要现金流(本金)发生在最后到期日,这意味着最后一笔现金流期限的权重最大,因此 n 年期附息债的麦考利久期通常小于 n 年但接近 n 年[2]。在推断得到麦考利久期之后,由于式(9.6)的中括号之外的部分略小于 1,修正久期会略小于麦考利久期。

在固定收益市场上,运用麦考利久期的上述特征,可以帮助人们在没有计算器或计算机的情况下,粗略计算不含权债券的久期,从而获得其利率风险的大致估计,具有非常重要的应用价值。由于麦考利久期是现金流期限的加权平均,其单位是年,相应地,修正久期的单位也是年,这就是久期名称的最初来源。

然而,这一概念也在很大程度上引起了混淆。一些常见的误解认为,麦考利久期就是久期,

---

① 即我们在第三章中讨论的票面利率始终等于其合理贴现率的浮息债。

② 注意这里 n 的单位是年,式(9.5)中的 N 则表示债券的现金流共有 N 期。

久期一定是时间的加权,久期的单位一定是年。但仔细推敲可以看出:首先,式(9.6)中的修正久期才真正捕捉了不含权债券价值的利率风险,麦考利久期只是久期计算公式中的一部分,并非真正的久期;其次,从久期定义式(9.3)可知,久期与期限加权之间并没有必然联系,其单位也并不必然为年,麦考利久期这种时间加权的属性以及相应带来的以年为单位的特征,只是特定固定收益证券定价公式求导后得到的结果,并不是久期本身的必然属性。

事实上,即使同样考察不含权债券的久期,如果我们是对以连续复利形式表达的债券定价公式

$$V_t = \sum_{i=1}^{N} cf_i \times e^{-y_t^N \cdot (t_i - t)} \tag{9.7}$$

求一阶偏导[1],相应得到的不含权债券久期公式将会是

$$D_t = -\frac{\partial V}{\partial y} \frac{1}{V_t} = \sum_{i=1}^{N} (t_i - t) \times \frac{cf_i \times e^{-y_t^N \cdot (t_i - t)}}{V_t} \tag{9.8}$$

可以看出,在连续复利的计息方式下,不含权债券并不存在麦考利久期和修正久期之别,久期本身就是现金流期限的加权。这证明了久期公式对定价模型的依赖性。

最后,我们来考察一下不含权债券久期的影响因素。从式(9.6)和式(9.7)可以看出,不含权债券的久期是息票率、现金流期限和到期收益率的综合体现。简单求导运算后可知,其他条件相同,息票率越高的债券久期越小,唯一的例外是永续债券的久期和票面利率无关;其他条件相同,剩余期限越长的债券久期越大,但随着剩余期限的延长,债券久期将收敛于其他条件相同的永续债券的久期[2];其他条件相同,到期收益率低时,债券久期较大。其中,久期和息票率、剩余期限的关系显然与我们在第三章中讨论的固息债的最后两个价格特征相一致:其他条件给定的情况下,贴现率变动相同幅度,息票率高和剩余期限长的债券价格波动较大。而久期与到期收益率的关系也很容易理解:在其他条件相同的情况下,到期收益率越低,远期支付的现金流的相对价值就越大,从而使得长期期限的权重较大,相应地麦考利久期和修正久期也就较大。

2. 国债期货的久期与货币久期

从第四章可以知道,国债期货价格主要受到 CTD 券价格变动的影响,因此在讨论国债期货的久期和货币久期时,我们常常考察的是 CTD 券到期收益率的影响;同时,尽管期货价格不等于期货合约价值,但国债期货的交易机制决定了投资者的损益来源于国债期货标准券净价的变动,因此在讨论国债期货的久期和货币久期时,我们考察的是国债期货标准券净价(用 Q_t 表示)对 CTD 券到期收益率 y_t^{CTD} 的敏感性。

如果不考虑国债期货中的隐含择券和择时期权,则国债期货的久期约等于 CTD 券的久期 D_t^{CTD},而国债期货的货币久期则约等于 CTD 券的货币久期 $\$D_t^{CTD}$ 除以其转换因子 CF^{CTD},即

$$D_t^Q \approx D_t^{CTD} \tag{9.9}$$

$$\$D_t^Q \approx \frac{\$D_t^{CTD}}{CF^{CTD}} \tag{9.10}$$

这是因为,对于国债期货久期来说,如果忽略期货应计利息的影响,有

---

[1] 除了 y_t^N 是该债券以连续复利计息的年化到期收益率之外,其他符号含义都与式(9.5)相同。

[2] 相关证明放在课后习题中。

$$D_t^Q \equiv -\frac{1}{Q_t}\frac{\partial Q}{\partial y_t^{\text{CTD}}} = -\frac{1}{\dfrac{F_t^T-\text{期货应计利息}}{CF^{\text{CTD}}}} \times \frac{\partial\left(\dfrac{F_t^T-\text{期货应计利息}}{CF^{\text{CTD}}}\right)}{\partial y_t^{\text{CTD}}} \approx -\frac{1}{F_t^T}\times\frac{\partial F_t^T}{\partial y_t^{\text{CTD}}} \qquad (9.11)$$

对于国债期货的货币久期,则有

$$\$D_t^Q \equiv -\frac{\partial Q}{\partial y_t^{\text{CTD}}} = -\frac{\partial\left(\dfrac{F_t^T-\text{期货应计利息}}{CF^{\text{CTD}}}\right)}{\partial y_t^{\text{CTD}}} \approx -\frac{1}{CF^{\text{CTD}}}\times\frac{\partial F_t^T}{\partial y_t^{\text{CTD}}} \qquad (9.12)$$

而根据第四章中的持有成本模型式(4.8),如果假设短期利率 R_t^T 与 CTD 券到期收益率 y_t^{CTD} 无关,忽略期货期限内未来现金流现值 I_t 的影响,CTD 券期货价格 F_t 对 y_t^{CTD} 的一阶导约等于

$$\frac{\partial F_t^T}{\partial y_t^{\text{CTD}}} \approx e^{R_t^T\cdot(T-t)} \cdot \frac{\partial S_t}{\partial y_t^{\text{CTD}}} \qquad (9.13)$$

将式(9.13)分别代入式(9.11)和式(9.12),就可得到式(9.9)和式(9.10),即国债期货的久期约等于 CTD 券的久期,国债期货的货币久期则大约等于 CTD 券的货币久期除以其转换因子[1]。

由于国债期货相对复杂,推导中又做了诸多假设,式(9.9)和式(9.10)的结论通常被人称为"经验法则",而非精确的结论。因此在实际中运用式(9.9)和式(9.10)时,需要注意以下问题:

第一,式(9.9)和式(9.10)是在不考虑隐含期权的条件下得到的结论,仅适于在 CTD 券没有发生变化时使用,如果遇到 CTD 券调整的节点就不合适了。如图 9.2 所示,如果总以 CTD 券的久期作为国债期货的久期,那么在切换 CTD 券的节点上,由于节点左右两边的 CTD 券发生了变化,久期差异较大,国债期货的久期值会发生跳跃。而事实上国债期货的真实久期是如图中期货曲线切线斜率那样渐进变化的。在 CTD 券调整的节点上,需要考虑隐含期权价值的影响,并采用后文介绍的有效久期、基点价格值等差分方法计算国债期货价格的利率敏感性。

第二,式(9.9)和式(9.10)是在短期利率 R_t^T 与 CTD 券到期收益率 y_t^{CTD} 无关的假设条件下得到的结论。事实上,如果假设 R_t^T 与 y_t^{CTD} 完全同步变动,国债期货的久期会约等于 CTD 券的久期 D_t^{CTD} 减去期货合约的剩余期限[2],即

$$D_t^Q \approx D_t^{\text{CTD}}-(T-t) \qquad (9.14)$$

在现实中,短期利率 R_t^T 的波动较大,其与中长期债券到期收益率的关系并无定律,有时甚至会出现反向变动的情形。不仅如此,从国债期货定价公式可以看到,短期利率 R_t^T 与 CTD 券到期收益率 y_t^{CTD} 对

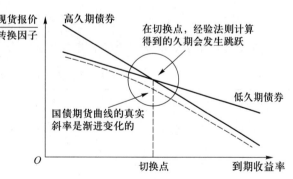

图 9.2　国债期货久期和货币久期的切换

---

[1]　在推导式(9.10)时,还需要再忽略 $e^{R_t^T\cdot(T-t)}$ 的影响。

[2]　通过在式(9.13)的推导中增加对 R_t^T 的求导即可得到。

国债期货价格的影响方向是相反的:R_t^T与国债期货价格同向变动,而 y_t^{CTD} 则与国债期货价格反向变动。因此,在实务中,如果对利率风险管理要求较高,在引入国债期货对冲债券组合风险之后,有时会额外增加短期利率衍生产品进一步对冲引入国债期货之后带来的 R_t^T 风险。

第三,与其他债券久期一样,国债期货的久期也是时变的。

3. 利率期权的久期与货币久期

由于债券是最常见的固定收益证券,所以当人们谈及久期等利率敏感性指标时,很容易习惯性地认为都是债券对到期收益率的敏感性。但事实上,任何固定收益证券价值对其主要利率,都可以进行敏感性分析。式(9.1)和式(9.2)中的 y,一开始我们就定义了可以是任何对固定收益证券价值有影响的利率,不一定非得是到期收益率。在期权分析中,最重要的指标之一就是期权价值对其标的变量的一阶导,称为 delta。当标的变量是某种利率时,利率期权的 delta 就是利率期权的货币久期,如果再除以初始的利率期权价值,就是利率期权的久期。由于期权 delta 的估计难度超过本书范围,此处不再赘述。

(三) 组合的久期与货币久期

除了适用于单个固定收益证券,式(9.3)和式(9.4)也可用于计算投资组合的久期和货币久期。对于投资组合而言,由于组合价值变化 $\mathrm{d}V_t^P$ 可以分解为 $\mathrm{d}V_t^1 + \mathrm{d}V_t^2 + \cdots$,因此组合的货币久期 $\$D_t^P$ 实际上等于组合中单个资产货币久期 $\$D_t^j$ 的加总,即

$$\$D_t^P = \sum_j \$D_t^j$$

而组合的久期 D_t^P 则等于单个资产久期 D_t^j 的加权平均,权重为市值比例,即

$$D_t^P = \sum_j \frac{V_t^j}{V_t^P} D_t^j \tag{9.15}$$

例 9.1 直观地展示了组合久期的计算过程。

例 9.1　计算组合久期

假设某债券投资组合的构成和基本特征如表 9.1 所示。

表 9.1　某债券投资组合的构成和基本特征

债券	价格(元)	市值(元)	市值比重	YTM	久期(年)
10%,5 年	100.000 0	4 000 000	0.42	10%	3.861
8%,15 年	84.627 5	4 231 375	0.44	10%	8.047
14%,30 年	139.859 0	1 378 590	0.14	10%	9.168

则该组合的久期为

$$D_t^P = 0.42 \times 3.861 + 0.44 \times 8.047 + 0.14 \times 9.168 = 6.446(\text{年})$$

需要强调的是,这种加权平均计算组合久期的方法仅为近似。从本质上说,组合的久期应该是对同一个到期收益率求导的结果,而组合中不同到期期限资产的久期可能是对各自不同的到期收益率求导得到的。这种加权平均的算法实际上是假设不同期限的到期收益率同时发生平移,这在现实中往往并不成立,仅是一种简化的近似计算。

(四)久期:不完美的利率风险测度

尽管久期捕捉了固定收益证券利率风险中的主要部分,是利率风险测度和管理的重要工具,但它却存在天然的局限性。

首先,本章一开始就提到,在现实中,影响固定收益证券价值的通常不止一个利率,而久期用到期收益率的变动代表平均利率的变动,这种用加权平均代替多因子进行分析的思路实际上是假设利率曲线发生平行移动,即所有相关利率变化幅度相等。这显然是不符合现实的近似简化处理,尤其在利率期限结构非平行变化严重时,久期的可信度将大大下降。相应导致的问题至少包括:①在利率期限结构非平行变化严重时,用到期收益率计算得到的久期并不能真正代表证券或组合的利率风险。②基于不同期限的到期收益率计算得到的久期之间缺乏可比性,从而使得基于久期进行的利率风险对冲效果大打折扣。例如,如果中期国债期货的 CTD 券剩余期限是 5年,则国债期货的久期就是对 5 年期到期收益率的敏感性(假设其久期为 4.5 年),而 30 年期国债的久期则是对 30 年期到期收益率的敏感性(假设其久期为 27 年)。只有在利率曲线平行移动的情形下,我们才能说 30 年期国债对利率的敏感性是国债期货利率敏感性的 6 倍。只要利率曲线非平行移动,这两个久期就是不可比的。

其次,即使在利率曲线水平移动的假设下,从泰勒展开式可以看到,久期仅仅是资产价值对利率的一阶敏感性,无法反映和管理资产价格的全部利率风险,当利率变化较大时这个缺陷尤其显著。

为了改善久期的第一个缺陷,一种做法是引入"收益率 β",就是通过计量方法估计不同期限到期收益率之间的敏感性,用以调整久期,使得基于不同到期收益率计算出的久期之间具有可比性。仍以前述 5 年期国债期货和 30 年国债的久期为例。在利率曲线非平行移动的时候,这两个久期之间的可比性较差,据此计算的对冲比率的精确性也将大大下降。如果 30 年期到期收益率与 5 年期到期收益率的 β 为 1.25,也就是 30 年期到期收益率变动 1 单位,5 年期到期收益率变动 1.25 单位,那么 5 年期国债期货的久期调整为 4.5×1.25=5.625,就具有更好的可比性。"收益率 β"的思路非常简单直观,但如何估计得到合理的 β,是一件颇具挑战的事情[1]。

改善久期第一个缺陷的另一个思路是引入多因子分析,但如果针对每种证券的所有风险因子逐一分析显然是不现实的。下面介绍两种做法[2]:

一种是采用关键利率久期,如果认为市场上影响较大的即期利率包括 1 个月、3 个月、6 个月、1 年、2 年、3 年、5 年、7 年、10 年、15 年、20 年、25 年和 30 年利率,可以在假设其他期限的即期利率[3]不变的情况下,逐一计算证券对这些利率的敏感性,从而形成一个关键久期向量。

---

[1] 常见的做法是用历史数据回归得到 β。但历史 β 是否就是未来的真实 β 并不确定,而且样本期的选择、回归数据的选择、计量方法的选择等都会影响 β 的估计。

[2] 此外还有部分久期(partial duration)等,超出本书范围,就不再赘述。

[3] 也有基于关键到期收益率计算的,但需要事先人为假定某个债券的到期收益率变动时,其他债券的敏感性。

另一种做法则是基于我们在第八章中介绍的 NS 模型,将影响整条利率期限结构变动的风险因子降维为三至四个主要成分,考察证券价值对这几个风险因子的敏感性。如果这几个主成分对利率曲线变动的解释能力很高,则这个方法是可取的。下面以 NS 模型为例,阐释如何对不含权债券运用主成分久期法。

根据第八章式(8.39),假设当前时刻为 0,NS 模型方程为

$$R_0^s = \beta_0 + \beta_1 \frac{1-e^{-\frac{s}{m}}}{s/m} + \beta_2 \left[\frac{1-e^{-\frac{s}{m}}}{s/m} - e^{-\frac{s}{m}} \right] \tag{9.16}$$

β_0、β_1 和 β_2 分别是利率期限结构的水平变化因子、斜率变化因子和曲度变化因子。

又因为不含权债券的价格是即期利率的函数,即

$$V_0 = \sum_{i=1}^{N} cf_i \times e^{-R_0^{t_i} \cdot t_i} \tag{9.17}$$

这样,将债券价格对各因子求一阶偏导,可以得到各因子的久期为

$$D^{\beta_0} = -\frac{\partial V}{\partial \beta_0} \times \frac{1}{V_0} = \sum_i \frac{cf_i \cdot e^{-R_0^{t_i} \times t_i}}{V_0} \times t_i$$

$$D^{\beta_1} = -\frac{\partial V}{\partial \beta_1} \times \frac{1}{V_0} = \sum_i \frac{cf_i \cdot e^{-R_0^{t_i} \times t_i}}{V_0} \times t_i \times \frac{1-e^{-\frac{t_i}{m}}}{t_i/m} \tag{9.18}$$

$$D^{\beta_2} = -\frac{\partial V}{\partial \beta_2} \times \frac{1}{V_0} = \sum_i \frac{cf_i \cdot e^{-R_0^{t_i} \times t_i}}{V_0} \times t_i \times \left[\frac{1-e^{-\frac{t_i}{m}}}{t_i/m} - e^{-\frac{t_i}{m}} \right]$$

可以看到,前文介绍的久期就是这里的 β_0 久期,因为它本身就是债券价格对利率水平变动的敏感性。可见普通久期是主成分久期的一个特例。

针对久期的第二个缺陷,可以通过引入二阶导指标——凸性来改善,下文将进行详细讨论。

三、凸性与货币凸性

(一)凸性与货币凸性:定义与内涵

图 9.3 中展示了仅考虑一阶敏感性的不足。可以看到,当 y_0 升跌同样幅度至 y_+ 或 y_- 时,如果仅考虑久期(一阶)的影响,价格会变动同样幅度至 V'_+ 或 V'_-。但事实上由于价格曲线是凸向原点的,在利率上升时,债券的真实价格仅会跌至 V_+,而在利率下跌时,债券的真实价格会上升至 V_-。也就是说,仅考虑久期而忽略二阶以上的影响,总会倾向于低估债券价格,尤其当收益率变化较大时,这个误差是不可忽略的,此时需要考虑高阶的影响,以提高利率风险测度和管理的精确性。

凸性(用 C_t 表示)反映的是泰勒展开式中的二阶敏感

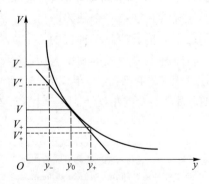

图 9.3 凸性的影响

性,用公式表示为①

$$C_t = \frac{1}{2} \frac{\partial^2 V}{\partial y^2} \frac{1}{V_t} \quad\quad (9.19)$$

货币凸性的定义为

$$\$C_t = \frac{1}{2} \frac{\partial^2 V}{\partial y^2} \quad\quad (9.20)$$

与久期可以被直观地解释为利率变动时固定收益证券价格变动的百分比不同,我们很难用简单的经济思想来描述凸性,因为它是与收益率变动的平方成比例的。从几何角度说,凸性是对曲线凸度的一个度量。从泰勒展开式(9.1)理解,凸性引起的证券价格变化的比例和金额变化分别是$C_t \cdot dy^2$ 和$\$C_t \cdot dy^2$。凸性的意义就在于提高了利率风险度量和管理的准确性。值得注意的是,与一阶偏导为负不同,凸性引起的价格变化通常是正的。例 9.2 展示了引入凸性的效果。

例 9.2　凸性的作用

以一个 15 年期、息票率为 8%、一年付息一次的债券为例,假设初始 YTM 为 10%,表 9.2 说明了 YTM 分别上升(下降)0.5% 和 3% 后债券价格的真实变动百分比,以及久期和凸性对债券价格变化率的度量结果。

表 9.2　YTM 变动引起债券价格真实变动的示例

YTM	9.5%	10.5%	7%	13%
久期	4.306%	−4.306%	25.836%	−25.836%
凸性	0.127%	0.127%	4.577%	4.577%
总和	4.433%	−4.179%	30.414%	−21.259%
实际	4.436%	−4.182%	31.090%	−21.808%

从例 9.2 可以看出,引入凸性首先在很大程度上提高了利率风险度量的精确性,收益率变动越大,凸性的贡献越明显;其次,考虑久期和凸性之后,基本可以反映到期收益率变动的结果,更高阶数的影响可以忽略不计。

(二) 凸性的计算

与久期类似,证券定价公式不同,凸性的计算公式也将是不同的。例如,对于普通的不含权债券来说,在连续复利的表达式下,用求导的方式可以直接解出其凸性和货币凸性的计算公式分别为

---

① 有的凸性和货币凸性定义不包含$\frac{1}{2}$,但这不影响其本质。

$$C_t = \frac{1}{2} \frac{\partial^2 V}{\partial y^2} \frac{1}{V_t} = \frac{\sum_{i=1}^{N} cf_i \times e^{-y_t^{tN} \times (t_i - t)} \times (t_i - t)^2}{2V_t} \qquad (9.21)$$

和

$$\$C_t = \frac{1}{2} \frac{\partial^2 V}{\partial y^2} = \frac{1}{2} \sum_{i=1}^{N} c_i \times e^{-y_t^{tN} \times (t_i - t)} \times (t_i - t)^2 \qquad (9.22)$$

但其他固定收益证券的凸性公式显然就不是这样的,具体要看其定价公式。

与组合久期的计算类似,投资组合的货币凸性 $\$C_t^P$ 等于组合中单个资产货币凸性 $\$C_t^j$ 的加总,即

$$\$C_t^P = \sum_j \$C_t^j \qquad (9.23)$$

而组合的凸性 C_t^P 则等于单个资产凸性 C_t^j 的加权平均,权重为市值比例,即

$$C_t^P = \sum_j \frac{V_t^j}{V_t^P} C_t^j \qquad (9.24)$$

与组合久期的计算类似,这种加权平均计算组合凸性的方法也是在不同期限的到期收益率同时发生平移假设下的一种近似。

四、有效久期与基点价格值

(一) 有效(货币)久期与基点价格值:定义与内涵

与久期、凸性等导数敏感性指标不同,有效(货币)久期和基点价格值等指标通过差分来估计利率敏感性。

有效久期的公式为

$$D_t^{\text{eff}} = -\frac{1}{2} \left| \frac{V_t - V_-}{V_t \times |\Delta y_t^{tN}|} + \frac{V_+ - V_t}{V_t \times |\Delta y_t^{tN}|} \right| = \frac{|V_- - V_+|}{2 \times V_t \times |\Delta y_t^{tN}|} \qquad (9.25)$$

相应地,有效货币久期就等于

$$\$D_t^{\text{eff}} = \frac{|V_- - V_+|}{2 \times |\Delta y_t^{tN}|} \qquad (9.26)$$

可以看出,有效久期是运用中心差分的思路,分别计算到期收益率向上和向下变动同样幅度 $|y_t^{tN}|$ 的情况下资产价值的绝对变化幅度 $|V_+ - V_t|$ 和 $|V_t - V_-|$,再加以平均计算出利率敏感性。

如果令到期收益率变化幅度 $|y_t^{tN}|$ 为 1 个基点(0.01%),计算得到的有效货币久期就称为基点价格值,常用 BPV 或 DV01 表示,其公式为

$$\text{BPV}_t = \frac{|V_{-0.01\%} - V_{+0.01\%}|}{2} \qquad (9.27)$$

类似地,我们也可以用中心差分的思路计算有效凸性(effective convexity),公式为

$$C_t^{\text{eff}} = \frac{1}{2} \frac{1}{V_t} \left| \frac{\dfrac{V_- - V_t}{|\Delta y_t^{t_N}|} - \dfrac{V_t - V_+}{|\Delta y_t^{t_N}|}}{|\Delta y_t^{t_N}|} \right| = \frac{|V_- + V_+ - 2V_t|}{2 \times V_t \times |\Delta y_t^{t_N}|^2} \tag{9.28}$$

相对于求导方法,用中心差分方法计算利率敏感性,有两个特点:

第一,一些复杂的固定收益证券定价公式十分复杂求导不易,也可能无法写出定价的解析表达式,导致无法得到久期或凸性。在这种情况下,用定价公式或数值方法计算得到 V_+ 和 V_-,代入上述公式,就可以较为方便地计算出有效(货币)久期、有效(货币)凸性或基点价格值。例如,对于国债期货来说,式(9.9)和(9.10)所估计的久期和货币久期就是在不考虑隐含期权的情况下计算的,正如图9.2所展示,这样粗略计算得到的利率敏感性是不准确的。如果考虑隐含期权,国债期货的定价将非常复杂,无法直接求得久期和凸性公式,只能逐一计算 V_+ 和 V_-,计算有效(货币)久期、有效(货币)凸性或基点价格值。

第二,从数学上可以推知,中心差分不仅包含一阶导数的信息,还包含了部分高阶导数的信息,因此有效久期与久期、基点价格值与1个基点的货币久期从本质上说并不相同。但在利率变化幅度很小的情况下,差分和微分的计算结果会很近似,因此在实务中常常将基点价格值和1个基点的货币久期混用。

由于现代金融市场中的固定收益证券品种越来越丰富,有效久期、有效凸性,特别是基点价格值的应用日益广泛。例如,即使在投资组合中有部分债券能计算出久期,但只要组合中存在着无法求导计算久期的复杂固定收益证券,为了获得整个组合利率敏感性的一致性指标,就只能对组合中所有的产品同时采用中心差分的方法来估计有效久期、有效凸性或基点价格值。

除此之外,对于一些初始价值 V_t 为零的衍生产品合约,是无法计算久期、凸性和有效久期等百分比敏感性指标的,而只能计算货币久期、货币凸性和基点价格值等金额敏感性指标。结合中心差分指标的前述优点,基点价格值(BPV)很自然地成为最受欢迎的利率敏感性指标之一。

最后,需要注意的是,有效久期、有效凸性和基点价格值仍然是在利率期限结构平移的前提下计算的利率敏感性指标,具有局限性。

(二) 一些利率衍生品的基点价格值

如前所述,一些利率衍生产品适合用基点价格值刻画其利率敏感性,这里略加讨论。

对于远期利率协议来说,由于其价值等于

$$M \cdot (R_t^{T,T^*} - R_K) \cdot B_t^{T^*} \tag{9.29}$$

运用式(9.27),可以很容易计算得到市场的远期利率变动1个基点引起的基点价格值为

$$BPV_t = \frac{M \cdot \left| (R_{t,-0.01\%}^{T,T^*} - R_K) \cdot B_{t,-0.01\%}^{T^*} - (R_{t,+0.01\%}^{T,T^*} - R_K) \cdot B_{t,+0.01\%}^{T^*} \right|}{2} \tag{9.30}$$

注意,当远期利率变化时,贴现因子 $B_t^{T^*}$ 也会发生相应的变化。如果忽略 $B_t^{T^*}$ 的变化,则远期利率协议对远期利率变化的基点价格值为 $M \cdot 0.01\% \cdot B_t^{T^*}$。对于在 CME 交易的3个月期欧洲美元期货来说,根据合约规定,我们知道期货利率每变动1个基点,合约价值就变动25美元,因此一份3个月期欧洲美元期货对于期货利率的基点价格值就等于25美元。依此类推,在 CME 交易的1个月和3个月 SOFR 期货对于期货利率的基点价格值分别等于41.67美元和25美元。

在利率互换合约基点价格值的计算中,有时计算互换利率的基点价格值,有时则计算贴现率

曲线平移一个基点导致的基点价格值。具体做法仍然是在假设利率变化正负一个基点之后计算出利率互换合约价值,再将其代入式(9.27)计算得到相应的基点价格值。

9-1 二维码链接
中国货币网债券估值手册之风险指标

(三)含权债的期权调整利差与有效(货币)久期

对于含权债来说,嵌入期权的存在一方面会使其具有与普通债券不同的久期特征;另一方面也会使得久期难以估计,只能通过有效(货币)久期、有效(货币)凸性和基点价格值等指标的中心差分方式来计算利率敏感性。下面加以具体介绍。

首先,含权债中的内嵌期权往往会使得含权债具有不同的久期特征。例如,由于提前偿付的存在,资产证券化创造出来的资产支持证券本质上是一个可赎回债券。根据第七章所学内容,当利率下降会带来债券价格上升时,资产支持证券的利率敏感性低于其他条件相同的普通债券;当利率上升带来债券价格下跌时,资产支持证券的利率敏感性又高于其他条件相同的普通债券。在资产证券化最发达的美国市场上就存在这样的现象,每次利率上升时,资产支持证券持有者对冲利率风险的需求总是最强烈的。又如,资产支持证券中的 IO 证券,由于其现金流完全源于基础资产的利息部分,在利率下降时,提前偿付的加速会导致未来的利息收入减少,对 IO 证券不利,但贴现率下降则有利于价格上升,但通常提前偿付的影响更大,使得 IO 证券价值会随着利率下降而下降;反之,当利率上升时,提前偿付的减少会增加未来的利息收入,对 IO 证券有利,但贴现率上升对价格不利。由于提前偿付的影响通常更大,这使得 IO 证券的价格呈现出与利率同向的变化。也就是说,IO 证券常常具有负久期的特性。

其次,由于定价较为复杂,含权债对利率的导数常常难以估计,因此通常需要运用中心差分来计算利率敏感性。而在计算含权债的利率敏感性当中,又涉及一个重要的概念:期权调整利差(option-adjusted spread,OAS)。

1. OAS 的基本定义及理解

我们通过对比同一家公司发行的其他条件相同的可回售债券 A 与普通债券 B 为例来介绍 OAS。由于 A 含有回售期权,该期权价值一定大于 0,因此 A 的价格一定高于 B,相应的 A 的到期收益率就低于 B。这样我们就无法从这两种债券到期收益率的高低来判断投资哪只债券更合算。如果我们把 A 的到期收益率剔除掉 A 所包含的期权价值,得到 A 不含权的收益率,就能跟 B 对比。

准确地说,所谓 OAS 是指在根据内含期权调整未来的现金流之后,为了使债券未来现金流的贴现值之和正好等于债券当前的市场价格,基准利率期限结构需要平行移动的幅度。

从数学上看,OAS 需要通过对如下方程进行单变量求解得到:

$$P_{\text{market},t} = \frac{1}{N} \sum_{j=1}^{N} \sum_{k=1}^{T} \frac{cf_{k,j}}{\prod_{i=1}^{k}(1 + R_{i,j,t} + \text{OAS}_t)} \tag{9.31}$$

式中:$P_{\text{market},t}$ 表示 t 时刻含权债的市场价格,该债券在 T 时刻到期,第 k 个现金流发生在 k 时刻。为了给含权债定价,我们假设未来在债券到期之前有 N 种可能的利率变化路径,最后的定价结

果是这 N 条路径定价结果的期望值。在不同的利率变化路径上,由于利率不同,含权债的现金流和贴现率都会不一样。其中,$cf_{k,j}$ 表示第 j 条路径上的第 k 个扣除了期权影响的现金流;$R_{i,j,t}$ 表示在第 j 条路径上第 i 段的短期基准利率,我们将到期 T 时刻之前的时间划分为很多小的时间段进行逐段贴现,i 表示划分的时间间隔点。需要说明的是,式(9.31)中的下标 t 表示含权债的市场价格、基准利率和 OAS 都是时变的。

可以看到,OAS 是一个平均值的概念。在给定初始时刻 t,对每个节点上的利率都使用同一个 OAS 值进行调整,反映的是市场价格隐含的贴现率平均调整水平。

对于 OAS 经济含义的理解,不少人可能会错误地理解为 OAS 就是用利差表示的内含期权的价值。然而,事实正好相反。从定义和式(9.31)中我们可以看到,计算 OAS 所用的未来现金流是扣除期权影响后的现金流,因此 OAS 表示的是在剔除了期权的影响后,含权债收益率相对于基准利率的利差。如果定义"静态利差"为不考虑期权影响(即假设未来现金流确定不变)的情况下,含权债收益率相对于基准利率的差额,那么 OAS、静态利差以及用利差表示的内含期权价值这三者之间满足以下关系:

$$静态利差 = OAS + 期权价值$$

可见,静态利差表示含权债相对于基准利率的总利差,而 OAS 则表示总利差在剔除了期权价值后剩余的部分,这部分利差主要可能包含两方面的综合信息:第一,剔除期权影响后对投资者承担的风险的补偿,这里的风险可能包括该债券相对于基准利率的信用风险和流动性风险①等,还可能包括计算过程中由于使用了特定模型及参数产生的模型风险;第二,OAS 中可能还包含了债券被错误定价程度的信息,OAS 的大小反映了债券的相对昂贵程度。从理论上说,如果在考虑了所有风险补偿后,OAS 仍不等于零,就意味着该债券存在错误定价。然而,由于现实中很难准确剔除各种风险溢酬,因此一般都是采用比较的方法,通过比较具有相似风险的债券之间的 OAS 大小,来确定各种债券间相对错误定价程度。

2. OAS 的计算

相对到期收益率等传统收益率指标,OAS 的计算过程较为复杂,要考虑未来利率的变动对现金流的影响,因此需要基于复杂的利率模型和数值方法,基本过程如下:

(1)选定某一动态利率模型(如第六章介绍的 BDT 树图模型)来刻画短期基准利率的变动过程,估计出模型中的参数,并用树图或蒙特卡罗模拟②等数值方法生成基准利率未来的可能路径。

(2)根据债券中所含期权的性质,分别计算每个节点上对应不含权债及内含期权的价值,求得含权债的理论价格。

(3)若(2)得到的债券理论价格不等于市场价格,则把原路径中每个利率节点都加上一定量的利差水平得到新的利率路径图,并利用新的利率路径图重新定价,不断调整该利差水平,直到最终计算出的理论价格等于市场价格,此时对应的利差水平就等于 OAS。

为帮助读者更好地理解 OAS 的含义和计算方法,下面用例 9.3 展现以上步骤。

---

① 如果基准利率使用的是同一发行人的利率,那么 OAS 中就不包含信用风险溢酬。

② 与树图方法一样,蒙特卡罗模拟是一种为复杂金融产品定价的方法。基本思路是在风险中性测度下获得大量模拟标的变量的随机运动路径,分别求得每条路径下的金融产品价值,所有路径下的均值为最终价值。

例 9.3　计算可赎回债的 OAS

假设市场上存在一个 4 年期无风险可赎回债,当前市场价格为 100.20 元,该债券的息票率为 4%,每年支付一次利息,并且债券发行人有权在债券到期的前一年以面值 100 元赎回该债券。我们用前面介绍的 BDT 模型为该债券定价,并根据以上步骤求解 OAS。

设当前作为模型输入的市场零息债的到期收益率(连续复利)期限结构及其波动率期限结构如表 9.3 所示。

表 9.3　零息债到期收益率和波动率期限结构

期限(年)	1	2	3	4
利率(%)	3.10	3.20	3.40	3.60
波动率(%)	—	15.00	13.00	12.00

第一步,根据第六章所介绍的 BDT 模型的基本思想和表 9.3 的数据,估计出模型的参数,得到基准利率树图如图 9.4 所示。图中每个节点上的值表示该时刻的一年期利率(连续复利),第一个节点表示当前时刻,前后节点之间的时间间隔为一年。

第二步,根据图 9.4 的短期利率树图分别计算每个节点上不含权债及内含期权的价值,并以此计算含权债的理论价格。该债券内含期权可理解为期限为 3 年、行权价为 100 元的欧式看涨期权。根据倒推法,可以得到每个节点上的不含权债价值(除息)及内含期权价值图,如图 9.5 所示。计算得该可赎回债当前理论价格为 101.29−0.16=101.13(元)。

第三步,由于计算得到的理论价格为 101.13 元,大于市场价格 100.20 元,因此需要对利率树图 9.4 进行调整,在每个节点上都加上一定的利差,并重新计算理论价格。不断调整该利差水平,直到理论价格等于市场价格,最终得到的 OAS 为 27 个基点,新的理论价格为 100.26−0.069 1=100.194 7(元),在误差范围内等于市场价格,对应的根据 OAS 调整的利率树图和价格树图分别如图 9.6 和图 9.7 所示。

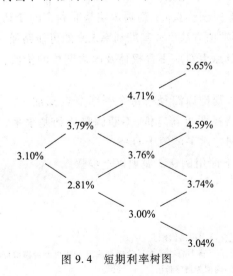

图 9.4　短期利率树图

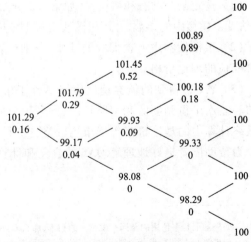

图 9.5　不含权债及内含期权的价格树图

228

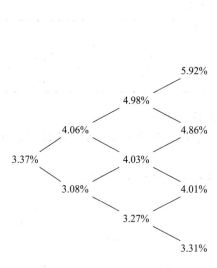

图 9.6　OAS 调整的利率二叉树图

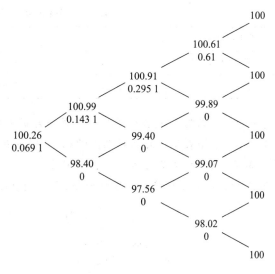

图 9.7　OAS 调整的不含权债及内含期权的价格树图

3. 基于 OAS 的利率敏感性指标——含权债的有效久期和有效凸性

基于 OAS 计算复杂固定收益产品的有效久期和有效凸性,是 OAS 最重要的应用之一。下面我们以含权债为例来加以介绍。

计算其有效久期和有效凸性,关键在于计算式(9.25)至式(9.27)中的 V_- 和 V_+,即当基准利率分别下降和上升 Δy 时的债券价格。要计算 V_- 和 V_+,我们首先得计算出该债券的 OAS,然后在 OAS 不变的假设下重新计算利率平移后的价格。同样地,计算有效久期和有效凸性的整个过程也依赖于一定的动态利率模型和数值方法,具体步骤如下:

(1) 根据一定的利率模型计算含权债的 OAS;

(2) 将基准利率期限结构向下(上)平移一定的基点 Δy,并以此为基础重新估计利率树图;

(3) 将新树图中的每个短期利率节点都加上(1)中得到的 OAS;

(4) 根据(3)得到的调整的利率树图计算 $V_-(V_+)$;

(5) 根据式(9.25)至式(9.27)计算有效久期和有效凸性。

可见,有效久期和有效凸性的计算都依赖于 OAS 水平,因此含权债的有效久期和有效凸性也常常被称为"期权调整久期"和"期权调整凸性"。例 9.4 可以帮助读者理解如何基于 OAS 计算有效久期与有效凸性。

例 9.4　有效久期和有效凸性的计算

我们根据上述步骤来计算例 9.3 中的可赎回债的有效久期和有效凸性。假设当前基准利率期限结构平移的水平为 10 个基点,那么向上和向下平移 10 个基点后基准利率期限结构如表 9.4 所示。

表 9.4 平移后的利率期限结构

期限(年)	1	2	3	4
下移(%)	3.00	3.10	3.30	3.50
上移(%)	3.20	3.30	3.50	3.70

第一步,根据例 9.3,我们已经得到该债券的 OAS 为 27 个基点。

第二步,根据表 9.4 的利率期限结构,分别重新估计利率树图,图 9.8 给出了基准利率期限结构向下平移 10 个基点后新的利率树图。

第三步,用 OAS 对图 9.8 进行调整,得到调整的利率树图如图 9.9 所示。

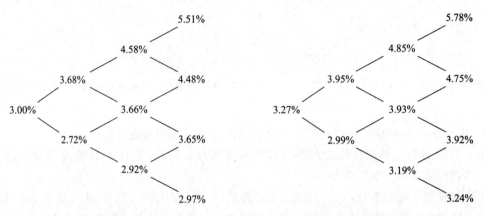

图 9.8 向下平移后的基准利率树图   图 9.9 经 OAS 调整的利率树图

第四步,根据调整的图 9.9 重新定价,得到价格树图如图 9.10 所示,对应的 V_- 为 100.59 元。同理,类似以上步骤,可以得到向上平移后的价格 V_+ 为 99.83 元。

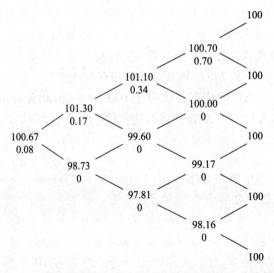

图 9.10 利率向下平移后不含权债及内含期权的价格树图

第五步,根据式(9.25)和式(9.28)计算有效久期和有效凸性,结果为:

$$D_t = \frac{100.59 - 99.83}{2 \times 100.20 \times 0.001} = 3.79$$

$$C_t = \frac{100.59 + 99.83 - 2 \times 100.20}{2 \times 100.20 \times (0.001)^2} = 99.80$$

4. OAS 法的优缺点评析

(1) OAS 法的主要优点包括:① OAS 是在考虑利率波动并相应构造了未来利率变动各种可能路径的背景下计算得到的,因而能够比较充分地反映那些对利率水平或是利率变动路径具有敏感性的不确定现金流,从而在模型中充分考虑了期权的影响。② OAS 用一个数字给出了含权债券所蕴含的风险和套利空间的有关信息,是含权债券未来超额收益期望值的直观体现。③ 只要基于相同的基准利率期限结构,不同含权债的 OAS 之间具有可比性,可以认为这是它在含权债券的定价和风险管理中应用日益广泛的根本原因。

(2) 尽管具有上述优点,但我们必须注意到,OAS 方法也有相当大的不足,在运用的时候需要谨慎。OAS 的局限性主要体现在:① OAS 是一个模型依赖的指标。在计算 OAS 过程中,得到的是特定动态利率模型下的结果(本节使用的是 BDT 模型),如果换一个模型,可能会得到不同的结论。由于利率模型种类繁多,并且没有一个被广泛认可的标准模型,这使得我们无法确定一个标准的 OAS 值。在不同模型下得到的 OAS 值不具可比性,这给 OAS 的应用带来了较大的局限。② OAS 是一个平均值的概念,并不能代表实际的利差。由于 OAS 是所有短期利率水平移动的一个平均值,它只提供了利差平均值的信息,而事实上,未来利率变动只是沿着某条路径进行,因此 OAS 与投资者未来实际获得的利差可能会存在较大差异。③ OAS 无法反映利率期限结构水平移动以外的风险的影响。在计算 OAS 过程中,我们对所有的短期利率都是移动一个相同的利差水平,有效久期和有效凸性的计算也只是针对基准利率期限结构水平的移动。因此 OAS 方法只能用于利率期限结构水平移动风险的管理,对于利率期限结构的非水平变动以及其他风险如信用、流动性等因素的变动,OAS 将不再适用。④ 组合的 OAS 不具有可加性。过去人们常常用各个证券 OAS 的加权计算组合的 OAS,这一方法并不合理。目前一般认为,固定收益证券组合的 OAS 应该将所有证券的现金流相加起来,再运用式(9.31)统一计算。

第二节　基于敏感性分析的利率风险管理

基于敏感性分析的利率风险管理,就是当投资者面临利率风险时,通过加入其他利率敏感性资产,改变对利率的敏感性。如果结果使得 ΔV_t 等于零,也就是说,无论利率怎么变动,资产的价值都不变,就实现了将利率风险降为零的目标。这是利率风险管理的常见目标,通常称之为利率风险中性。当然,投资者也可以通过加入其他利率敏感性资产,将对利率的敏感性缩小或放大至目标水平。无论是放大、缩小还是使得敏感性为零,都属于利率风险管理的范畴。

由于在交易同样金额的名义本金时,衍生产品所需动用的实际资金较少,衍生产品的多空双向交易较为便利,所以在进行利率风险管理的时候,多通过引入利率衍生产品来实现[①]。

给定现有资产的利率风险,需要交易多少数量的衍生产品可以实现预定的利率风险管理目标,是利率风险管理中最重要的量化问题。如果用 V_t^1 和 V_t^2 分别表示原组合和衍生品的价值,H_t 表示衍生品交易的数量(正数表示买入,负数表示卖出),$\Delta V_t^{1^*}$ 表示引入衍生品后新组合的价值变化,显然,

$$\Delta V_t^{1^*} = \Delta V_t^1 + H_t \cdot \Delta V_t^2 \tag{9.32}$$

相应有

$$H_t = \frac{\Delta V_t^{1^*} - \Delta V_t^1}{\Delta V_t^2} \tag{9.33}$$

本节的主要讨论内容是,为了达到特定的利率风险管理目标,用以套期保值的衍生产品数量 H_t 应该是多少。下面分别以基点价格值、(货币)久期和(货币)凸性目标为例讨论这一问题。

一、基于基点价格值的利率风险管理

假设原债券组合的基点价格值为 6 万元,一份中期国债期货合约的基点价格值为 500 元。由于基点价格值近似地代表了 1 个基点的利率变化引起的资产价值变动 ΔV_t,由式(9.33)很容易推出,如果要将资产的利率风险降为零,实现利率风险中性,需要交易的国债期货合约份数是

$$H_t \approx \frac{0 - 60\,000}{500} = -120$$

即卖出 120 份中期国债期货合约。

如果要将组合的基点价格值降至 1 万元,则

$$H_t \approx \frac{10\,000 - 60\,000}{500} = -100$$

意味着只需卖出 100 份中期国债期货合约。

如果预判利率下行,希望将基点价格值提升至 8 万元,则

$$H_t \approx \frac{80\,000 - 60\,000}{500} = 40$$

也就是说,买入 40 份中期国债期货合约,就可以提高利率风险敞口至 8 万元。

总结上述计算,我们可以将基于基点价格值的利率风险管理所需的衍生产品数量 H_t 的计算公式表达为

$$H_t \approx \frac{BPV_t^{1^*} - BPV_t^1}{BPV_t^2} \tag{9.34}$$

式中:BPV_t^1、BPV_t^2 和 $BPV_t^{1^*}$ 分别是原组合 BPV、衍生产品 BPV 和目标 BPV。H_t 为正表示买入衍生产品,为负表示卖出衍生产品。

---

① 事实上所有的利率敏感性资产都可以用于对冲利率风险,但由于衍生产品最为常用,所以下文都以衍生产品作为对冲利率风险的资产加以阐述。

二、基于(货币)久期和(货币)凸性的利率风险管理

由于(货币)久期和(货币)凸性都是导数敏感性指标,在讨论基于(货币)久期和(货币)凸性的利率风险管理时,式(9.30)和式(9.33)都改用微分近似表达。在很多情况下,利率风险管理通常只考虑(货币)久期,但如果认为二阶导影响较大,则需要再引入(货币)凸性。

(一)基于货币久期的利率风险管理

在只考虑一阶导的情形下,将式(9.33)改为微分表达式,并将式(9.1)中的一阶项和式(9.4)的货币久期定义代入,可以得到

$$H_t \approx \frac{\$D_t^{1^*} - \$D_t^1}{\$D_t^2} \qquad (9.35)$$

可以看到,类似基点价格值,基于货币久期的利率风险管理就是分别估计原组合货币久期 $\$D_t^1$ 和衍生产品的货币久期 $\$D_t^2$,根据目标货币久期 $\$D_t^{1^*}$,运用式(9.35)即可算出基于货币久期的套期保值数量 H_t。

特别地,当目标货币久期 $\$D_t^{1^*} = 0$ 时,

$$H_t \approx -\frac{\$D_t^1}{\$D_t^2} \qquad (9.36)$$

也就是说,交易数量只要满足衍生产品与原组合的货币久期相等,交易方向相反,就可以实现基于货币久期的利率风险中性。例9.5的第一部分给出了一个货币久期中性目标下求套期保值数量的例子。

(二)基于久期的利率风险管理

可以看出,利率风险管理的本质是匹配并对冲组合价值的绝对变动,因此我们的目标都是调整基点价格值和货币久期这些绝对值敏感性指标。但从例9.5的前半部分也可以看出,货币久期的数值很大,不易表达,因此我们经常用久期目标加以表述。

将久期与货币久期的关系式(9.4)代入式(9.35),可以得到

$$H_t \approx \frac{D_t^{1^*} \cdot V_t^1 - D_t^1 \cdot V_t^1}{D_t^2 \cdot V_t^2} \qquad (9.37)$$

特别地,如果目标是利率风险中性,则套期保值数量 H_t 为

$$H_t = -\frac{D_t^1 \cdot V_t^1}{D_t^2 \cdot V_t^2} \qquad (9.38)$$

例9.5的后半部分给出了基于久期求套期保值数量的例子。

值得注意的是,在风险管理时,投资者期望的不仅仅是在利率变化时衍生产品和原组合的价值变动比例对冲,还有衍生产品的变动金额与原组合价值的变动金额相抵消。因此从本质上说,即使是基于久期计算的套期保值,其本质仍然是匹配并对冲组合中的货币久期,而非久期。基于久期的利率风险中性目标是货币久期中性,而非久期中性。之所以引入基于久期的利率风险管理,是因为久期更易于表达和比较。

假设一个手中管理着市值 1 亿元、久期为 5.8 的国债组合的基金经理担心利率在接下来的一个月内波动剧烈,决定于 2019 年 2 月 18 日使用中期国债期货 TF1906 进行利率风险管理。当她进入市场时,TF1906 报价为 99.50 元。该基金经理判断当天 TF1906 的准 CTD 券为 170006.IB,该债券全价为 104.146 8 元,修正久期约为 4.496 0,转换因子为 1.008 6。

如果基于货币久期计算套期保值数量 H_t,则根据式(9.4)和式(9.10)分别计算原国债组合的货币久期 $\$D_t^1$ 为

$$\$D_t^1 = D_t^1 \cdot V_t^1 = 5.8 \times 1\ \text{亿元} = 5.8(\text{亿元})$$

TF1906 的货币久期 $\$D_t^2$ 为

$$\$D_t^2 \approx \frac{\$D_t^{\text{CTD}}}{CF^{\text{CTD}}} = \frac{4.496\ 0 \times 104.146\ 8 \times 1\ \text{万张}}{1.008\ 6} = 464.251\ 5(\text{万元})$$

其中 1 万张表示的是一份 TF1906 的合约规模为 1 万张债券。相应地,根据式(9.35),货币久期中性的套期保值数量为

$$H_t \approx \frac{\$D_t^{1*} - \$D_t^1}{\$D_t^2} = -\frac{58\ 000}{464.251\ 5} \approx -125(\text{份})$$

意味着需要卖出 125 份 TF1906 合约。

如果基于久期计算利率风险中性的套期保值数量 H_t,需要分别计算原组合和衍生产品的久期和市值。我们已经知道 $D_t^1 = 5.8$,$V_t^1 = 1(\text{亿元})$,$V_t^2 = 99.50(\text{万元})$,根据式(9.9)可以得到 TF1906 的久期 $D_t^2 \approx D_t^{\text{CTD}} = 4.496\ 0$,因此根据式(9.38),基于久期计算的利率风险中性套期保值数量为

$$H_t = -\frac{5.8 \times 10\ 000}{4.496\ 0 \times 99.50} \approx -130(\text{份})$$

意味着需要卖出 130 份 TF1906 合约。可以看到,由于式(9.10)和式(9.9)只是国债期货货币久期和久期的近似计算公式,基于货币久期和久期估计得到的套期保值数量是存在差异的。

如果风险管理目标是将久期从 5.8 降至 3,则运用式(9.37),合理的套期保值数量为

$$H_t \approx \frac{D_t^{1*} \cdot V_t^1 - D_t^1 \cdot V_t^1}{D_t^2 \cdot V_t^2} = \frac{3 \times 10\ 000 - 5.8 \times 10\ 000}{4.496\ 0 \times 99.50} \approx -63(\text{份})$$

只需卖出 63 份 TF1906 合约。

(三) 考虑(货币)凸性的利率风险管理

由于(货币)久期只考虑了资产价值对利率的一阶敏感性,在一些情形下还需要引入凸性目标。一种情形是利率变动较大时,仅对(货币)久期进行对冲不够精确,还需要考虑凸性对冲;另一种情形是组合管理者有特定的(货币)凸性目标,例如由于正凸性意味着无论利率升跌,凸性

带来的资产价值变动都是正的①,组合管理者可能会希望组合凸性保持为特定的正数。

无论出于什么原因,如果希望同时实现货币久期目标 $\$D_t^{1^*}$ 和货币凸性目标 $\$C_t^{1^*}$,仅引入一个衍生品是不够的,需要引入两个衍生品,也就是说,要求解联立方程组

$$\begin{cases} \$D_t^1 + H_t^2 \$D_t^2 + H_t^3 \$D_t^3 = \$D_t^{1^*} \\ \$C_t^1 + H_t^2 \$C_t^2 + H_t^3 \$C_t^3 = \$C_t^{1^*} \end{cases} \tag{9.39}$$

当目标货币久期和目标货币凸性均为零时,就是同时考虑久期和凸性的利率风险中性。

例 9.6 可以帮助读者理解式(9.39)的运用。

例 9.6   基于久期和凸性的利率风险管理

假设原有债券和两种新资产的基本情况如表 9.5 所示。

表 9.5   原有债券和新资产的基本情况

资产	单价(元)	修正久期	凸性
原有债券	108.038	2.705	10.168
新资产 2	118.786	5.486	38.962
新资产 3	99.962	8.813	99.081

如果假设利率期限结构平移,设定目标货币久期和目标货币凸性均为零,则运用式(9.39)可以求得,对于每单位原有债券,资产 2 和资产 3 的套期保值比率分别为 -0.81 和 0.27。

三、基于敏感性分析的利率风险管理:需要注意的问题

在实际操作中,无论是基于基点价格值、还是基于久期和凸性的敏感性对冲,都广泛应用在固定收益投资、融资、组合管理、资产负债缺口管理等领域中。例如,在即将发行债券时预先对冲利率上升的风险,在投资组合管理中对冲组合价值下跌的风险,在资产负债管理中进行缺口匹配和管理,等等。其中,资产负债缺口管理中的免疫策略,就是通过匹配资产和负债的久期,使得整体资产负债不受或少受利率的影响。

但是,利率敏感性指标本身客观存在一些特性和不足,使得利率风险管理也具有相应的特征,从而不是完美的。首先,无论是久期、凸性、还是基点价格值或有效久期,通常都是一个时变的值,因此基于这些敏感性指标进行的利率风险管理,也往往都是时变的,套期保值数量需要动态调整,才能持续实现利率风险管理目标。其次,这些利率敏感性指标是在利率曲线平移的假设下估计得到,在利率期限结构非平行变化严重时,无论是久期、凸性,还是基点价格值或有效久

---

① 这一点从泰勒展开式(9.1)可以看出。

期,都不能准确刻画利率风险,也会导致不同资产利率敏感性指标的可比性下降,从而计算得到的套期保值数量不准确,影响利率风险管理的效果。对于这个问题,我们在第一节讨论久期不足时的几个改善方法,只要运用得当,都可以改进利率敏感性指标的估计,进而改善利率风险管理的效果,包括引入收益率 β、估计关键利率久期和主成分久期等。

本章小结

1. 对利率的敏感性分析,就是估计当利率发生变动时,固定收益证券的价值将如何变化。

2. 由于固定收益证券价值 V 可以表达为利率 y 的函数,若忽略其他自变量,证券价值绝对金额对利率的敏感性就可以用泰勒展开表示为

$$\mathrm{d}V = \frac{\partial V}{\partial y}(\mathrm{d}y) + \frac{1}{2!}\frac{\partial^2 V}{\partial y^2}(\mathrm{d}y)^2 + \cdots + \frac{1}{n!}\frac{\partial^n V}{\partial y^n}(\mathrm{d}y)^n + \cdots$$

式中,久期和凸性分别对应着其中的一阶项和二阶项。

3. 久期是固定收益证券价值变动的百分比对利率变动的一阶敏感性。久期与固定收益证券初始价值的乘积就是货币久期。

4. 不同固定收益证券的定价模型不同,其久期公式也各不相同。

5. 普通不含权债券的麦考利久期是现金流期限的加权平均,权重为每次现金流现值与债券价值之比。

6. 在假设利率曲线平移时,组合的货币久期等于组合中单个资产货币久期的加总,组合的久期则等于单个资产久期的加权平均,权重为市值比例。

7. 久期的主要不足之处在于假设整条利率曲线发生平移,而且只考察了资产价值对利率的一阶敏感性。

8. 引入凸性有助于提高利率风险测度和管理的精确度。

9. 与久期、凸性等导数敏感性指标不同,有效(货币)久期和基点价格值等指标通过差分来估计利率敏感性。有效久期和基点价格值的公式分别为

$$D_t^{eff} = \frac{|V_- - V_+|}{2 \times V_t \times |\Delta y_t^{tN}|}$$

$$BPV_t = \frac{|V_{-0.01\%} - V_{+0.01\%}|}{2}$$

10. 对于含权债来说,嵌入期权的存在一方面会使其具有与普通债券不同的久期特征;另一方面也会使得久期难以估计,只能通过有效(货币)久期、有效(货币)凸性和基点价格值等指标的中心差分方式来计算利率敏感性。

11. OAS 是指在根据内含期权调整未来的现金流之后,为了使债券未来现金流的贴现值之和正好等于债券当前的市场价格,基准利率期限结构需要平行移动的幅度。

12. 通过交易合适数量的新固定收益证券,投资者可以改变原组合价值对利率的敏感性,从而实现利率风险管理。

习　　题

1. 试证明：

(1)永续债券的久期和票面利率无关。

(2)随着剩余期限的延长,债券久期将收敛于其他条件相同的永续债券的久期。

2. 假设有一只 3 年期固息债,本金为 100 元,息票率为 6%,每半年付息一次,若该债券的到期收益率为 8%(连续复利),请计算：

(1)该债券的久期、凸性、货币久期、基点价格值和货币凸性。并比较货币久期和基点价格值这两个利率敏感性指标。

(2)当到期收益率上升 1% 时,使用久期的方法计算债券价格的变动。

(3)当到期收益率上升 1% 时,同时使用久期和凸性计算债券价格的变动。

(4)用 9% 的到期收益率计算债券价格真实变动,并与前面的结果进行比较。

3. 假设某债券组合中包含 50 份债券 A 和 20 份债券 B。债券 A 的本金为 100 元,剩余期限为 3 年,息票率为 4%,每半年付息一次;债券 B 的本金为 100 元,剩余期限为 10 年,息票率为 8%,每年付息一次。假设市场利率期限结构是水平的,为 6%(连续复利),请计算该投资组合的久期和凸性。

4. 假设某反向浮动利率债券剩余期限为 2 年零 3 个月,每半年付息一次,支付利率为 10%−SHIBOR,其中 SHIBOR 表示上一个支付日的 6 个月期 SHIBOR 利率,若上一个支付日观察到的 6 个月期 SHIBOR 为 5%,设当前市场利率期限结构是水平的,SHIBOR 为 6%(连续复利),请计算该反向浮动利率债券的久期。

5. 设某固定利率债券本金为 100 元,剩余期限为 5 年,息票率为 6%,每年付息一次,到期收益率为 5%(连续复利),请计算：

(1)该债券的凸性和货币凸性。

(2)假设其他条件不变,分别计算当剩余期限变为 1 年和 10 年时,该债券的凸性。

(3)假设其他条件不变,分别计算当息票率变为 1% 和 10% 时,该债券的凸性。

(4)假设其他条件不变,分别计算当到期收益率变为 1% 和 10% 时,该债券的凸性。

(5)结合以上结论,你认为影响债券凸性的因素主要有哪些？

6. 假设当前某公司持有一个债券组合 A,已知该组合市场价值为 1 020 万美元,久期和凸性分别为 4.20 和 60.50,为了抵御利率变动的风险,该公司决定利用市场上存在的两种债券进行对冲。其中,债券 B 的本金为 100 美元,剩余期限为 3 年,息票率为 6%,每半年付息一次,到期收益率为 5%;债券 C 的本金为 100 美元,剩余期限为 8 年,息票率为 8%,每年付息一次,到期收益率为 7%。假设市场允许卖空,为了使资产价值对利率的一阶和二阶敏感性都为 0,请计算该公司必须持有的债券 B 和债券 C 的数量。

7. 假设某基金持有价值 10 亿元的国债组合,久期为 8.54,基金经理打算将久期降低至 4.45。此时 10 年期国债期货市场报价为 105 元,其准 CTD 券的久期为 7.50,全价为 102.26 元。请问要如何实现风险管理目标？

8. 假设计算出某可赎回债的 OAS 是 30 个基点,那么这 30 个基点表示的是该债券中包含的期权价值吗？如果不是,它又代表什么信息？

9. 试分析 OAS 分析法的主要优缺点。

参 考 文 献

［1］陈蓉，葛骏. 谁是国债期货的 CTD 券？［J］. 中国期货，2015(2)：62-65.

［2］陈蓉，葛骏. 中国国债期货与隐含择券期权定价［J］. 数理统计与管理，2017, 36(2)：361-380.

［3］陈蓉，郑振龙. 期货价格能否预测未来的现货价格？［J］. 国际金融研究，2007, 9：70-74.

［4］陈蓉，郑振龙. 固定收益证券［M］. 北京：北京大学出版社. 2011.

［5］戎志平. 国债期货交易实务［M］. 北京：中国财政经济出版社. 2017.

［6］唐革榕，朱峰. 我国国债收益率曲线变动模式及组合投资策略研究［J］. 金融研究，2003, 11(8)：31-36.

［7］郑振龙. 金融资产价格的信息含量：金融研究的新视角［J］. 经济学家，2009(11)：69-78.

［8］郑振龙，陈蓉. 金融工程［M］. 5 版. 北京：高等教育出版社，2020.

［9］BARBER J R, COPPER M L. Immunization using principal component analysis［J］. The Journal of Portfolio Management, 1996, 23(1)：99-105.

［10］BLACK F, DERMAN E, TOY W. A one-factor model of interest rates and its application to treasury bond options［J］. Financial Analysts Journal, 1990, 46(1)：33-39.

［11］BRACE A, GATAREK D, MUSIELA M. The market model of interest rate dynamics［J］. Mathematical Finance , 1997. 7(2)：127-155.

［12］CARLETON W T, COOPER I A. Estimation and uses of the term structure of interest rates ［J］. The Journal of Finance, 1976, 31(4)：1067-1083.

［13］DE BOOR C. A practical guide to splines ［M］. Rev. ed. New York：Springer-Verlag, 2001.

［14］DUFFIE D, SINGLETON K J. Modeling term structures of defaultable bonds［J］. The Review of Financial Studies, 1999, 12(4)：687-720.

［15］HOGAN M, WEINTRAUB K. The lognormal interest rate model and Eurodollar futures. Working Paper, Citibank, New York, 1993.

［16］JARROW R A, TURNBULL S M. Pricing derivatives on financial securities subject to credit risk［J］. The Journal of Finance, 1995, 50(1)：53-85.

［17］LARDIC S, PRIAULET P, PRIAULET S. PCA of the yield curve dynamics：questions of methodologies［J］. Journal of Bond Trading & Management, 2003(1)：327-349.

［18］LITZENBERGER R H, ROLFO J. An international study of tax effects on government bonds ［J］. The Journal of Finance, 1984, 39(1)：1-22.

［19］LUENBERGER D G, YE Y. Linear and nonlinear programming ［M］. 3rd ed. New York：

Springer, 2008.

[20] MCCULLOCH J H. The tax-adjusted yield curve[J]. The Journal of Finance, 1975, 30 (3): 811-830.

[21] MCCULLOCH J H, KOCHIN L A. The inflation premium implicit in the US real and nominal term structures of interest rates[M]. Charles A. Dice Center for Research in Financial Economics, Fisher College of Business, Ohio State University, 2000.

[22] MILTERSEN K R, SANDMANN K, SONDERMANN D. Closed form solutions for term structure derivatives with log-normal interest rates[J]. The Journal of Finance, 1997, 52(1): 409-430.

[23] MUNK C. Fixed income modelling[M]. New York: Oxford University Press, 2011.

[24] NELSON C R, Siegel A F. Parsimonious modeling of yield curves[J]. Journal of Business, 1987: 473-489.

[25] PRIAULET P. Structure par terme des taux d'intérêt: reconstitution, modélisation et couverture[D]. Université Paris IX-Dauphine Thèse de Doctorat en Sciences Economiques, 1997.

[26] SCHWARTZ E S, TOROUS W N. Prepayment and the valuation of mortgage-backed securities[J]. The Journal of Finance, 1989, 44(2): 375-392.

[27] SHEA G S. Interest rate term structure estimation with exponential splines: a note[J]. The Journal of Finance, 1985, 40(1): 319-325.

[28] SVENSSON L E O. Estimating and interpreting forward interest rates: Sweden 1992-1994 [R]. National Bureau of Economic Research, 1994.

[29] TUCKMAN B, SERRAT A. Fixed income securities: tools for today's markets[M]. 3rd ed. Hoboken: John Wiley & Sons, 2011.

[30] VASICEK O A, FONG H G. Term structure modeling using exponential splines[J]. The Journal of Finance, 1982, 37(2): 339-348.

教学支持说明

建设立体化精品教材,向高校师生提供整体教学解决方案和教学资源,是高等教育出版社"服务教育"的重要方式。为支持相应课程教学,我们专门为本书研发了配套教学课件及相关教学资源,并向采用本书作为教材的教师免费提供。

为保证该课件及相关教学资源仅为教师获得,烦请授课教师清晰填写如下开课证明并拍照后,发送至邮箱 songzhw@ hep. com. cn,也可通过 QQ 525472494 进行索取。

咨询电话:010-58581020   编辑电话:010-58556386

证　明

兹证明_____大学_____学院/系第_____学年开设的_____课程,采用高等教育出版社出版的《固定收益证券》(主编陈蓉、郑振龙)作为本课程教材,授课教师为_____,学生_____个班,共_____人。授课教师需要与本书配套的课件及相关资源用于教学使用。

授课教师联系电话:_____　E-mail:_____

系主任/教研室主任:_____(签字)

(学院/系办公室盖章)

20____年____月____日